En contacto

Lecturas intermedias
SEGUNDA EDICIÓN

En contacto

Lecturas intermedias
SEGUNDA EDICIÓN

Mary McVey Gill
Brenda Wegmann
Teresa Méndez-Faith
Brandeis University

Holt, Rinehart and Winston
New York   Chicago   San Francisco   Philadelphia
Montreal   Toronto   London   Sydney
Tokyo   Mexico City   Rio de Janeiro   Madrid

Publisher: Rita Perez
Acquisitions Editor: Karen Misler
Project Editor: Melanie Miller
Production Manager: Annette Mayeski
Design Supervisor: Louis Scardino
Text Design: Caliber Design Planning, Inc.
Cover Art and Line Drawings: Axelle Fortier
Cover Design: Albert D'Agostino

Photograph Credits: Contact Press Images: © Gianfranco Gorgoni, 198; Alon Reininger, 55, 59 (b);
Tom Zimberoff, 110/Beryl Goldberg: 1, 164 (l&r)/© Katherine A. Lambert: 65, 183/*Magnum
Photos:* © David Hurn, 18; Eugene Richards, 35; © Alex Webb, 44 (l&r)/Mexican National
Tourist Council: 116/*Monkmeyer Press Photos:* Anderson, 41; Irene Bayer, 39; Duryee, 113;
Mimi Forsyth, 37; Fritz Henle, 21; Sybil Shelton, 93; David Strickler, 16/*Odyssey Prod.:* ©
Robert Frerck, 98, 185/*Photo Researchers:* © Helena Kolda, 11; Georg Gerster, 129/*Art Resource:*
Robert Rapelye: 78/*Stock, Boston:* © Peter Menzel, 81, 126, 141; Cary Wolinsky, 99/*Taruus
Photos:* Eric Kroll, 26; Charles M. Fitch, 145/UPI: 51, 59 (t)/Wide World Photos: 2, 190.

Permissions and acknowledgments for reading selections and cartoons appear on page 239.

Library of Congress Cataloging in Publication Data

Gill, Mary McVey.
  En contacto, lecturas intermedias.

  English and Spanish.
  Includes index.
  1. Spanish language—Readers. I. Wegmann, Brenda,
1941-   . II. Méndez-Faith, Teresa. III. Title.
PC4117.G42 1984   468.6'421   83-20157

ISBN 0-03-063886-0

CBS COLLEGE PUBLISHING
Holt, Rinehart and Winston
The Dryden Press
Saunders College Publishing

Contents

6 Hablando de psicología   78

7 De viaje   93

8 Razas y culturas   110

12 La palabra creadora   183

Preface

The Program: EN CONTACTO

En contacto is a complete intermediate Spanish program designed to put the English-speaking student in touch with today's Hispanic culture through its language and literature. The program includes a review grammar *Gramatica en acción*, a reader *Lecturas intermedias*, a workbook/lab manual *Cuaderno de ejercicios*, and a tape program. *En contacto* is based on the philosophy that the acquisition of vocabulary is as important to the intermediate student as the review of grammar. Therefore, each of the twelve chapters of each component is coordinated with the corresponding chapters of the other components by grammar topic, theme, and high-frequency core vocabulary. The program is arranged for flexibility: the grammar text (and exercise manual) can be used independently of the reader in courses in which reading is not emphasized, and the reader can be used independently in intermediate courses stressing reading, literature, or conversation. The twelve chapter themes are varied and were chosen both to appeal to the contemporary student and to introduce cultural materials and stimulating topics for discussion or composition.

Lecturas intermedias

This reader is divided into twelve chapters based on provocative themes of universal interest, such as age and youth, poverty and wealth, the forces of nature, and humor. Each chapter contains a variety of readings on the same theme, thus allowing the instructor to choose those he or she prefers. (With the exception of Chapter 2, which treats the topic of literature, the selections have been made more on the basis of cultural rather than literary value.) The readings include articles from current magazines, short stories, poems, comic strips, essays, an interview, and an excerpt from the novel *Cien años de soledad*. Some of these have been shortened for the intermediate level, but a longer play, *El delantal blanco*, has been included in Chapter 10 to offer the student the experience of reading a complete literary work. The readings are accompanied by marginal notes and are preceded by introductions, in Spanish, which provide background information on the selection and, in some cases, on the authors. Writers from Spain and Spanish America as well as Hispanic writers in the United States are represented.

Following each reading are vocabulary and grammar exercises coordinated with the corresponding chapter of the review grammar text, comprehension questions, and topics for discussion and composition. A list of key words related to the theme is provided at the end of each chapter. A complete Spanish-English vocabulary is also included at the very end of the book.

In general, the readings in *Lecturas intermedias* progress from shorter, easier ones at the beginning to longer and harder ones at the end. However, all of the selections are at the intermediate level and the grammar exercises are optional, so that the chapters may be taught in any order. For teachers who wish to use the reader with a different grammar book, the following list is given of the grammatical structures emphasized in each chapter:

Chapter 1: Subject pronouns and the present indicative tense; The personal **a**; Nouns: gender and number; Definite and indefinite articles

Chapter 2: The preterite tense; The imperfect tense, contrast of imperfect and preterite; **Hacer** + time expressions

Chapter 3: Agreement of adjectives; Position of adjectives; **Ser** vs. **estar;** Demonstratives; Possessives

Chapter 4: The future tense; The conditional tense; Comparisons of equality; Comparisons of inequality; Irregular comparative forms; The superlative

Chapter 5: The present subjunctive mood; Introduction and formation; The subjunctive with impersonal expressions; The subjunctive with verbs indicating doubt, emotion; will, preference, or necessity; approval, disapproval, or advice; The subjunctive vs. the indicative

Chapter 6: Affirmatives and negatives; The subjunctive in descriptions of the unknown or indefinite; The subjunctive with certain adverbial conjunctions

Chapter 7: Direct and indirect object pronouns; Prepositional object pronouns; Two object pronouns; Position of object pronouns; Commands; Commands with object pronouns

Chapter 8: The reflexive; The reflexive with commands; The reciprocal reflexive; Impersonal **se, se** for passive; **Gustar, faltar,** and similar verbs

Chapter 9: The imperfect subjunctive; *If*-clauses (1); Adverbs; The infinitive; The verb **acabar**

Chapter 10: Past participles as adjectives; The perfect indicative tenses; The present and past perfect subjunctive; The verb **haber;** The passive voice

Chapter 11: Sequence of tenses with the subjunctive, summary; *If*-clauses (2); Conjunctions; **Por** vs. **para**

Chapter 12: The present participle and the progressive tenses; Relative pronouns; The neuter **lo, lo que (lo cual);** Diminutives

What's New in the Second Edition?

In response to teachers' suggestions, a number of changes have been made in the second edition of *En Contacto, Lecturas Intermedias*. The overall size has been reduced and some of the readings, especially in the first half, have been shortened. In a few cases, the selections have been simplified, mainly by replacing slang with more standard expressions, though care was taken to change as little as possible so as to preserve individual style. Two chapter themes were dropped: "Símbolos, misterios y el más allá" and "¿Y los derechos humanos?"; they have been replaced by two completely new chapters: 5, "La vida estudiantil" and 7, "De viaje." However, the most successful material from the old chapter on human rights has been incorporated into Chapter 4, "Países e ideologías." Approximately one-third of the reading selections are new and many of the other materials have been improved and updated. Questions have been added immediately following the introductions to the readings at the request of some teachers who use these as a springboard for discussion.

The order of the chapters was modified to coordinate with that of the second edition of the grammar. Also, an effort was made to make the length of the chapters as even as possible and to grade the selections for progression in difficulty.

Increased Emphasis on Vocabulary and Reading Skills

The vocabulary lists at the end of each chapter of *Lecturas intermedias* have been adjusted to correspond exactly to those in *Gramática en acción* (except for Chapter 11, which excludes one section in the grammar book, called "en la casa"). It was felt that this standardization would make testing easier for those teachers using both books. Vocabulary exercises and conversational activities were added following the list to provide instant active reinforcement of the listed words. Because a number of teachers feel that their students need to learn more about reading as a process, new exercises designed to develop reading skills were placed after most selections. Immediately following is a new section called "To the Student," which explains how to use these. Another new feature is the *Composición dirigida*, directions for writing a specific type of composition related to one of the readings in each chapter.

To the Student

Some Tips on Reading and Speaking in a Foreign Language

1. Read each selection *Three Times*. Three quick readings are far better than one slow one and actually take *Less* time if you read in the following manner. First, preview by glancing rapidly through the whole selection.

Notice the title, author, and any headings or divisions, and try to form in your mind an overall idea of the reading. Second, look at the reading skills exercise (Comprensión de la Lectura) immediately following and read through the selection quickly with this in mind. Third, read the article for meaning and work out the exercises assigned to you. Repetition is the key to language learning.

2. *Guess* at the meaning of unknown words. English and Spanish share many Latin word roots, so your guesses will be right most of the time. *Do not look up every word;* it doesn't help you to learn. Look up only the words that impede your understanding. You will learn new words by reading, speaking, hearing, or writing them repeatedly, *not* by paging through a dictionary.

3. While participating in class discussion or writing out exercises, use *short, simple sentences.* Don't try to translate your sophisticated English style directly into Spanish.

4. When speaking, don't get blocked by one unknown word or expression. *Search for another way of saying the same thing.* For example, if you can't recall how to say "He is wrong," say "He is not right" (No tiene razón) or "I don't agree with him" (No estoy de acuerdo con él). If you can't think of the word for "crowd," say "many people" (mucha gente or muchas personas).

5. Don't be afraid of making mistakes in class. You have to make many mistakes in order to learn a foreign language, but at the same time you are probably doing many things right. *The biggest mistake is not to speak.*

¡Buena suerte!

Acknowledgments

We would like to express our appreciation to Inés Bergquist for her careful editing and to Karen Misler and Melanie Miller of Holt, Rinehart and Winston for their excellent handling of the manuscript from development through production. We would also like to thank Deanna Fernandez for her help with vocabulary, Naldo Lombardi for his advice concerning language and style, and Eileen Shulman for her suggestions and aid in finding materials.

Finally, we are indebted to the many teachers who filled out the questionnaires distributed by our editors and to the following reviewers for their extensive and constructive criticisms: Professor Shaw N. Gynan, *The University of New Mexico;* Professor Ramón Fernández-Rubio, *Furman University;* Professor Thomas M. Stephens, *Rutgers University-New Brunswick;* Professor Jorge M. Guitart, *State University of New York-Buffalo;* Professor Donald Kavalec, *Miracosta College;* Professor Jenifer J. Chambers, *Cornell University;* Professor Veronica LaCoco, *The University of Santa Clara;* Professor Julia E. Hicks, *George Washington University; 1982 Reviewers:* Professor John R. Kelly, *North Carolina State University-Raleigh;* Professor Victor Leeber, *Fairfield University;* Professor Patricia Fisher, *The University of Mary-*

land; Professor F. M. Waltman, *State University of New York-Cortland;* Professor John T. Cull, *The University of Illinois-Urbana;* Professor John Forsyth, *Santa Barbara City College.* Without the counsel of these teachers, this second edition would not have been possible.

BW
MMG
TM

1

Diversiones

Los deportes en el mundo hispánico

En el mundo hispánico hay una gran variedad de deportes. Muchos de ellos son también populares en los Estados Unidos: el básquetbol, el vólibol, el tenis, la natación,° el esquí, etc. Pero, naturalmente, hay diferencias. En España y en ciertos otros países hispanos, es popular el jai alai, un juego de pelota rápido y peligroso,° jugado exclusivamente por los hombres. Mucha gente va a mirar los partidos y hace apuestas° por sus jugadores favoritos. Además, en España, México y Colombia, casi todos los periódicos y revistas tienen una sección extensa dedicada a los toros.° Por otra parte, el hockey y el fútbol americano apenas° existen allí.

    La verdadera pasión para los hispanoamericanos, para los españoles y para toda Europa es el fútbol (al que nosotros llamamos *soccer*) y el momento deportivo de más importancia es el Mundial,° el campeonato° de fútbol que se celebra sólo una vez cada cuatro años en uno de los países participantes. El siguiente artículo describe la atmósfera en España en 1982, un mes antes del comienzo del Mundial.

swimming

dangerous

bets

bulls, bullfights
scarcely

World Cup/
* championship*

■ Preguntas

1. ¿Qué deportes son populares en Norteamérica y en el mundo hispánico también?
2. ¿Cuáles son diferentes?
3. ¿Qué es el Mundial?
4. ¿Cuándo se celebra? ¿Dónde?

España: la fiebre del fútbol

El mundo entero está pendiente de° un balón.° Quinientos futbolistas, millonarios y famosos la mayoría, están preparados para jugar el Mundial-82, que va a tener lugar° en este país.

    Mientras tanto, apresuradamente,° España da los últimos retoques° a sus estadios, a sus instalaciones y a sus calles. Los niños españoles conocen ya los nombres de 526 futbolistas de todo el mundo. Gente que apenas ha ido a la escuela está aprendiendo a pronunciar nombres difíciles en inglés, alemán, ruso, portugués y yugoslavo. El fútbol invade la información, las conversaciones, la mitología popular.

pendiente... esperando con interés/*ball*/**tener...** ocurrir

rápidamente
touches, adjustments

El programa cultural

Los comités responsables de la organización del campeonato tienen programada para acompañarlo una lista de espectáculos° deportivos y culturales. Entre otras cosas, hay un partido de tenis, unas competiciones de atletismo, una carrera de caballos,° un partido de baloncesto,° una exhibición de golf y una corrida de toros. Hay también "alta cultura" que incluye conciertos de la Filarmónica de Londres y de la Orquesta Nacional, espectáculos de ballet, una zarzuela° y, como plato fuerte,° una actuación de Plácido Domingo.°

spectacles, shows

carrera... *horse race*/ básquetbol

comedia musical tradicional/**plato...** *main course*/un cantante de ópera

La selección española

Los jugadores que forman la selección° española viven ahora en Valencia en un parador° rodeado° de policía. Los veintidós estrellas tienen que ajustarse a una monótona disciplina. Los días son todos iguales,° con un despertar a las ocho de la mañana y un zumo° de naranja antes de salir a correr.

all-star team
hotel nacional/ *surrounded*

lo mismo
jugo

Nerviosidad y monotonía

Al regreso,° un abundante desayuno y después el entrenamiento.° Luego, de doce a una, hay entrevistas° con los periodistas. No resulta fácil hablar con ellos, pues los futbolistas llevan muchos días en su microclima,° aunque con ciertas vacaciones de fin de semana para ver a las familias. Es evidente que todos están nerviosos y obsesionados con el primer partido del 16 de junio.

    Luego los jugadores comen, vigilados° por un médico especial. Un poco de reposo después y un rato de jue-

Al... Cuando vuelven
training/reuniones

micro-climate, i.e., small, restricted world

observados

gos. Y al trabajo nuevamente. Entrenamiento o algún partido según los días. Entre las ocho y las nueve otra vez se reúnen con los periodistas, antes de la cena. Pocas son las sorpresas que interrumpen la monotonía.

Compensaciones

Claro que todo tiene sus compensaciones. Al° honor de defender los colores de España en el campo de fútbol y al prestigio internacional, hay que sumar° los millones° que les corresponden a cada uno por integrar° la selección. Además, están los 52 millones que paga Adidas, más otros 32 que la misma firma va a doblar° si la selección gana la Copa,° los 27 del Corte Inglés° y los 10 de Coca Cola.

Durante un mes toda Europa y Latinoamérica van a vivir pendientes del gol: cuarenta y ocho partidos en la primera fase° y dieciséis en la segunda que finalmente va a dar un campeón del mundo. Y ahora, ¡que gane el mejor!° *

de la revista española *Cambio 16*

To the

añadir/de pesetas, por supuesto/formar parte de

multiplicar por dos trofeo/**Corte**... un almacén español

parte

que... *may the best one win*

■ Comprensión de la lectura: las ideas principales

Después de cada número hay dos frases. Diga cuál de las dos expresa una *idea principal* de la lectura.

1. _____ En España hay una atmósfera de gran interés y emoción a causa del Mundial-82.
   _____ Muchos españoles ahora aprenden inglés, alemán, ruso, portugués y otros idiomas.
2. _____ Antes del Mundial, la vida de los jugadores es difícil y monótona.
   _____ Los jugadores toman un zumo de naranja antes de salir a correr.
3. _____ Coca Cola y Adidas son dos de las compañías que les pagan a los jugadores varios millones de pesetas.
   _____ Los jugadores reciben honor, prestigio y mucho dinero por su participación en el Mundial.

■ Preguntas

1. ¿Qué espectáculos deportivos están en el programa para acompañar el Mundial en España? ¿Qué diversiones de «alta cultura» hay? ¿Cuál le interesa más a usted?
2. ¿Dónde viven los jugadores de la selección española antes del Mundial?
3. ¿Qué hacen los jugadores por la mañana? ¿Por la tarde?
4. ¿Qué problemas tienen estos veintidós estrellas? ¿Qué compensaciones hay?

---

*Para la información de los que no saben los resultados, el Mundial de 1982 en España fue ganado por el equipo italiano.

■ Vocabulario: cognados que empiezan con *es-*

Muchas palabras que en inglés empiezan con una *s* seguida de una consonante tienen cognados (palabras idénticas o similares) en español que empiezan con *es-*. ¿Puede usted escribir el cognado español (que aparece en el artículo) de las siguientes palabras?

MODELO: *spontaneous*   espontáneo

1. *stadium*   _____
2. *school*   _____
3. *spectacle* (*show*)   _____
4. *Spaniards*   _____
5. *stars*   _____

■ Vocabulario: construcción de palabras

En español, como en inglés, se pueden construir nuevas palabras agregando terminaciones *(by adding endings)* a palabras más cortas. Busque en el artículo las palabras españolas para llenar los espacios en blanco.

MODELO: participar (*to participate*)   *participante*   (*participant*)

1. campeón (*champion*)   _____ (*championship*)
2. deporte (*sport*)   _____ (*sporting*)
3. jugar (*to play*)   _____ (*player*)
4. peligro (*danger*)   _____ (*dangerous*)
5. monótono (*monotonous*)   _____ (*monotony*)
6. entrenar (*to train*)   _____ (*training*)

■ Opiniones

1. ¿Por qué cree usted que los Estados Unidos y el Canadá no han participado mucho en el Mundial?
2. Según su opinión, ¿cuál es el momento deportivo más emocionante para los norteamericanos? ¿Para usted?
3. ¿Cree usted que los jugadores profesionales deben tener el derecho de hacer huelga (*to go on strike*) o no? ¿Por qué?

La televisión: promesa y problema

En fiestas y tertulias, en periódicos y revistas, entre los espectadores° de un partido de fútbol—en todas partes—   *spectators* el tema de la televisión inspira ardientes debates entre los hispanos de hoy. Muchos la denuncian como arma destructora° de la mentalidad joven. Mencionan como prueba° las notas° más bajas que obtienen los jóvenes de hoy en comparación con la generación anterior. Parece que la generación actual° no lee ni escribe bien. ¿Por qué? Quizás la causa está en cierta pasividad adquirida durante las largas horas pasadas delante del televisor.°

Pero la televisión tiene también sus defensores. Algunos la consideran una buena fuente de información. Además es una diversión para los viejos y enfermos y un excelente método de aprender el idioma° de un nuevo país para los inmigrantes recién llegados.

A pesar de° las diferencias de opinión, casi todo el mundo cree que es necesario buscar soluciones a los problemas actuales de la T.V.: el comercialismo, la mediocridad, los valores negativos, la excesiva influencia de programas norteamericanos. En el centro de las polémicas hay un elemento básico de la programación hispana y de la norteamericana también: la telenovela.° El siguiente artículo de una revista venezolana examina la «receta»° para una telenovela y sus consecuencias para el público.

arma... a destructive weapon/evidencia/ *marks (in school)*

del presente

television set

lengua

■ Preguntas

1. ¿Por qué piensa mucha gente que la televisión es mala?
2. ¿Qué dicen los defensores de la «tele» (T.V.)?
3. ¿Con quiénes está usted de acuerdo?
4. ¿Cuáles son los problemas actuales de la televisión hispana? ¿Cree usted que la televisión norteamericana tiene problemas también?

Receta para una telenovela

Deli A. Fayo

En Venezuela, para hacer una telenovela de éxito,° la receta incluye: una protagonista hermosa, débil, joven, generalmente despojada° de una lícita riqueza,° que se enamora de un galán,° rico, buenmozo,° que la deja invariablemente embarazada° y que al final de la novela se casa con ella «a juro».° En medio hay, siempre, una malvada° enamorada del galán, un malvado enamorado

de... successful

robada/*wealth*
joven muchacho/ atractivo/en estado de maternidad/*by force*
mujer muy mala

de la muchachita y unos cuatro galancetes° más que hacen de mosqueteros° sin esperanzas. Una vieja buena que
ha criado° a la muchacha. Un padre despótico. Una madre
que ignora° el destino de su hija; y un loco, paralítico,
ciego° o tonto,° es decir un invalidado físicamente.

muchachos de poca
   importancia/
   hacen... *act as*
   suitors/**ha**... *has*
   raised/no sabe

   Con estos personajes se arma° una historia, siempre
muy parecida a la anterior, totalmente ajena° a nuestra
realidad, con mecanismos absolutamente falsos, como el
de que hay seres° completamente buenos y otros completamente malos, que la riqueza es la base de la felicidad,
y la belleza un trampolín° para alcanzar° lo que se quiere.
Es decir, son siempre «verdades a medias»,° torcidas,° ma-
nejadas° con el criterio de mantener a la gente en la ignorancia y producir consumidores de productos.
Mafalda by Quino

persona que no puede
   ver/idiota/**se**...*one*
   puts together/
   diferente/personas/
   springboard

obtener

verdades...
   half-truths/*twisted*/
   manipuladas

■ Comprensión de la lectura: leyendo con precisión

Busque los siguientes puntos en la lectura. Luego, diga si cada frase es
verdad o mentira y corrija las frases falsas.

1. _____ En la típica telenovela venezolana, la protagonista es fea, vieja y
rica, y el galán es pobre y feo.

2. _____ El galán deja a la protagonista embarazada, pero al final de la telenovela se casa con ella.

3. _____ La autora del artículo cree que las telenovelas son buenas y originales y expresan «verdades» sobre la vida en Venezuela.

Mafalda by Quino

■ Preguntas

1. ¿Qué personajes hay en las telenovelas venezolanas?
2. ¿Cómo es la historia que se presenta con estos personajes?
3. ¿Cuáles son dos de las «verdades a medias» que enseña la telenovela?
4. ¿Qué desean los productores de las telenovelas?

■ Vocabulario: antónimos

Después de cada palabra, escriba el antónimo apropiado.

1. joven _____   diferente
2. defensor _____   feo
3. buenmozo _____   real
4. rico _____   viejo
5. parecido _____   pobre
6. falso _____   crítico

■ ¿Masculino o femenino?

Escriba el artículo definido apropiado (**el** o **la**) delante de cada palabra.

MODELO: **el** galán

1. _____ programa
2. _____ personaje
3. _____ realidad
4. _____ base

5. _____ trampolín
6. _____ felicidad
7. _____ gente
8. _____ tema

■ Opiniones

1. ¿Por qué cree usted que mucha gente goza de las telenovelas?
2. ¿Cree usted que la televisión causa la violencia? Explique.

■ Composición dirigida: una receta para la telenovela norteamericana

Trabajando juntos, los estudiantes de la clase deben hacer una lista en la pizarra de los elementos más importantes de la telenovela norteamericana; los personajes típicos, los incidentes que ocurren con frecuencia, la manera de terminar la historia, etc. Luego, cada persona escribirá una breve descripción de la típica telenovela norteamericana.

La fiesta: expresión del carácter hispano

«¿Pero dónde está la gente?» suele preguntar° el hispano, al visitar por primera vez las ciudades norteamericanas. Está acostumbrado a la bulla° y al movimiento de las calles de España e Hispanoamérica, donde la gente pasea, charla, cuenta un chiste° al portero° de un edificio o a la vendedora sentada frente a su tienda. Hay sillas en la acera,° muchachos que tocan la guitarra, viejos que juegan a los naipes y cafés al aire libre° donde los amigos conversan mientras toman una copa° o un cafecito. Es costumbre hispana dar un paseo por la tarde para gozar de la puesta del sol,° para saludar a los vecinos,° para ver y ser visto. «¿Por qué los norteamericanos no hacen eso?» puede preguntarse° el hispano.

   Probablemente esta diferencia de ambiente se debe° en parte al clima más cálido,° pero aún en los países hispanos donde hace mucho frío en el invierno, la gente parece más comunicativa y sociable, y las calles más animadas. Sin duda esta atmósfera llega a su máxima expresión durante las numerosas fiestas. El siguiente artículo

suele... pregunta con frecuencia

ruido

historia cómica/ guardia de la puerta

sidewalk

al... *in the open air*

bebida alcohólica

puesta... *sunset*/ personas que viven en el mismo barrio/ *wonder*

se... *is due*

caliente

describe una de las fiestas españolas más famosas, des-
crita por el autor norteamericano, Ernest Hemingway, en
su novela *The Sun Also Rises*: la fiesta de San Fermín.
Tiene lugar° todos los años en Pamplona, una ciudad del   **Tiene...** Ocurre
norte de España.

■ Preguntas

1. ¿Qué suele preguntar el hispano que visita por primera vez una ciudad
   norteamericana? ¿Por qué?
2. ¿Qué hacen muchos hispanos por la tarde? ¿Cree usted que muchos norteamericanos tienen esta costumbre también?
3. ¿Cuándo llega a su máxima expresión la atmósfera de animación y sociabilidad hispana?
4. ¿Qué es Pamplona? ¿Por qué es famosa?

San Fermín y los toros

Carlos Carnicero

Seis de julio a las doce en punto° del mediodía. Pamplona   **en...** precisamente
arde° en fiestas. Por primera vez una mujer enciende° el   *glows, blazes* / pone
cohete° que empieza la celebración. En fracciones de se-   fuego a / *rocket*
gundo hay una gran explosión, y miles de personas gritan:
«Viva San Fermín». La fiesta «estalla»,° como escribía Er-   *explodes*
nest Hemingway.

Durante los días que duran los *sanfermines*,° nadie   celebraciones
es forastero° en Pamplona. Todos son protagonistas de   persona que viene de
una de las últimas grandes fiestas que quedan en el   otra parte
mundo. Desde la explosión del cohete hasta la canción
que tocan las bandas al final, «Pobre de mí... así se acaba°   **se...** termina
la fiesta de San Fermín», el pueblo está en la calle y goza
con todas las ganas,° alegremente, hasta quedar° ex-   deseos / **hasta...** *until*
hausto.   *they wind up*

Todo esto es, para el sociólogo navarro° Mario Gavi-   de Navarra, la región
ra, un auténtico «monumento de arqueología cultural»   donde se sitúa
imposible de hallar en otra parte. «Allí están los elemen-   Pamplona
tos centrales de la forma de ser de la gente de Navarra.
Los navarros valoran° profundamente a la comunidad. Por   estiman
eso la primera pregunta obligada al forastero es: '¿De
dónde eres?' Eso no tiene nada que ver con la xenofobia;
es sólo una referencia espacial importante. La fiesta es

gratuita,° nadie pasa° hambre ni sed durante esos días, no hay elitismos. La hospitalidad y el afecto° de los navarros se expresan con una generosidad que ya es proverbial», dice Gavira.

es... no cuesta nada/ sufre de/cariño

El ritual más popular: el encierro*

El ritual más conocido de la fiesta de San Fermín es, por supuesto, el encierro. Luis del Campo, autor de unos doce libros sobre la fiesta y los toros, cuenta la historia de esta diversión popular. Hace unos siglos,° el encierro comenzó siendo una simple maniobra° obligatoria y no una fiesta. «Era la única forma de trasladar° los toros desde la dehesa° al lugar de la corrida. Los días de corrida, un regidor° de a caballo° guiaba los toros auxiliado por otras personas de a pie. Éstos eran los únicos que corrían en aquellos tiempos.

Hace... A few centuries ago/ operación/mover/ pasture

trainer/de... on horseback

Después de varios años, el pueblo° empezó a tener mayor protagonismo° en la tarea. Pronto encontró la veta° festiva y deportiva que escandalizaba a algunas autoridades. Hubo intentos° de prohibir la corrida durante el siglo pasado. En 1867 se realizó el primer encierro similar al actual,° prohibiendo la presencia de niños, mujeres y ancianos».

gente común
participación/aspecto

attempts

present one

El encierro: the running of the bulls through the streets to the bull ring. Part of the tradition is that men and boys run ahead of them to show their bravery.

El canto del «riau-riau»

Para el alcalde° del pueblo, lo más duro de aguantar°   *mayor/tolerar*
probablemente es el ritual del «riau-riau» la víspera° de   noche anterior
San Fermín. Los vecinos de Pamplona detienen° a la Cor-   *detain*
poración municipal° cuando sale del Ayuntamiento° y le   **Corporación...** *city*
cantan a gritos todas las críticas a su administración: que   *council*/edificio del
las calles están llenas de basura,° que hay muchas limi-   gobierno/*garbage*
taciones al aparcamiento,° que no hacen nada por el ba-   *parking*
rrio tal o cual.° El año pasado el bombardeo crítico duró°   **tal...** *such and such*/
cinco horas. Y durante todo este tiempo, los músicos de   continuó
la banda municipal tocaron el vals de Astrain°sin des-   **vals...** melodía típica
canso.   de la región

      Pero Julián Balduz, el alcalde socialista de Pam-
plona, asegura° que tiene la paciencia para aguantar el   *afirma*
mal rato. «Me parece una costumbre positiva», declara
Balduz. Lo que sí° le preocupa al alcalde es el peligro del   *indeed*
encierro.

Emoción y peligro

Porque peligro hay y de sobra.° Desde el año 1924 hay   **de...** en exceso
doce personas que han pagado con la vida° el entusiasmo   **han...** han muerto a
por correr delante de los toros en San Fermín. Y un nú-   causa de
mero incontable de heridos.° Sin embargo, los acci-   *injured people*
dentados° son relativamente pocos si se piensa en los   *casualties*
miles de muchachos que corren cada año.

      Es que «correr el encierro es una forma de autoafir-
marse»,° opina el sociólogo Gavira. «Algunos quieren regu-   *self-expression*
lar° la fiesta pero eso es un desatino;° es importante no   controlar/*error*
quitarle la espontaneidad».   absurdo

      En Pamplona la fiesta empieza y nadie puede con-
trolarla. En calles y plazas se reúne la gente para pasarlo
bien, gozando con emoción y miedo del espectáculo del
encierro. En Pamplona siempre hay sitio° para más gente.   espacio
Y año tras año la fiesta continúa.

de la revista española Cambio 16

■ Comprensión de la lectura: sacando conclusiones

Muchas veces en una lectura hay ideas que están expresadas de
manera indirecta. Es necesario leer estas secciones con cuidado y
sacar conclusiones para comprenderlas bien. Muestre que usted ha
comprendido bien, terminando las siguientes frases de la manera más
apropiada.

1. Ernest Hemingway escribe que la fiesta de San Fermín «estalla». Su descripción es apropiada porque la celebración empieza... (el seis de julio a las doce

en punto/ con la explosión de un cohete/ por primera vez con una mujer como protagonista).

2. «Durante los días que duran los sanfermines, nadie es forastero en Pamplona». Eso quiere decir que... (solamente la gente que vive en Pamplona participa en la celebración/ toda la gente que llega a la fiesta es española/ las personas que vienen de otras partes se sienten en casa).

3. «La fiesta es gratuita, nadie pasa hambre o sed durante esos días... » De esta frase podemos concluir que los navarros son... (generosos/ ricos/ elitistas).

4. Según el señor del Campo, el encierro empezó hace unos siglos como una «simple maniobra obligatoria», es decir, el encierro empezó porque se necesitaba... (inventar una diversión popular/ trasladar los toros a la plaza/ presentar a un regidor de a caballo).

5. Para el alcalde de Pamplona, el ritual de «riau-riau» es muy duro de aguantar porque en este ritual hay mucha... (crítica/ violencia/ música).

■ Preguntas

1. ¿Cuándo, dónde y cómo empieza la fiesta de San Fermín?
2. ¿Dónde está el pueblo durante los días de San Fermín? ¿Qué tocan las bandas al final?
3. Según el sociólogo Gavira, ¿qué pregunta le hacen los navarros al forastero? ¿Por qué? ¿Qué elementos de la forma de ser navarra encuentra él en la fiesta?
4. Hace siglos, ¿quiénes eran los únicos que corrían en el encierro? Después, cuando el pueblo descubrió la veta deportiva en el encierro, ¿qué intentaron las autoridades?
5. ¿Qué es el canto de «riau-riau»? ¿Qué piensa usted de esa costumbre?
6. Desde 1924, ¿cuántas personas han muerto en el encierro de San Fermín? ¿Qué opina el señor Gavira de la idea de regular la fiesta? ¿Está usted de acuerdo con él?

■ Vocabulario: transformación de verbos en sustantivos

En español hay varias maneras diferentes de transformar verbos en sustantivos, cambiándoles las terminaciones (*by changing their endings*). Siga los modelos para practicar dos de estas maneras.

MODELO: gozar → el gozo

1. gritar _____
2. cantar _____
3. auxiliar _____

4. comenzar _____
5. entusiasmar (se) _____

MODELO: celebrar → la celebración

1. afirmar _____
2. administrar _____
3. preocupar _____

4. continuar _____
5. obligar _____

■ Formación del plural

Llene cada espacio con la forma apropiada del plural.

MODELO: un siglo → _unos siglos_

1. una mujer _____
2. la canción _____
3. el cohete _____
4. cierta calle _____
5. alguna autoridad _____
6. mucha limitación _____
7. un día _____
8. la primera vez _____

■ Opiniones

1. ¿Qué opina usted de la idea de prohibir la presencia de niños, mujeres y ancianos en el encierro?
2. ¿Quiere usted ir algún día a la Fiesta de San Fermín? ¿Por qué sí o no?
3. ¿Qué otras fiestas conoce usted que celebra una comunidad entera?

VOCABULARIO

Las fiestas

acompañar to accompany
bailar to dance: **el baile** dance
el bailarín (la bailarina) dancer
el, la cantante singer
cantar to sing; **la canción** song
contar (ue): contar chistes to tell jokes
charlar to talk, chat
el día de fiesta holiday; **la fiesta** party
el disco record
gozar de to enjoy
el, la músico musician
la peña social gathering in which friends sing and play music

Los deportes

el básquetbol basketball
el béisbol baseball
correr to run
esquiar to ski
el fútbol soccer
el jai alai jai alai
el jugador (la jugadora) player
el tenis tennis
el vólibol volleyball

Diversiones literarias o artísticas

escribir cartas, poemas to write letters, poems
pintar cuadros to paint pictures
la tertulia tertulia, regular meeting of friends for the purpose of conversation

El teatro, el cine y la televisión

el actor; la actriz actor; actress
el, la artista actor (actress) or artist
mirar (la) televisión to watch television
el papel role
la película film, movie
la telenovela soap opera

Otras palabras

el compañero (la compañera) de clase, de cuarto classmate, roommate
dar un paseo, pasear to take a walk, stroll (for pleasure)
el fin de semana weekend
hacer ejercicios (de yoga) to do (yoga) exercises
ir de compras to go shopping

jugar a los naipes to play cards
pasarlo bien to have a good time
por la mañana (tarde, noche) in the
    morning (afternoon, evening)
presentar to introduce
los ratos libres free time
tener ganas de + *inf.* to feel like
    (doing something)

■ Conversemos

Termine las siguientes frases de manera original, empleando cuando
sea posible las palabras y los modismos del Vocabulario.

1. Algunos de los deportes que son populares en el mundo hispánico son...
2. Yo creo que el deporte más emocionante es..., porque...
3. Un programa de televisión que presenta valores negativos es.... porque...
4. Hoy día mucha gente está entusiasmada con (nombre de algún actor o actriz
   de cine)...; su papel más importante es el de... en la película...
5. Los domingos por la tarde yo tengo ganas de...
6. En nuestros ratos libres mis amigos y yo...
7. En una buena fiesta la gente...

■ Discutamos

Explique brevemente por qué usted está o no está de acuerdo con las
siguientes opiniones.

1. Para jugar al fútbol americano no es necesario ser inteligente.
2. La televisión tiene una mala influencia sobre la sociedad.
3. Siempre es ofensivo contar chistes que se refieren a un grupo étnico.
4. Mucha gente asiste a conciertos de música clásica solamente para parecer
   intelectual.
5. Las mujeres juegan bien a los juegos electrónicos.

■ Composición

Tema: Mis actividades favoritas del fin de semana.

2

Vejez y juventud

Conflictos entre las generaciones

Son famosos los comentarios que hicieron hace dos mil años los escritores griegos que describían las ideas «locas y escandalosas»° de la juventud. Esos antiguos abuelos y bisabuelos estaban avergonzados de sus nietos y bisnietos que les parecían muy mal educados. Los recuerdos que conservaban de su propia° niñez y juventud eran diferentes. Pero quizás no debieron confiar tanto en su memoria porque es un hecho comprobado° que el ser humano tiene tendencia a recordar lo bueno° y olvidar lo malo.

    Parece que siempre hay diferencias y conflictos entre las generaciones. Hoy día estos problemas son tal vez más agudos° porque la gente goza de mejor salud que en siglos pasados y mueren a una edad más avanzada. Por lo tanto, los jóvenes suelen° tener más contacto con parientes viejos. En el siguiente ensayo, un autor español presenta de manera humorística algunos consejos con respecto a tres conflictos comunes entre hijos y padres de familias españolas.

scandalous

own

demostrado

lo... *what is good*

serios

están acostumbrados a

■ Preguntas

1. ¿Qué opinión tenían los antiguos escritores griegos de sus nietos y bisnietos? ¿Por qué?
2. ¿Cree usted que ellos recordaban con exactitud su propia niñez y juventud? Explique.
3. ¿Por qué parecen hoy día más agudos los conflictos entre las generaciones?

Consejos a los hijos de familia

Noel Clarasó

Ser hijo es mucho más desagradecido° que ser padre. Los padres son padres porque quieren ser padres. Los hijos son hijos sin querer.°

    El principal objetivo de los hijos es sacar° de los padres todo el dinero que necesitan. Los padres lo saben y tratan de esconder,° disimular y retener° su dinero. Así enseñan a los hijos a vencer° dificultades. Algunos las vencen a pesar de todo y consiguen° sacar tanto dinero a

thankless

sin... *without wanting (to be)*/obtener

to hide/conservar

conquistar

they manage

sus padres, que después se ven° obligados a sacarlo a sus tíos o a gente que ni siquiera es° de la familia. Ese es el resultado de un exceso de disposición natural aplicado a la vida práctica.

Aparte° del dinero, los hijos de familia tienen otras dos luchas:° la primera contra los trajes° usados de los padres. Uno de los errores más extendidos entre los padres consiste en creer que sus trajes usados parecen menos usados si los lleva° uno de sus hijos. Si los hijos son intrépidos, arruinan° el traje usado el segundo día de llevarlo. Dicen que se cayeron al bajar° del autobús. Si el padre se lamenta, la madre, que siempre sale en defensa de los hijos exclama:

—Cuando piensas que nuestro hijo podía estar en el cementerio y ahí lo tienes, con vida...

La otra lucha es por el motor. Los hijos de los padres de familia necesitan un motor. La ciencia no ha explicado aún por qué. Sólo se ha podido comprobar que lo necesitan siempre, y lo empiezan a pedir entre los diez y los doce años. Los padres no comprenden esta necesidad de sus hijos y se limitan a evocar° los treinta últimos accidentes ocurridos a hijos de otros padres. No advierten° que, por cálculo de probabilidades, cuantos más accidentes tengan los hijos de otras familias, menos van a tener los suyos.°

Hay un sistema para conseguir un motor antes de los veinticinco años. Después los padres se desentienden° de los motores de los hijos. Y hacen bien. Ya sabían los antiguos que todos los hombres, a partir de° los veinticinco años, tienen derecho indiscutible° a romperse las almas° y los huesos° con toda libertad.

Para conseguir un motor, hay que buscar un amigo que tenga° uno. Uno va y le dice:

se... *they find themselves*/ni... *is not even*

Besides

combates/*suits, clothing*

wear

destruyen

al... *upon getting off*

hablar de

comprenden

cuantos... *the more accidents children of other families have, the fewer their own will have*

se... *no son responsables*

a... *starting from the age of*/*indisputable*

souls/*bones*

que... *who has*

—Si me prestas° tu motor, cuando yo tenga el mío,   *you lend*
que va a ser mucho mejor, también te lo voy a prestar.

El amigo cree que es verdad y presta el motor. El
hijo va en busca de su padre y le invita a dar un paseo en
el motor del amigo. El padre está feliz y dice que sí. Después, a la hora de cenar, el hijo habla del motor. Dice:

—Si me compras un motor voy a llevarte todos los
días a tu oficina, como hoy te llevé a paseo.

Claro, no basta° con un día, ni con un mes. La cons-   *es suficiente*
tancia todo lo vence. Al fin el padre dice que sí y compra
el motor. Los padres suelen tener demasiados años para
estas luchas. Ceden° con excesiva facilidad y después di-   *They give in*
cen que ya lo decían ellos.°   **ya...** *they said it all along*

■ Comprensión de la lectura: usando cognados

Un cognado es una palabra idéntica o similar a otra palabra en otro
idioma. Por ejemplo, la palabra española *idéntico(a)* es el cognado de
la palabra inglesa *identical*. Diga cuál es el cognado en inglés para
cada una de las palabras en bastardilla (*italics*).

1. El *principal objetivo* de los hijos es sacar de los padres todo el dinero que *necesitan*.
2. Ese es el *resultado* de un *exceso* de *disposición natural aplicado* a la vida *práctica*.
3. Si el padre se *lamenta*, la madre, que siempre sale en *defensa* de los hijos, *exclama*...
4. La *ciencia* no ha *explicado* aún por qué.
5. Los padres... se *limitan* a *evocar* los treinta últimos *accidentes ocurridos* a hijos de otros padres...

■ Mejorando su vocabulario

Naturalmente, los cognados sólo nos ayudan si los comprendemos. Es
necesario tener un buen vocabulario en nuestra lengua natal (*native*).
En cada grupo, subraye el sinónimo de la palabra en bastardilla
(*italics*). Su cognado en inglés aparece entre paréntesis.

MODELO: *vencer (vanquish)*
    manifestar/ aventurar/ informar/ <u>conquistar</u>

1. *disimular (dissimulate)*
    disciplinar/ conocer/ esconder/ reducir
2. *retener (retain)*
    imitar/ conservar/ retirar/ presentar
3. *intrépido (intrepid)*
    emocionante/ libre/ original/ valiente
4. *constancia (constancy)*
    persistencia/ apariencia/ lucha/ intensidad

■ Preguntas

1. Según el señor Clarasó, ¿cuál es el principal objetivo de los hijos?
2. ¿Cuál es la primera de las otras dos luchas? ¿Cómo sale la madre en defensa de su hijo?
3. ¿Qué edad tienen los hijos cuando empiezan a pedir un motor? ¿Cree usted que las muchachas tienen esta necesidad también, o sólo los muchachos?
4. ¿Qué sabían los antiguos sobre los hombres que tienen veinticinco años o más?
5. ¿Qué consejos nos da el autor para conseguir un motor antes de los veinticinco años?

■ Volviendo al pasado

Cambie los verbos de las siguientes frases al pretérito o al imperfecto según las indicaciones.

1. Alicia tiene (imp.) _____ un conflicto constante con sus abuelos que viven (imp.) _____ en la misma casa.
2. Ella quiere (imp.) _____escuchar música rock pero sus abuelos prefieren (imp.) _____ la música clásica.
3. Un día Alicia va (pret.) _____ a la casa de su tío Paco y le pide (pret.) _____ consejos.
4. El tío Paco le aconseja (pret.) _____ bien; le explica (pret.) _____ que debe (imp.) _____ casarse y salir de la casa de sus abuelos.
5. Alicia le da (pret.) _____ las gracias a su tío. Al día siguiente, ella se casa (pret.) _____ con su novio Eduardo.
6. Demasiado tarde, en su nuevo apartamento, Alicia sabe (pret.) _____ que va (imp.) _____ a tener un conflicto de nuevo: ¡Eduardo detesta (imp.) _____ la música rock!

■ Opiniones

1. Según su opinión, ¿cuáles de las siguientes cosas causan más conflictos entre hijos y padres de familias norteamericanas: la música, el coche, el teléfono, el dinero, la ropa (la manera de vestirse, de llevar el pelo, etc.), la cortesía (la manera de comer, de saludar, etc.), los cigarrillos, el alcohol, las salidas con el novio (o con la novia), la hora de regresar por la noche? ¿Hay otras cosas?
2. ¿A qué edad cree usted que un(a) joven debe salir de la casa de sus padres y vivir solo(a)? ¿Por qué?

La vejez en las sociedades hispanas: ideas en transición

La antigua tradición de la vejez. El respeto hacia los mayores.° Hace pocos años, estos valores° eran sagrados en el mundo hispano. Pero hoy, influida por el Culto a la Juventud, la gente empieza a estar avergonzada° de la condición de la vejez y trata de evitar° la palabra, empleando eufemismos tales como «la tercera edad».

    Pero los viejos están allí, no obstante.° Es verdad que en las sociedades hispanas no hay tantos ancianos abandonados como en ciertos otros países, pero sí hay muchos que se sienten marginados° de la vida actual. Ahora está apareciendo en varios países hispanos una institución conocida desde hace muchos años por los norteamericanos: el hogar de ancianos.

    ¿Qué pasa? ¿Por qué está cambiando así la sociedad hispana? El psiquiatra mexicano doctor Alfonso Macías explica lo que ocurre al respecto° en México:

    «Es que la sociedad mexicana de las ciudades ha sufrido un cambio de estructura. Hemos creado una sociedad de consumo donde los únicos valores son producir y consumir. Antes el conocimiento se transmitía del más viejo al más joven. Ahora el conocimiento se adquiere lejos del padre, del viejo».

*gente más vieja/
  values*

ashamed
no usar

no... *nevertheless*

left out, isolated

al... *in this regard*

Pablo Casals

¿Es el trabajo, entonces, el único valor en la sociedad urbana de hoy? Todo el mundo conoce a individuos famosos como, por ejemplo, los dos grandes Pablos españoles: Casals y Picasso, que siguieron trabajando hasta muy avanzada edad. Pero estos son casos excepcionales. ¿Qué solución existe para el viejo corriente?° La siguiente selección es una entrevista° con un colombiano pobre de 107 años de edad. Este señor, a pesar de° las difíciles circunstancias de su vida, parece haber conservado la dignidad y la capacidad de reír.

común
interview
in spite of

■ Preguntas

1. ¿Qué cambios recientes hay en la actitud tradicional de los hispanos hacia la vejez?
2. ¿Qué eufemismo usa mucha gente hispana en lugar de la palabra *vejez*? ¿Usamos eufemismos similares en inglés?
3. ¿Qué institución aparece ahora en varios países hispanos? ¿Qué piensa usted de esta institución?
4. Según el doctor Macías, ¿cuáles son los únicos valores de la sociedad de consumo? ¿Qué tiene que ver esto con nuestra actitud hacia la vejez?

Una entrevista con don Ernesto, un colombiano de 107 años de edad

Gonzalo Castellanos

Don Ernesto Vera Castilblanco nació el 31 de agosto de 1870 en una hacienda en el campo.° Hoy día vive en un barrio pobre de Bogotá donde suele° encontrar en los desperdicios° cosas que puede usar o vender.

countryside
está acostumbrado a
garbage

....

—¿Sabe leer, don Ernesto?
—No, cuando era niño en la hacienda, no era la costumbre. Eso era sólo para los presidentes, los curas° y los generales. Al° que leía, lo llamábamos «doctor».
—Entonces, ¿usted es un ignorante?
—No. Un analfabeto.° Uno aprende por ahí,° por lo menos a hablar y escuchar.
—¿Su papá murió viejo?
—No sé. No lo conocí. Pero sé que soy hijo legítimo de Moisés Vera y de Gregoria Castilblanco.

priests
A la persona

illiterate/por... en la
vida diaria

—*¿Qué siente uno cuando cumple 107 años?*

—Que 107 años quedaron atrás... °

—*¿Qué hizo cuando muchacho?*

—En 1890 me metieron al cuartel.° Dos años después era cabo° en Usaquén.°

—*¿Cuánto ganaba un soldado?*

—Más o menos cincuenta centavos. Nos daban dos uniformes. Yo como cabo llevaba un rifle y un yatagán.°

—*¿Cómo era Bogotá?*

—No había radios, ni carros,° ni cerveza,° ni cine, ni trabajo, ni cosas locas. Era bonito porque nadie roba-ba. Mucho después empezábamos a viajar en tranvía de mulas.° Un almuerzo valía° dos o tres centavos y un nuevo traje° ochenta y cinco centavos. Trabajaba como albañil° y me pagaban cinco o diez centavos diarios.

—*¿Si no había «cosas locas», ¿qué hacía usted para pasarlo bien?*

—Dios no abandona a nadie.

> quedaron... *were left behind (you)*
>
> barracks, i.e., in the army / corporal / nombre de un pueblo
>
> *Turkish sabre*
>
> autos / *beer*
>
> tranvía... *streetcar pulled by mules* / costaba *bricklayer*

—*¿Qué piensa usted de la Bogotá de hoy?*

—No me gusta. Mucho crimen y mucha basura. Lo único° que hay bueno es el bus. Puede uno ir rápido de un lado a otro. Pero es difícil vivir. Uno escucha por todas partes groserías,° y ya ve usted, que aun cuando uno sea campesino° y pobre, se alarma de tanto vocabulario crudo.

—*¿Ve televisión?*

—No. No soy tan estúpido para perder el tiempo. Me dicen que es un rayo dañino° para el alma y para los ojos... No leo periódicos porque no sé leer. Oigo radio pero siempre oigo decir lo mismo al señor ministro.° No he ido nunca al cine y no voy a ir porque no tengo dinero.

—*¿Qué tiene usted?*

—Lo que llevo puesto.°

> Lo... *The only thing*
>
> palabras malas o crudas / **sea...** *may be a peasant*
>
> rayo... *damaging ray*
>
> siempre... *I always hear the minister saying the same thing.* / **Lo...** *What I have on my back.*

—¿*Ama?*
—Pero no a la mujer del prójimo.°   otro hombre
—¿*Sabía que los comunistas ganaron en Rusia?*
—¿Qué es comunistas y qué es Rusia?
—¿*Sabía que el hombre fue a la luna?*
—Sabía que la luna no es del hombre.
—¿*Escucha música?*
—Sí, porque ésa es libre. No tiene dueño.°   owner
—*Hasta luego, don Ernesto.*
—Adiós... Porque ustedes por aquí no vuelven, y si
vuelven, tal vez no me encuentren... °   **tal...** *perhaps you might not find me*

de la revista colombiana *Cromos*, 1977

■ Comprensión de la lectura: leyendo con precisión

El siguiente párrafo tiene varias secciones falsas. Corríjalas de acuerdo con la entrevista.

Don Ernesto, verdad y mentira

Don Ernesto nació y creció en la ciudad de Bogotá, Colombia. Aprendió a leer cuando era niño y toda la gente lo llamaba «doctor». Su padre murió muy joven. Cuando don Ernesto tenía veintidós años, era soldado y llevaba un rifle. La Bogotá de su juventud era muy diferente de la Bogotá de hoy. No había radios, ni carros, ni cine. No era posible confiar en la gente porque todo el mundo robaba. Don Ernesto ganaba treinta centavos cada día cuando trabajaba como albañil. Un almuerzo valía dos o tres centavos y un traje nuevo ochenta y cinco centavos. Ahora, don Ernesto va al cine y ve televisión mucho. Cree en el amor libre y está bien informado sobre la vida actual.

■ Preguntas

1. ¿Quién es don Ernesto? ¿Dónde vive ahora?
2. ¿Es ignorante o analfabeto don Ernesto? Explique.
3. ¿Qué hizo don Ernesto cuando era joven?
4. ¿Qué aspectos de la Bogotá de hoy no le gustan? ¿Qué aspectos le gustan?
5. ¿Qué diversión tiene don Ernesto? ¿Por qué?

■ Vocabulario: sustantivos y verbos relacionados

Hay muchos sustantivos (nouns) que se pueden convertir en verbos en **-ar**. Escriba los verbos apropiados (en el pretérito o en el imperfecto, según la frase) para completar las siguientes frases. (Para averiguar la ortografía correcta, se puede consultar el artículo anterior o el diccionario al final del libro.)

MODELO: Un periodista colombiano le hizo la *entrevista* a don Ernesto.
Un periodista colombiano **entrevistó** a don Ernesto.

1. Cuando don Ernesto era joven, la gente no tenía la *costumbre* de ir a la escuela.
   Cuando don Ernesto era joven, la gente no _____ ir a la escuela.
2. Para los soldados, la educación no tenía mucha *importancia*.
   Para los soldados, la educación no _____ mucho.
3. Don Ernesto dio muchas *opiniones* sobre la Bogotá de hoy.
   Don Ernesto _____ mucho sobre la Bogotá de hoy.
4. En aquellos tiempos la gente hacía *viajes* en tranvías de mulas.
   En aquellos tiempos la gente _____ en tranvías de mulas.
5. Era bonito porque no había *robos*.
   Era bonito porque nadie _____.
6. Por su trabajo le daban una *paga* de cinco o diez centavos diarios.
   Por su trabajo le _____ cinco o diez centavos diarios.

■ Opiniones

1. ¿Qué ejemplos de la inteligencia y del sentido del humor de don Ernesto encontró usted en la entrevista? ¿Le parece a usted que él lleva una vida feliz o infeliz?
2. ¿Cree usted que el gobierno colombiano debe internar a don Ernesto en un hogar de ancianos o no? ¿Por qué?
3. ¿Qué personas famosas trabajan bien aunque son viejas? ¿Cree usted que el trabajo es la única manera de mantener la dignidad en la vejez?

La familia en transición

En siglos pasados, la familia hacía un papel° fundamental en la vida de los individuos. La típica familia era una familia «extensa»° que consistía en varios parientes que convivían° bajo el mismo techo:° el matrimonio, sus hijos, los abuelos o bisabuelos, y a veces tíos o primos, es-

hacía... *played a role*

extended

vivían juntos/*roof*

pecialmente si eran solteros o viudos. Es por eso que las casas antiguas eran enormes. Además, la familia solía° mantener estrechas° relaciones con otros parientes o compadres y comadres que habitaban el mismo barrio. Los niños crecían en un ambiente de calor° humano donde podían confiar en muchos adultos. Cuando alguien tenía un problema, toda la familia le aconsejaba. Para los ancianos, la familia representaba una garantía de protección y cariño° aún cuando ya no gozaban de buena salud. Muchas personas nacieron, se casaron y murieron en la misma casa. Después de la muerte sus parientes lloraban y rezaban juntos en el velorio que también tenía lugar en la casa familiar.°

    La familia «extensa» ha casi desaparecido° en los Estados Unidos pero todavía persiste en muchas partes del mundo hispánico. Sin embargo, en las ciudades grandes muchos jóvenes prefieren la independencia de vivir en su propio apartamento. La siguiente lectura es un poema escrito por el poeta y actor de televisión puertorriqueño, Jacobo Morales, quien describe la visita de un matrimonio viejo del campo° a la casa de su hija que vive en la capital (San Juan).

estaba acostumbrada a/*close*

warmth

afecto

de la familia
disappeared

countryside

■ Preguntas

1. ¿Por qué eran muy grandes las casas antiguas?
2. ¿Qué ventajas (puntos buenos) tenía la familia «extensa» para los niños?
3. ¿Qué ventajas tenía para los adultos?
4. ¿Dónde existe este tipo de familia ahora?
5. ¿Por qué prefieren vivir en su propio apartamento muchos jóvenes de hoy?

M-111

Jacobo Morales

El otro día
estaba mi doña° hojeando°   mujer/*paging through*
un álbum de fotografías.

Había fotos de to'° el mundo: todo
de primos, cuñados,° tías,   *brothers- and sisters-*
de gente que yo, a estas alturas,°   *in-law*/**a...** a esta
ya ni reconocía.   avanzada edad
Fotos viejas, amarillas.

Y en una sección aparte
las fotos de la familia.
¡Nuestra familia!
Que era grande:
cuatro hijos y dos hijas.

Pero hablando del presente,
la querendona° es la más chiquita.   favorita
Siempre mi mujer decía
que la quería con pena°   **con...** mucho
porque era enfermiza.°   *sickly*

Se percató° de que la estaba mirando   fijó
y en seguida cerró el álbum.
—¿Quieres café? —me preguntó.
—¿Quieres ir a San Juan? —le dije yo.
Resulta° que en días pasados   *It happens*
nos nació una nietecita.°   nieta pequeña

¿De quién?
De la hija más chiquita.

A las diez llegó la línea,°   autobús
y nos fuimos, sonreídos,
llevando, además en nuestro interior,
un ansioso palpitar°   movimiento rítmico
de juvenil emocion.   del corazón

Llegando a la capital
se me armó una confusión;°   **se...** tuve un gran
de pronto se me olvidó   problema
cuál era la urbanización.°   sección de la ciudad
Como casi todas son Park,
o Gardens o Hills.

Y mi mujer no me podía ayudar;
uno la saca del campo
y no sabe dónde está.

Al fin, por casualidad,°   **por...** *by chance*
alguien mencionó
la dichosa° urbanización.   *blessed (but meaning
Es ésa que se llama...   the opposite)*
Se me olvidó.

El asunto° es que llegamos.   *fact*
La casa es muy elegante,
pero no tiene balcón;
la sala es el comedor
y la cocina está alante.°   adelante
Tiene closeh° por doquier° y baños por todas partes,   *closets*/todas partes
y como el techo° es tan bajo   *roof*
y tiene tantos cristales,
hace una santa° calor   *"holy,"* es decir,
pasá's° las dos de la tarde.   excesivo/pasadas,
Pero, son casas modernas,   después de
hechas por los que saben.

Al entrar nos encontramos
que la casa estaba llena
de mesitas y mujeres.
Mujeres por todas partes;
con pelucas° y sonrisas   *wigs*
y las pestañas° bien grandes.   *eyelashes*

Resulta que era día martes
y los martes por la tarde
es el día de reunión
de las «damas° especiales».   *ladies*

En seguida vinieron las frases... :
«Hola, es un placer», «Tanto gusto»,
«A sus pies»,° «No nos habías dicho

A... *At your disposal*
(lit. at your feet)

que tu mamá era tan joven».
Claro, todo dicho de la boca pa' fuera.°

de... *sin sinceridad*

Mi mujer, nerviosa, se arregló el moñito°

topknot of her hair

y en los labios de mi hija percibí
una leve° sonrisa de sosera.°

slight / irritación

—No pensaba que fueran a venir°

fueran... *you would*
be coming / middle

a mediados° de semana—dijo mi hija.

—No queremos interrumpir—dije.
Y nos fuimos mi doña y yo a una terraza
desde donde se divisaba°

veía

una hilera° de casas blancas,

línea

idénticas, desoladas.°

tristes

Semejaban° nichos.°

Parecían / tumbas

A eso de las cinco
se fueron las damas
y fuimos, por fin,
a ver la nieta.
Abrimos sigilosamente°

con gran cuidado

la puerta,
y en una cunita° rosada

cama para un bebé

estaba la nena jugando.
Mirándose pies y manos.
Nos acercamos,
y el alma se le salió
a la abuela por los labios.°

el... *the grandmother's*
soul went up into her
lips / she whispered / warm

—Dios te bendiga—susurró° muy bajo.
¡Qué tibias,° a mis oídos,
esas palabras llegaron!
Y le acarició una mano.°

le... *she caressed her*
hand

Otro ritmo tuvo el tiempo
y más amplio fue el espacio.°   **Otro...** *Time took on another rhythm and space widened out (because of their emotion)/fantasías*

Mi hija rompió
los ensueños° de la abuela
insinuando que, a esa edad,
los bebés eran propensos al contagio.°   **propensos...** *prone to contagious diseases*
¡Al contagio! Nadie estaba enfermo.
Todos salimos del cuarto.
En silencio.
Yo lo rompí diciendo:
«Nos vamos». Nuestra hija insistió
en que nos quedáramos,°   **en...** *on our staying*
que ella suspendería
otra reunión que tenía
y un cóctel al día siguiente.
Yo repetí: «Nos vamos».
A las seis de la tarde
nos vino a buscar el carro.

Atardecía° sin horizonte.   *Caía la tarde*
De nuestras espaldas se alejaba
la casa de nuestra hija.
M-111
Tomé la mano de mi mujer.
M-112
Nunca fue tan triste el atardecer.
M-119
Números y ciudad.
M-120
Rejas° y soledad.   *Gratings*
M-123
Calle afiebrada.°   *burning with heat*
M-126
Labios cerrados.
Vacío° en el alma.   *Emptiness*

■ Comprensión de la lectura: reconstruyendo la acción

El poema es un poema narrativo porque nos cuenta una historia. Haga una recapitulación de la historia, escribiendo el número uno delante del primer suceso (*event*), el dos delante del segundo, etc. hasta el siete.

_____   Los abuelos salieron de la casa de su hija, muy tristes.
_____   Los abuelos entraron en la habitación de su nieta.

_____ Los abuelos llegaron a San Juan pero no podían recordar el nombre de la sección donde vivía su hija.

_____ El abuelo decidió ir a San Juan a visitar a su hija.

_____ Los abuelos llegaron a la casa y vieron que su hija tenía una reunión de damas especiales.

_____ La abuela miraba un álbum de fotografías.

_____ La hija insinuó que la nieta podía enfermarse a causa de los abuelos.

■ Preguntas

1. ¿Cuántos hijos tenían el narrador y su mujer? ¿Quién era la hija favorita? ¿Por qué?
2. ¿Por qué decidieron ir a San Juan?
3. ¿Por qué regresaron tan pronto al campo el viejo y su mujer?
4. Según su opinión, ¿por qué salió mal la visita?

■ _Hace_ + expresiones de tiempo

Para expresar una acción que empezó en el pasado y que continúa en el presente, se usa la siguiente fórmula:

Hace + una expresión de tiempo + **que** + el verbo en el tiempo presente

Conteste a las siguientes preguntas con frases completas.

MODELO: ¿Cuánto tiempo hace que el narrador y su mujer tienen una nieta en San Juan?
unas horas/   unos días/   muchos años/
Hace unos días que el narrador y su mujer tienen una nieta en San Juan.

1. ¿Cuánto tiempo hace que el narrador y su esposa están casados?
unos días/   varios meses/   muchos años/
2. ¿Cuánto tiempo hace que el narrador no ve a los primos, cuñados y tías que aparecen en las fotos del álbum?
unos días/   varios meses/   muchos años/
3. ¿Cuánto tiempo hace que la hija favorita vive en San Juan?
unos días/   unas semanas/   varios años/
4. ¿Cuánto tiempo hace que usted estudia español?
unos días/   unas semanas/   varios meses/   varios años/
5. ¿Cuánto tiempo hace que usted trabaja en este ejercicio?
unos minutos/   unas horas/   mucho tiempo/

■ Opiniones

1. ¿Prefiere el poeta las casas modernas o antiguas? ¿Y usted? ¿Por qué?
2. ¿Quiere usted vivir cerca o lejos de su familia? ¿Por qué?

■ Composición dirigida: otro punto de vista

El poema «M-111» está escrito en primera persona desde el punto de vista del padre. Lea el poema de nuevo y trate de imaginar los pensamientos y las emociones de la hija. Luego, escriba una breve descripción de la visita de los padres en dos párrafos, desde el punto de vista de la hija. El primer párrafo debe explicar *qué pasó durante la visita*, el segundo *por qué la visita salió mal*. Usted debe escribir en primera persona (en la forma del *yo*) como si fuera la hija (*as if you were the daughter*).

VOCABULARIO

La familia

el abuelo (la abuela) grandfather (grandmother)

aconsejar to advise; **el consejo** advice

el antepasado (la antepasada) ancestor

el bisabuelo (la bisabuela) great-grandfather (great-grandmother)

el bisnieto (la bisnieta) great-grandson, great-granddaughter

casarse to get married

el compadre (la comadre) close family friend

confiar en to trust

crecer (zc) to grow, grow up

el esposo (la esposa) husband (wife)

el hijo (la hija) son (daughter)

los hijos children

el marido husband

el matrimonio married couple

el nieto (la nieta) grandson (granddaughter)

el novio (la novia) sweetheart

el padre (la madre) father (mother); **los padres** parents

el pariente (la parienta) relative

el primo (la prima) cousin

el tío (la tía) uncle (aunt)

Antónimos

joven young; **viejo(a)** old; **anciano(a)** elderly, ancient

la juventud youth; **la niñez** childhood; **la vejez** old age

llorar to cry; **reír** to laugh; **sonreír** to smile

nacer (zc) to be born; **morir (ue)** to die

el nacimiento birth; **la muerte** death; **la vida** life

La muerte

el cementerio cemetery

la memoria, el recuerdo memory

rezar to pray

el vecino (la vecina) neighbor

el velorio wake, vigil

el viudo (la viuda) widower (widow)

Modismos

bien (mal) educado(a) well (badly) brought up

cumplir (veinte) años to turn (twenty) years old

gozar de buena salud to enjoy good health

el hogar de ancianos rest home

llevar una vida feliz (infeliz) to lead a happy (unhappy) life

en el siglo (diecinueve) in the (nineteenth) century

solitario(a) lonely, solitary

solo(a) alone; **sólo** only

soltero(a) single, unmarried

tener (veinte) años to be (twenty) years old; **¿Qué edad tienes?** How old are you?

■ El árbol de la familia

Identifique los siguientes parientes, usando palabras del Vocabulario.

MODELO: La esposa de mi tío es mi ___tía___ .

1. El marido de mi abuela es mi _____ .
2. El hijo de mi tía es mi _____ .
3. La hermana de mi madre es mi _____ .
4. El novio de mi hermana es mi futuro _____ .
5. El único nieto de mis bisabuelos es mi _____ .

■ Conversemos

1. ¿Dónde nació usted? ¿Cuáles son sus primeros recuerdos? ¿Qué edad tenía entonces?
2. ¿Dónde nacieron sus padres? ¿Sus abuelos?
3. Cuando usted crecía, ¿tenía usted mucho contacto con sus parientes: tíos, primos, abuelos, etc. o no? ¿Por qué? ¿A quién iba usted a pedir consejos?
4. ¿Están muertos o vivos sus bisabuelos? Si están muertos, ¿sabe usted dónde murieron?
5. ¿Fue usted alguna vez a un velorio o al cementerio? ¿Cree usted que esas costumbres son buenas o no?
6. ¿A qué edad cree usted que un muchacho debe casarse? ¿Y una muchacha? ¿Por qué?
7. ¿Cuántos años tenía usted cuando tuvo su primer conflicto serio con sus padres? ¿Qué pasó?

—¡Pues lo mismo se puede decir al revés! ¿Porqué tienes que ponerte a dormir la siesta justamente en el momento en que yo toco la trompeta?

■ Discutamos

Explique usted brevemente por qué usted está o no está de acuerdo con las siguientes opiniones.

1. Un viejo que vive en un hogar de ancianos es un viejo abandonado.
2. La vida de un(a) soltero(a) es una vida solitaria y triste.
3. En tiempos pasados no había muchos divorcios porque los matrimonios eran más felices.
4. Un viudo (o viuda) debe esperar dos o tres años antes de volver a casarse.

■ Composición: temas

1. Consejos a los padres de familias
2. Mi antepasado (o pariente) favorito
3. Una entrevista con _____(un pariente o amigo viejo)

3

Inmigrantes y emigrantes

Los Hispanos en los Estados Unidos: ¿extranjeros o ciudadanos especiales?

Aproximadamente uno de cada diez habitantes de los Estados Unidos es de origen hispano. El viajero que llega a Miami, Nueva York, Houston, Dallas, Los Ángeles y otros sitios va a ver letreros en español, tiendas donde se vende comida latina y muchas otras señales° de la presencia hispana. Hay puertorriqueños, cubanos y centro y sudamericanos de muchos países. Pero la gran mayoría de estos hispanos es de ascendencia mexicana. ¿De dónde y por qué vino tanta gente de idioma y cultura «extranjera»?

    En realidad, la presencia hispana en los Estados Unidos es antigua, más antigua aún que la anglosajona, pues los españoles fundaron las primeras ciudades en la Florida y en Nuevo México varias décadas antes del establecimiento de Jamestown o la llegada del Mayflower. Exploraron y poblaron° enormes secciones del sur y del oeste, dejando atrás una magnífica arquitectura colonial, una comida picante° y sabrosa° y melódicos nombres geográficos: San Francisco, Las Vegas, El Paso.... Durante muchos años ese territorio fue parte de México. Pero a mediados del° siglo pasado, algo pasó. Después de una guerra,° los Estados Unidos le quitó a México las tierras de Texas, Nuevo México, Arizona, y partes de California, Nevada y Colorado. Como consecuencia, muchos hispanos perdieron sus propiedades y su poder. Tuvieron que aceptar los trabajos más duros° o desagradables para poder vivir. Como miles de mexicanos pobres cruzaban la frontera° cada año en busca de trabajo, los patrones° anglos podían pagarles muy poco. En las escuelas estaba prohibido hablar español. En los libros de texto se enseñaba que Jamestown era la primera ciudad establecida en el país. En los populares libros de vaqueros° y las películas de Hollywood aparecía a menudo° el estereotipo del mexicano: bajo, feo y sucio, y siempre causando problemas a los lindos y buenos anglosajones. Las personas de ascendencia mexicana empezaban a sentirse inferiores y extranjeros en las mismas tierras conquistadas por sus antepasados.

    En las décadas de los sesenta de este siglo los méxico-americanos, estimulados por el movimiento negro de derechos° civiles, empezaron un movimiento de afirmación cultural. Buscaban sus raíces° no sólo en la larga tradición española sino también en su ascendencia en

indicaciones

settled

hot, spicy / deliciosa

a... *in the middle of*
combate armado
entre naciones

difíciles

límite de una nación /
bosses

cowboys
a... con frecuencia

rights
roots

parte india, una herencia° aún más antigua en estas tie-   *heritage*
rras. Comenzaron a llamarse «chicanos» y a luchar° por   combatir
reformas y mejores oportunidades. Lograron° algunos   obtuvieron
cambios, por ejemplo, la Ley de Educación Bilingüe de
1968 que resultó en un notable aumento° de la enseñanza   crecimiento
bilingüe. Además, hubo un súbito° florecimiento° de la   *sudden* / progreso
literatura chicana: obras de teatro,° poemas y novelas.   **obras...** *plays*

    Ahora el clima político de los Estados Unidos ha
cambiado y se han descontinuado muchos de los programas de ayuda, incluyendo los de educación bilingüe. No
obstante, hay una nueva conciencia° por parte de la gente   mentalidad, modo de
que ningún clima político puede disipar. La nueva gene-   pensar
ración de hispanos sabe que su idioma y cultura tienen
profundas raíces en la historia de los Estados Unidos y
que ellos deben sentir orgullo° y no vergüenza° por su he-   *pride* / *shame*
rencia. Hace pocos años el autor chicano Luis Valdés tuvo
un gran éxito en Nueva York con su obra de teatro, *Zoot
Suit*, que no está escrita ni en español ni en inglés sino
en una pintoresca combinación de los dos idiomas que se
habla en los barrios latinos de Los Ángeles. Este dialecto,
que existe en variaciones regionales, es llamado pocho,
caló o a veces *Spanglish* o *Texmex*; incluye palabras hí-
bridas° como «lonche» y «factoría» (por *almuerzo* y °*fá-*   *hybrid*
brica). En estas obras artísticas como la de Valdés, podemos ver el deseo de los chicanos de ser aceptados por lo
que son: ciudadanos de los Estados Unidos, pero al mismo
tiempo, ciudadanos de una cultura especial.

■ Preguntas

1. ¿En qué partes de los Estados Unidos podemos ver la presencia hispana?
2. ¿Por qué no es justo hablar de la cultura hispana en este país como una cultura «extranjera»?
3. ¿Qué pasó después de la guerra entre México y los Estados Unidos?
4. ¿Qué aspectos de la vida del suroeste norteamericano contribuyeron al sentido de inferioridad del mexicano?
5. ¿En qué tradiciones buscaron sus raíces los chicanos? ¿Qué cambios permanentes lograron?
6. ¿Qué es el pocho? ¿Qué otros nombres tiene? ¿Cómo lo usa el autor Luis Valdés?
7. ¿Qué sabe usted de la cultura chicana?

La segunda generación: «entre dos culturas»

Los hijos de familias inmigrantes suelen tener° problemas especiales de identidad y de inseguridad. Con frecuencia, nacen y crecen en un barrio étnico o «ghetto». En la escuela, están avergonzados° de las características que los diferencian: su acento, apellido,° apariencia, o hasta su modo de vestir. En casa, sus familias tratan de imponerles° ideas y costumbres que son completamente opuestas a las de su nuevo ambiente. De ahí surgen° agudos° conflictos entre las generaciones.

 Frente a esta problemática, el niño tiene tres opciones: la asimilación que implica el rechazo° total de la cultura de sus padres; la fusión o combinación de rasgos° de las dos culturas; o la reacción en contra de la cultura dominante.

 Tradicionalmente la filosofía de los Estados Unidos ha favorecido la asimilación, el concepto del «crisol».° Pero para algunos grupos, como los puertorriqueños, esto resulta difícil a causa del color de su piel,° la barrera del idioma y la situación especial de Puerto Rico.

 Después de la guerra entre España y los Estados Unidos, aquélla le cedió Puerto Rico a éstos por el Tratado de París de 1898. En 1917, la Ley Jones reconoció a los puertorriqueños la ciudadanía° estadounidense. En 1952, la isla pasó de ser Territorio de los Estados Unidos a ser Estado Libre Asociado (ELA), su condición actual. Aunque hay un grupo de Independistas° y otro de Estadistas,° cada vez que tienen elecciones en la isla, la gran mayoría vota por el *status quo.*

suelen... tienen con frecuencia

ashamed
last name

impose on them
arise
sharp

rejection
características

melting pot

skin

citizenship

los que desean la independencia/los que desean que Puerto Rico sea un estado de los EE.UU.

Muchos puertorriqueños emigran a Nueva York con la idea de ganar «chavos»° y regresar. Pero como el desempleo en la isla es aun mayor que en el continente, un gran número no vuelve nunca. En Nueva York, a pesar de° obstáculos especiales y discriminación, algunos logran triunfar. En la siguiente lectura, uno de éstos, un profesor puertorriqueño de la *City University* de Nueva York, recuerda algunos de los conflictos y choques culturales de su niñez y juventud en los ghettos de esa ciudad.

dinero *(slang)*

a... *in spite of*

■ Preguntas

1. ¿Qué problemas especiales tienen los hijos de inmigrantes en la escuela? ¿en casa?
2. ¿Cuáles son las tres opciones que tienen? ¿Cuál es la más aceptada por la tradición norteamericana?   asimilación
3. ¿Cuántos años hace que los puertorriqueños son ciudadanos de los Estados Unidos?
4. ¿Cuál es la condición política actual de Puerto Rico? ¿Quiénes desean cambiar esta condición?
5. ¿Por qué no vuelven a la isla muchos de los puertorriqueños que emigran a Nueva York?

El ghetto puertorriqueño

Carlos Rafael Rivera

Un conflicto entre dos morales

...Gran parte de las muchachas con quienes salía° me des-   *I dated*
concertaban con sus actitudes: mezclaban el recato° con   *modesty*
la promiscuidad amorosa sin decidirse por lo uno o por lo
otro. Ahora me doy cuenta de° que las muchachas esta-   **me...** comprendo
ban atrampilladas° entre dos exigencias:° la de una moral   *trapped* / obligaciones
libertina° de la sociedad norteamericana y la de una moral   *permissive*
de pueblecito rural y de tiempos del siglo XVI que les
imponían sus padres.

    La costumbre del *dating* norteamericano no cua-
draba° bien con la moral de estos padres puertorriqueños.   **no...** *did not fit in*
Mientras que en la sociedad norteamericana lo normal
para una chica de diecisiete años es citar° a muchachos   *to date*
diferentes, a veces uno, dos o tres por semana, con el
consentimiento de sus padres, la chica puertorriqueña
sufría la censura y aun la violencia de sus padres que la
obligaban a ver sólo a un muchacho, «¡en la casa!» El mu-
chacho, a su vez,° se veía obligado a pedir la entrada° y   **a...** por su parte /
la cuestión se formalizaba° sin el deseo de los «novios».   permiso para
    Las muchachas, ante este conflicto, optaban por salir   visitar / se hacía
con muchachos a la escondida.° Como resultado, se com-   formal o seria
portaban° según° expliqué.   secretamente
    Yo estaba tan confundido como las muchachas. Me   **se...** *they behaved* /
rebelaba ante la absurda manía de los padres que querían   como
a sus hijas de veintiún años en la casa antes de las nueve
de la noche. Por otra parte, no me fiaba de° muchachas   **me...** tenía confianza
que salían hasta después de la medianoche. Comenzaba   en
a sentirme suspendido entre dos culturas que se excluían
mutuamente.

El deterioro de la familia

Los amigos míos no soportaban° el español, detestaban   **no...** *could not stand*
la música latina y aborrecían° las majaderías° de sus   detestaban / *nonsense*
padres. Muchos de ellos venían de familias que comen-
zaban a deteriorarse con el impacto del choque cultural.
Por lo común,° el trabajo del hombre puertorriqueño en   **Por...** Normalmente
Nueva York sufría grandes altibajos,° mientras el de las   *ups and downs*
mujeres, en su mayoría empleadas en la industria textil,
no fluctuaba tanto. Como resultado, era la mujer quien
manejaba° el dinero en varias ocasiones. De ahí surgían   controlaba
peleas° matrimoniales, cuando el hombre, basándose en   conflictos

los derechos morales que le adjudicaba° la sociedad ma- **daba**
chista hispanoamericana, se empeñaba en apoderarse° del **se...** *was determined*
jornal° de su mujer. *to take possession /*
salario

Los muchachos, ante la manifestación del deterioro
de sus familias, optaban por rebelarse contra sus padres.

Desgraciadamente, caían en un callejón sin salida,° **callejón...** *dead-end*
pues los norteamericanos tampoco los aceptaban. El re- *street*
sultado para estos muchachos era un aislamiento° inso- *isolation*
portable. Los muchachos trataban de vencer° este obstá- conquistar
culo uniéndose en bandos o pandillas° cuyos fines° iban *gangs /* **cuyos...** *whose*
desde la mera expresión del desafío° hasta el tráfico ilícito *purposes / defiance*
de narcóticos. La cuestión era hacer algo o «estar en algo».
La lealtad° era al grupo, a los «hermanos» y las «her- *loyalty*
manas» de la pandilla.

La cultura del ghetto
Bebíamos vinillo° en compañía de chicas. Por lo común *light wine*
había alguien con un radio portátil y escuchábamos música de rock. Se bailaba mucho y se bailaba bien (era necesario para poder frecuentar°). Se vestía a la última salir con muchachas
moda,° aunque ésta resultaba carísima° y, por lo tanto, *fashion /* muy cara
traía problemas en los hogares.° Algunos de los mu- casas
chachos se veían obligados a hurtar° para vestir a la moda. robar
Se cultivaba un tipo de jerga° o *hip talk* que se usaba casi *slang*
exclusivamente en nuestros corros.° El estilo de habla era grupos
agresivo y desenfadado.° libre

Bailar, vestir, hablar: en el ghetto neoyorquino hay
que saber hacer cada uno bien...al estilo del ghetto. Aquí
no vale gran cosa la sabiduría académica.

Yo intenté lidiar° en el terreno escolar y en el del combatir, hacer
ghetto a la vez. En aquel tiempo, salvo raras excepciones, batalla
o se triunfaba° en uno o en otro. El mundo de una escuela tenía éxito
de administración comercial no mezclaba bien con el del
ghetto...

Rompimiento° definitivo

Tras° mi triunfo, me di cuenta de que lo triste del ghetto es que los que vivimos en él lo respetamos demasiado. De acuerdo con los criterios del ghetto neoyorquino, todo lo que no sea del ghetto «no está en na'», *"It ain't into nothin'."* La competencia° dentro del ghetto es feroz. ¡Todo! Hasta el habla es competencia.

El ghetto es un fiel° esperpento° de la sociedad norteamericana. Muchos de los que viven en él lo glorifican (y de veras, el ghetto tiene algo de poético y misterioso). ¡A veces llegamos a creer que es lo mejor del mundo! Es una especie de culto violento a la juventud; pero es también un callejón sin salida, donde no raras veces° el tipo *super bad-super cool* termina como narcómano,° loco o muerto-de-hambre° en las filas de Bienestar Público,° si no lo matan.

Así, pues, romper con la mentalidad del ghetto no es nada fácil. Significa no responder a las demandas que impone ese medio° social. Significa salirse de la competencia dentro del ghetto y analizar las limitaciones de ese mundo hermético...

Break
Después de

competition

exacto /distorted image

no... con frecuencia
drogadicto
persona muy pobre/
Bienestar... *Public Welfare*

ambiente

Selecciones de un artículo de *Cuadernos del ruedo ibérico,* una revista de lengua española publicada en París, Francia

---

■ Comprensión de la lectura: leyendo con precisión

Busque los siguientes puntos en la lectura. Luego, diga si cada frase es verdad o mentira y corrija las frases falsas.

1. _____ Según el artículo de Rivera, las muchachas puertorriqueñas tenían actitudes contradictorias con respecto al amor porque las costumbres norteamericanas y las de sus familias eran muy diferentes.

2. _____ En general, los hombres puertorriqueños encontraban trabajo en Nueva York más fácilmente que sus esposas.

3. _____ Los muchachos puertorriqueños formaban pandillas porque no se identificaban con sus padres ni con los norteamericanos.

4. _____ La vida del ghetto era atractiva porque allí no existía la competencia.

■ Preguntas

1. En el artículo de Rivera, según sus padres, ¿qué debía hacer la chica norteamericana de diecisiete años? ¿Y qué debía hacer una puertorriqueña de la misma edad, según los suyos?

2. ¿Cuál era el resultado de este conflicto para las muchachas? ¿Y para el autor?
3. ¿Qué cosas detestaban los amigos del autor?
4. ¿Por qué había peleas frecuentes entre los padres de sus amigos?
5. ¿Cómo pasaban el tiempo los jóvenes del ghetto? ¿Qué valores eran importantes para ellos?
6. ¿Por qué era tan difícil romper con la mentalidad del ghetto? ¿Por qué era necesario?

■ En busca de un adjetivo

Muchas veces se puede usar un solo adjetivo en lugar de una frase o cláusula *(clause)*. Sustituya la frase entre paréntesis por un adjetivo de significado equivalente usado en el artículo anterior.

1. Mezclaban el recato con la promiscuidad (en el amor) _____ .
2. La chica (que era de Puerto Rico) _____ .
3. Las familias comenzaban a deteriorarse con el impacto del choque (entre las dos culturas) _____ .
4. El resultado para estos muchachos era un aislamiento (que no podían soportar) _____ .
5. El estilo de habla era (de mucha agresividad) _____ .
6. En el ghetto (de Nueva York) neoyorquino .
7. Yo intenté lidiar en el terreno (de la escuela) escolar .

■ Opiniones

1. Para los inmigrantes y sus hijos, ¿cree usted que la asimilación es siempre la mejor manera de adaptación? ¿O es la fusión o la reacción necesaria a veces? ¿Por qué?
2. Después de leer estos recuerdos, ¿puede usted explicar por qué muchos jóvenes puertorriqueños no tienen éxito en las escuelas norteamericanas?
3. ¿Qué otros grupos de inmigrantes tienen costumbres o convicciones morales que causan conflictos entre las generaciones? Explique.

■ Composición dirigida: tres razones del fracaso escolar

El artículo de Rivera nos describe las dificultades que tienen los jóvenes puertorriqueños en Nueva York. Aunque el autor triunfó al final, muchos otros fracasan (no tienen éxito). Busque en el artículo por lo menos tres razones para explicar por qué muchos puertorriqueños fracasan en las escuelas neoyorquinas, y escríbalas en frases completas en español.

El inmigrante y sus problemas: ¿qué circunstancias lo llevan al éxito (o al fracaso)?°

failure

Las dos olas° de refugiados cubanos ilustran cómo las circunstancias contribuyen al éxito o al fracaso del inmigrante. Con la subida al poder° de Fidel Castro en 1959 y el establecimiento de un gobierno comunista miles de cubanos llegaron como refugiados a los Estados Unidos, algunos en avión durante la época° cuando el gobierno cubano permitía vuelos especiales, y otros en barcos de toda clase. Muchos se quedaron en Miami, y en poco más de veinte años su comunidad ha prosperado. Hay muchos negocios° cubanos y la economía municipal ha subido de manera maravillosa. La ciudad es bilingüe, con más del 50 por ciento de la población de origen cubano. Algunos atribuyen la rápida adaptación° de los cubanos al hecho° de que la gran mayoría de ellos era de clase media y llegó con un buen nivel° de educación. Además, como eran refugiados del comunismo, el gobierno americano los recibió bien, con programas especiales.

En 1980 salió de Cuba una segunda ola de inmigrantes cubanos. Éstos han encontrado mayores dificultades en adaptarse a la sociedad norteamericana. Entre ellos hay personas sinceras que vinieron porque querían mayor libertad política y la oportunidad de triunfar económicamente. La mayoría no era de la clase media y carecía de° preparación especializada para cualquier trabajo. Desgraciadamente, estos inmigrantes llegaron en un momento de recesión económica muy distinta a la prosperidad de los años sesenta, y esta vez el gobierno norteamericano los recibió con el mínimo de ayuda. Además,

waves

subida... *rise to power*

período de tiempo

comercios

adjustment/fact

level

carecía... *no tenía*

Castro se aprovechó de la salida de los emigrantes para dejar salir al mismo tiempo un número de presos comunes° de las cárceles° cubanas. Esta minoría de criminales está perturbando la tranquilidad de los barrios cubanos y creando una mala reputación para todos los inmigrantes.

presos... *common criminals* / prisiones

En general, los cubanos que viven en los Estados Unidos aceptan estos problemas filosóficamente. Son famosos por su sentido de humor, por el «choteo»° y el «chistecito».° En la siguiente lectura, un inmigrante cubano recuerda, de manera humorística, sus primeros meses difíciles en los Estados Unidos.

kidding around

pequeño chiste

■ Preguntas

1. ¿Qué ilustran las dos olas de refugiados cubanos que llegaron a los Estados Unidos?
2. ¿Cuándo y cómo llegaron los refugiados de la primera ola?
3. ¿Por qué tuvo éxito la mayoría de éstos?
4. ¿Cuándo llegaron los refugiados de la segunda ola?
5. En general, ¿por qué vinieron?
6. ¿Por qué encontraron mayores dificultades en adaptarse a la sociedad norteamericana?

Ay, papi, no seas coca-colero°

Coca-Cola man

Luis Fernández Caubí

En aquellos primeros días de exilio, un buen amigo de la infancia,° Abelardo Fernández Angelino, me abrió las puertas de la producción en este mercado afluente y capitalista de los Estados Unidos. Me llevó a una oficina donde no tardaron° dos minutos en darme mi Social Security y de allí arrancamos° hacia una embotelladora° de Coca-Cola situada en el Northwest, donde me esperaba un trabajo de auxiliar° en un camión.° *"Come on, Al,"* dijo el capataz,° *"This is an office man, he will never make it in the field."* Pero Abelardito, ahora convertido° en Al, insistió: *"Don't worry, I'll help him out."* Y me dieron el puesto.°

childhood

no... *they did not delay* / salimos / *bottling plant*

assistant-loader / *truck*

foreman

transformado

empleo

Y con el puesto me dieron un uniforme color tierra° con un anuncio de la Coca-Cola a la altura del corazón y

color... *earth-colored*

me montaron en un camión lleno de unos cilindros me-
tálicos duros y fríos. Para centenares° de personas significarían una pausa refrescante; a mí se me convirtieron°
en callos° en las manos, dolores en la espalda,° martirio°
en los pies y trece benditos° dólares en el bolsillo° vacío.
Era 1961. Todo el mundo hablaba de los ingenios° y las
riquezas que tuvieron en Cuba. Yo, por mi parte, tenía el
puesto de auxiliar del camión conseguido por Abelardito,
a regalo y honor° dispensado por la vida.

    Sucede que yo no había tenido otro ingenio en Cuba
que el muy poco que quiso Dios ponerme en la cabeza.°
Pero, sí tenía una práctica profesional de abogado° que
me permitía y me obligaba a andar siempre vestido de
cuello y corbata° y con trajes finos.

    En fin, volviendo al tema, que cuando llegué a mi
casa, entrada° la tarde, con mi traje color tierra, mis
manos adoloridas,° el lumbago a millón,° la satisfacción
de haberle demostrado al capataz que *"I could do it"* y
los trece dólares bailándome en el bolsillo: me recibió mi
hija de cuatro años. En cuanto me vio, se echó a° llorar
como una desesperada al tiempo que me decía, «Ay, papi,
papi, yo no quiero que tú seas° coca-colero».

    Me estremeció.° Pensé que la había impresionado el
contraste entre el traje fino y el uniforme color tierra y
comencé a consolarla. Yo tenía que trabajar, estaba feliz
con mi camión, los cilindros no eran tan pesados ... trataba de convencerla mientras, desde el fondo del alma, le
deseaba las siete plagas° a Kruschev, a Castro y a todos
los comisarios que en el mundo han sido. Mis esfuerzos
resultaron baldíos.° Mi tesorito° seguía llorando al tiempo
que repetía: «Papi, papi, yo no quiero que tú seas coca-
colero».

    Pero, en la vida todo pasa, hasta el llanto.° Y cuando

---

cientos

a... *they became for me/calluses/back/ martyrdom/ blessed/pocket sugar mills*

tenía... *I considered the job . . . as a gift and an honor*

play on words: **ingenio** *here means wit/lawyer*

cuello... *collar and tie*

late in

*que dolían/***a...** *going strong*

se... *empezó a*

que... *that you be*
Me... *It shook me*

las... *the seven Biblical plagues*

fruitless/little treasure, i.e., sweetheart

llorar

se recuperó de las lágrimas,° con los ojitos brillosos° y   *tears/shiny*
las mejillas° mojadas,° me dijo: *cheeks*/húmedas

«Ay, papi, yo no quiero que tú seas coca-colero; yo
quiero que tú seas pepsi-colero».

Y, no obstante° el lumbago, los callos y la fatiga,   **no...** *in spite of*
por primera vez desde mi llegada a Miami pude disfrutar
de una refrescante carcajada.°   *hearty laugh*

de *Diario de las Américas,* un periódico en español publicado en
Miami

■ Comprensión de la lectura: comprendiendo el lenguaje figurado

Todos usamos de vez en cuando el lenguaje figurativo (figuras y comparaciones implícitas). Por ejemplo, hablamos de un hombre «astuto como un zorro» (*fox*) o decimos que «Está lloviendo a cántaros» (*"It's raining buckets"*). El estilo literario se caracteriza por un mayor uso del lenguaje figurativo que el estilo conversacional. Lea las siguientes selecciones de la lectura y diga cuál de las frases explica mejor la parte figurativa (que está en bastardilla).

1. «. . . un buen amigo de la infancia, Abelardo Fernández Angelino, *me abrió las puertas de la producción* en este mercado afluente y capitalista de los Estados Unidos».
   (a) me invitó a entrar en su casa; (b) me consiguió mi primer trabajo; (c) me ayudó a comprar cosas necesarias
2. «Para centenares de personas estas latas (de Coca-Cola) significarían una pausa refrescante; *a mí se me convirtieron en callos en las manos, dolores en la espalda, martirio en los pies* y trece benditos dólares en el bolsillo vacío».
   (a) el trabajo me causó mucho sufrimiento físico; (b) no pude trabajar a causa de problemas de salud; (c) los cilindros produjeron callos y dolores a centenares de personas
3. «Yo, por mi parte, *tenía el puesto de auxiliar del camión* conseguido por Abelardito, *a regalo y honor dispensado por la vida*».
   (a) quería tener ayuda con el puesto y el camión; (b) recordaba los honores y regalos de mi vida anterior; (c) estaba muy contento de tener un empleo
4. «Sucede que *yo no había tenido otro ingenio en Cuba que el muy poco que quiso Dios ponerme en la cabeza*».
   (a) yo no era rico cuando vivía en Cuba; (b) yo no era inteligente como mis amigos; (c) yo no era muy religioso
5. «... trataba de convencerla mientras, *desde el fondo del alma,* (yo) *le deseaba las siete plagas a Kruschev, a Castro y a todos los comisarios que en el mundo han sido*».
   (a) quería enseñarle a mi hija la verdadera historia de Cuba y del mundo; (b) pensaba que las ideas de los políticos cubanos y rusos eran enfermas; (c) odiaba intensamente a las personas responsables por nuestra salida

■ Preguntas

1. En el cuento de Fernández Caubí, ¿por qué creía el capataz que el autor no podía hacer el trabajo?
2. ¿Cuál era su profesión cuando vivía en Cuba? ¿Por qué cree usted que él no podía hacer el mismo trabajo en este país?
3. ¿Cómo estaba el autor cuando llegó a su casa por la noche?
4. ¿Cuál fue la reacción de su hija?
5. ¿Cómo interpretó el autor esta reacción? ¿Qué le dijo a su hija para consolarla?
6. ¿Qué pasó para mostrarle al autor que su hija estaba bastante bien adaptada a su nueva sociedad? ¿Por qué rio el padre al final?

■ Vocabulario: -ero

La niña en la historia inventó la palabra **coca-colero** porque en español es común usar la terminación **-ero** para designar a los individuos que trabajan con ciertos productos o en ciertos oficios. Escriba la palabra apropiada después de cada número y tradúzcala al inglés.

MODELO: El _____ fabrica objetos de hierro. **herrero** *iron-worker, blacksmith*

1. El _____ trae la leche.   _____   _____
2. El _____ trabaja en la carpintería.   _____   _____
3. El _____ trabaja en la ingeniería.   _____   _____
4. El _____ conduce un camión.   _____   _____
5. El _____ nos trae cartas.   _____   _____
6. El _____ hace un viaje.   _____   _____
7. El _____ trabaja en la cocina.   _____   _____

■ Expresiones comunes que usan el lenguaje figurado

¿Sabe usted qué quieren decir las expresiones en bastardilla? (Si no sabe, usted puede buscar el significado bajo la palabra más importante de cada expresión, en el vocabulario al final del libro.)

1. ¡Pobre Miguel! *Está en la luna.*
2. Cuando lo supe ayer, *me quedé hecho(a) polvo.*
3. Amigos míos, *¡estamos fritos!*

■ Opiniones

1. ¿Por qué estaba el autor un poco avergonzado de su nuevo trabajo? ¿Qué beneficios puede traerle a un individuo la necesidad de trabajar en un puesto más humilde?
2. ¿Cree usted que la mayoría de la gente está satisfecha con su profesión o trabajo, o no? ¿Por qué?
3. Y usted, ¿qué busca en un trabajo?

VOCABULARIO

En el extranjero *(abroad)*

la aventura adventure
el camino road; **la calle** street
la ciudad city; **el pueblo** town
el lugar, el sitio place
el pasaje ticket (passageway); **un
pasaje de ida y vuelta** a round-
trip ticket
el pasajero (la pasajera) passenger
el viajero (la viajera) traveler

Para ir de un sitio a otro

ir a pie (andar, caminar) to walk
**ir en autobús (avión, barco,
bicicleta, camión, coche, tren)** to
go by bus (plane, ship, bicycle,
truck, car, train)
**ir en un autobús cómodo
(incómodo, rápido, lento)** to go
in a comfortable (uncomfortable,
fast, slow) bus
manejar, conducir (zc) to drive
volar (ue) to be in flight, fly
el vuelo flight

el norte north
el sur south
el este east
el oeste west

**Los hispanos de los Estados
Unidos**

la ascendencia origin, ancestry
el barrio neighborhood
el ciudadano (la ciudadana) citizen
los cubanos Cubans
el éxito success; **tener éxito** to be
successful
el, la habitante inhabitant
los inmigrantes ilegales illegal
immigrants
los mexicanos, los chicanos
Mexicans, Chicanos
el origen origin
los puertorriqueños Puerto Ricans

Para describir un lugar (antónimos)

agradable pleasant; **desagradable**
unpleasant
extraño(a) strange; **único(a)** unique;
típico(a) typical
lindo(a) beautiful; **feo(a)** ugly
magnífico(a) magnificent;
maravilloso(a) marvelous;
estupendo great; **impresionante**
impressive; **insoportable**
unbearable
moderno(a) modern; **antiguo**
ancient; former
pintoresco(a) picturesque

■ Una frase larga de antónimos

Cree una nueva frase con un sentido opuesto, cambiando cada palabra
en bastardilla por su antónimo (que se encuentra en el Vocabulario).

MODELO: El *joven* camina por la *mañana.*
El *viejo* camina por la *noche.*

Durante un *largo* rato los *habitantes* miraron los *extraños, antiguos* y *agrada-
bles* edificios del *sur* de la ciudad, que les parecían *magníficos.*

■ Repasemos: los hispanos en los Estados Unidos

Termine las frases de la manera apropiada.

1. Los inmigrantes hispanos que pueden llegar a los EEUU a pie, en autobús o en coche, son los...
   mexicanos / puertorriqueños / cubanos
2. Los hispanos que salen de su lugar de nacimiento y entran a los Estados Unidos sin visa porque son ciudadanos norteamericanos son los...
   mexicanos / puertorriqueños / cubanos
3. Los inmigrantes que tienen una larga tradición en el sur y en el oeste de los Estados Unidos son los...
   mexicanos / puertorriqueños / cubanos
4. Los inmigrantes que llegaron al país con pocas maletas en vuelos especiales o en barcos de toda clase y establecieron un barrio próspero en Miami son los...
   mexicanos / puertorriqueños / cubanos

■ Conversemos

1. Cuando usted hace un viaje largo en su propio país, ¿va usted en avión, en tren o en autobús? ¿Por qué?
2. Cuando va en coche, ¿prefiere usted manejar o no? ¿Por qué?
3. Para usted, ¿cuál es el sitio más lindo y agradable de su país? Explique.
4. ¿Dónde nació usted? ¿Y sus padres? ¿Qué región del país prefiere usted: el norte, el sur, el este o el oeste? ¿Tienen la misma preferencia sus padres o no? Explique.

■ Discutamos

Explique brevemente por qué usted está o no está de acuerdo con las siguientes opiniones.

1. El gobierno norteamericano debe deportar a todos los inmigrantes ilegales o ponerlos en la cárcel.
2. Los hijos de inmigrantes que hablan en casa solamente su lengua natal nunca aprenden bien el inglés.
3. Por razones históricas, los Estados Unidos (como el Canadá) debe tener dos idiomas oficiales.

■ Composición

Tema: Un diálogo entre un joven norteamericano y su amigo que es de origen chicano (o puertorriqueño o cubano) en que el amigo le explica cómo y por qué sus padres o abuelos vinieron al país y los problemas que tuvieron.

4

Países e ideologías

Las democracias avanzan en el mundo hispánico

¿Será posible? Después del predominio de las dictaduras y juntas militares en la década de los setenta, ¿volverán los gobiernos hispanos a adoptar el sistema democrático? Así parece. Por supuesto, es dificilísimo predecir° la política volátil° de esas regiones. Sin embargo,° hay algunas nuevas tendencias que son notables.

anunciar el futuro de
inconstante/**Sin...**
  However

    En el mapa político sudamericano de los años ochenta, se ve por todas partes el ascenso° de la democracia y el derrumbamiento° de las dictaduras derechistas.° Por primera vez en casi veinte años, todos los países del Pacto Andino°—tanto Ecuador, el Perú y Bolivia como Venezuela y Colombia (que ya son democracias desde hace muchos años)—se encuentran gobernados por presidentes elegidos. También, las dictaduras del Cono Sur° han entrado en crisis. En Uruguay y la Argentina (y además en su vecino° de habla portuguesa, Brasil), el pueblo forma movimientos y partidos de oposición, prepara campañas electorales y celebra elecciones. Dos excepciones a la tendencia democratizante° son Chile que sigue bajo el tambaleante° régimen militar de Pinochet) y Paraguay que permanece desde hace más de treinta años bajo Stroessner, el más viejo de los antiguos dictadores derechistas, todavía firmemente apoyado por los Estados Unidos.

avance
collapse/de la derecha

Andean

Cono... *Southern Cone*

neighbor

hacia la democracia
inestable

    Más hacia° el norte, el clima político de las naciones hispano-parlantes° es más complejo.° México continúa con su gobierno particular, relativamente popular, que ha estado en el poder° desde los años treinta, pero que no es una verdadera democracia, pues efectivamente hay un solo partido, el PRI,° que siempre gana las elecciones. Puerto Rico y la República Dominicana en el Caribe, y Costa Rica, Honduras y Panamá en la América Central, son democracias. Cuba es un estado comunista, gobernado desde 1959 por Fidel Castro, pero hay poca libertad política allí y no se celebran elecciones. Nicaragua es un estado socialista desde la revolución de 1979 contra un dictador muy represivo, pero tiene crecientes° dificultades económicas y políticas. En El Salvador y Guatemala hay tanto terrorismo y conflicto social que es difícil saber si la dictadura o la democracia triunfará.

toward
de habla española/
  complicado

power

Partido
Revolucionario
Institucional

growing

    Mientras tanto, al otro lado del Atlántico, España celebró en 1982 unas elecciones que tuvieron resultados históricos. Después de la muerte en 1975 del general Francisco Franco, el dictador que había gobernado España du-

México – México, Distrito Federal
Guatemala – Guatemala
El Salvador – San Salvador
Costa Rica – San José

Panamá – Panamá
Nicaragua – Managua
Honduras – Tegucigalpa
Puerto Rico – San Juan
República Dominicana – Santo Domingo
Columbia – Bogotá
Venezuela – Caracas
Ecuador – Quito
Perú – Lima
Bolivia – La Paz
Paraguay – Asunción
Chile – Santiago
Uruguay – Montevideo
Argentina – La Buenos Aires
Brasil – Brasilia
España – Madrid
Cuba – la havana (Habana)

rante casi cuarenta años, se estableció una monarquía constitucional y democrática, al estilo inglés,° bajo el popular rey, Juan Carlos. La joven democracia ha tenido grandes problemas: terrorismo, atentados,° golpes de estado que fracasaron° al último minuto. Y en el ambiente había una gran duda: ¿podría sobrevivir° la nueva libertad? Sobre todo, en caso de la victoria electoral de un partido de izquierda, ¿qué harían los militares? Ahora es más fácil vislumbrar° unas respuestas a estas preguntas. El siguiente artículo, escrito un poco después de las elecciones, examina la situación política actual en España y sugiere° que allí también, la democracia avanzará.

al... a la manera inglesa

ataques

no tuvieron éxito

survive

imaginar

suggests

1939 – 1975 Spain under Franco Dictatorship

■ Preguntas

1. ¿Qué nuevas tendencias son notables en el mapa político de Sudamérica? ¿Cuáles son dos excepciones?
2. ¿Es México una democracia verdadera o no? ¿Por qué?
3. ¿Qué naciones hispano-parlantes hay en el Caribe? ¿Y en la América Central? ¿Qué tipos de gobierno tienen?
4. ¿Quién era Francisco Franco? ¿Y quién es Juan Carlos?
5. ¿Qué problemas ha tenido la joven democracia española desde 1975?
6. ¿Sabe usted si ha cambiado recientemente la situación de alguna de las naciones descritas en el ensayo?

España votó por el socialismo

De Madrid: «Por el cambio», fue el lema° electoral socia- | *slogan*
lista y por éste se pronunció una gran mayoría de españoles, quienes el pasado 28 de octubre votaron para elegir a las nuevas Cortes (Parlamento, 350 diputados y 205 senadores).

En términos generales, la campaña electoral fue larga y agotadora,° pero moderada. El clima fue, no obstante,° tenso. Hubo intento° de golpe de estado, programado para la víspera° de las elecciones y oportunamente descubierto por los servicios de inteligencia. También circularon rumores acerca de planes para asesinatos° y atentados° terroristas. Pero, finalmente, no hubo mayores incidentes. | *exhausting*/**no...** *nevertheless*/*an attempt*/día anterior

murders/ataques

Los resultados indican que votó el 75 por ciento de los electores° registrados, porcentaje considerablemente mayor al de las pasadas elecciones. Los líderes políticos y los analistas han coincidido en señalar° que esto fue un claro pronunciamiento del pueblo español por el sistema democrático. | *voters*

indicar

El gran triunfador fue el Partido Socialista Obrero° Español (PSOE), que dirige° Felipe González, que obtuvo el 46 por ciento de los votos, con los cuales gozará de una mayoría absoluta en el Congreso. Felipe González Márquez es uno de los dirigentes° políticos más jóvenes de toda la historia de su país. Con sólo cuarenta años de edad, tendrá que asumir una responsabilidad fundamental en el afianzamiento° de la joven democracia española. | Trabajador

conduce

líderes

consolidación

Entre tanto, la coalición conservadora y derechista, Alianza Popular-Partido Demócrata Popular (AP-PDP),

Felipe Gonzalez, líder
del PSOE

que dirige Manuel Fraga Iribarne, obtuvo 25,3° por ciento
de los votos. Esto la convierte en el principal partido de
la oposición.

    El partido centrista UCD, hasta ahora en el poder,
sufrió un verdadero descalabro.° Perdió cinco millones de
votos, en relación con las elecciones realizadas en 1979.
Similar revés° sufrieron los comunistas, quienes perdieron más de un millón de electores.

    A grandes rasgos° el programa socialista com-
prende° cinco objetivos principales: (1) lucha contra la
crisis económica (sobre todo, la creación de ochocientos
mil puestos de trabajo°); (2) lucha contra la desigualdad;
(3) defensa de las libertades y de la seguridad; (4) desa-
rrollo° y ordenamiento de la administración pública; y (5)
orientación de la política exterior° «intensificando la presencia española en Iberoamérica y en el Mediterráneo», y
la recuperación del Peñón° de Gibraltar.

    Otro aspecto, aunque no prioritario,° es desvincu-
lar° a España de la Organización del Tratado del Atlántico
Norte (OTAN),° sometiendo° el asunto a referéndum
popular. Esta decisión podría acarrear malestar° dentro
del ejército y provocar «presiones» foráneas.°

    Entre tanto, todos los partidos políticos se manifes-
taron en favor de la cooperación con los socialistas. Incluso Fraga Iribarne dijo que la suya sería una oposición
firme pero leal° a la corona.°

25.3: a comma is
used for a decimal
point in the hispanic
world

desgracia

desastre

A... En general
incluye

puestos... empleos

development
política... policy

rock
de gran importancia
retirar
NATO/proponiendo
acarrear... causar
ansiedad/del
extranjero

loyal/crown

También, los altos mandos° militares reiteraron,
igualmente, su fidelidad al rey y a la Constitución.

Los empresarios° expresaron su oposición por boca
del presidente de su Confederación, Carlos Ferrer Salat.
El señor Ferrer dijo: «Nos opondremos al programa económico y sindical de los socialistas, porque generará más
paro,° más inflación y mayor estancamiento° de la economía».

Algunos observadores anticipan que el futuro
escenario° político tendrá tensiones y conflictos agudos°
y que no habrá estabilidad debido a que° importantes sectores de la sociedad rechazan° las medidas intervencio-
nistas del PSOE.

La mayor incógnita,° sin embargo, está en la actitud
de militares y civiles golpistas° y sobre este asunto, algunos no descartan° el surgimiento° de conflictos entre
el ejército y el gobierno socialista.

> altos... líderes
>
> *people in business*
>
> desempleo/parálisis
>
> panorama/marcados
> **debido...** porque
> no aceptan
>
> misterio
> que desean dar un
>   golpe de estado/ven
>   como imposible/
>   *rising up*

de la revista interamericana, *Visión*

■ Comprensión de la lectura: leyendo con precisión

Escoja la mejor manera de terminar las siguientes frases.

1. En 1982 el partido que triunfó en las elecciones españolas fue (el Partido
   Comunista / el Partido Socialista / el Partido Centrista / el Partido Conservador Derechista).
2. El partido político que ganó el segundo lugar como principal partido de la
   oposición fue (el Partido Comunista / el Partido Socialista / el Partido Centrista / el Partido Conservador-Derechista).
3. Felipe González Márquez es uno de los dirigentes políticos más (modera-
   dos / severos / jóvenes) de toda la historia de su país.
4. Un objetivo de la política exterior del nuevo gobierno español es (recuperar
   el Peñón de Gibraltar / participar más en la OTAN / establecer relaciones
   diplomáticas con Cuba).
5. Tanto el dirigente del Partido Conservador-Derechista como los jefes militares dijeron que (lucharían contra los socialistas / tratarían de controlar
   la inflación / serían leales al rey).

■ Preguntas

1. ¿Cómo interpretan los analistas la masiva participación de los españoles
   en las elecciones?
2. ¿Qué problemas hubo durante la campaña electoral?
3. ¿Qué partidos españoles perdieron muchos votos esta vez en relación con
   las elecciones anteriores?
4. Según su opinión, ¿cuál de los objetivos del programa socialista será el más
   importante? ¿Qué sectores de la sociedad estarán en contra de él?
5. ¿Por qué anticipan algunos observadores que no habrá estabilidad en España? ¿Qué otros problemas podrían surgir?

■ Vocabulario: verbos y sustantivos relacionados

En las siguientes frases, escriba el sustantivo (usado en el artículo) relacionado con el verbo en bastardilla.

MODELO: El candidato que *vence* a los otros es el <u>vencedor</u>.

1. El partido socialista *triunfó*; fue el gran _____ de las elecciones.
2. El hombre que *dirige* el partido socialista se llama Felipe González, uno de los _____ políticos más dinámicos de su país.
3. En las elecciones anteriores, el pueblo español *eligió* al partido centrista; esta vez el partido centrista perdió más de cinco millones de _____ .
4. Una gran mayoría de los españoles se *pronunció* «por el cambio»; los analistas dijeron que esto fue un claro _____ del pueblo por el sistema democrático.

■ Composición dirigida: objetivos políticos

La clase debe dividirse en grupos de cuatro a cinco personas. Cada grupo discutirá los cinco objetivos del programa del partido socialista español (mencionados en el artículo), y decidirá cuáles de éstos serían incluídos en un programa actual de uno de los partidos norteamericanos (o los demócratas o los republicanos). Luego, el grupo pensará en otros objetivos importantes y los añadirá a la lista. Después de veinte minutos, una persona de cada grupo leerá su lista a la clase.

■ Opiniones

1. ¿Tenían razón los observadores que pensaban en 1982 que la victoria de los socialistas causaría agudos conflictos entre el ejército y el gobierno español? ¿Cree usted que la democracia continuará en España?
2. Además de España, ¿qué países democráticos tienen en la actualidad gobiernos socialistas? ¿Qué piensa usted del socialismo como filosofía política?

GEOGRAFIA INGLESA
—El Peñón de Gibraltar se ensancha hacia el norte, formando un país que permanece bajo el dominio de España.

Los derechos humanos: una cuestión palpitante° en la América Latina   *burning*

¿Habrá una combinación tan nefasta° para los derechos humanos como la unión entre un gobierno y las fuerzas armadas? Parece que no. En todas partes del mundo los gobiernos militares son responsables de abusos atroces.° La filosofía política importa poco, pues las naciones capitalistas o derechistas,° cuando son gobernadas por los militares, pueden ser tan represivas como los países comunistas o izquierdistas. Sólo los términos° varían. Hay prisiones y cárceles en algunos lugares, campos de «rehabilitación política» o asilos° para «enfermos mentales» en otros. Algunos creen que el problema podría estar en la mentalidad militar que tiene como fin° la seguridad nacional y no la libertad individual. En un ejército° hay jerarquía° y obediencia. Un buen general no toleraría nunca igualdad y movimientos de oposición entre los soldados. Por lo tanto, los generales no son capaces de° gobernar una nación.

    Latinoamérica tiene una historia turbulenta de abusos de los derechos humanos, promovidos° por dictaduras y juntas militares, pero con algunas excepciones de «dictablandas»° y gobiernos democráticos. En 1973, hubo un súbito empeoramiento de la situación, cuando golpes de estado pusieron fin a° las democracias de Chile y de Uruguay, dos países donde durante largos años los ejércitos habían respetado las constituciones. Brasil y Paraguay ya eran dictaduras, y en 1976 el gobierno civil cayó en la Argentina. Se convirtió el Cono Sur° en un inmenso campamento militar donde ocurrieron algunos de los peores abusos de los derechos humanos de toda la historia del continente: supresión de la prensa libre, arrestos, torturas, asesinatos,° masacres, masivas emigraciones de exiliados. En Chile y en la Argentina, muchas personas simplemente «desaparecieron».°

    Poco a poco el pueblo empezó a reaccionar. Uno de los grupos de resistencia más famosos es argentino, las «Madres de la Plaza de Mayo», unas mujeres que han exigido° por medio de manifestaciones pacíficas una explicación del gobierno con respecto a sus hijos desaparecidos. También, han ayudado en el trabajo organizaciones como Amnistía Internacional, que luchan para obtener la libertad de prisioneros de conciencia, y la política lúcida del anterior presidente norteamericano, Jimmy Carter. Pero más que nada, la grave crisis económica tuvo sus

fatal

crueles

de la derecha

expresiones

hospitales

objeto
army
hierarchy

son... pueden

iniciados

mild dictatorship (play on words: dura means hard; blanda, soft)/ **pusieron...** terminaron con

Cono... *Southern Cone*

murders

disappeared

demandado

efectos para frenar° las atrocidades, hacia los comienzos   moderar
de los años ochenta.

Un caso particular que ilustra este conflicto entre el
militarismo y la libertad es la lucha por la independencia
de Nicaragua. Durante décadas el pequeño país centro-
americano fue controlado por la dictadura militar de la
familia Somoza, un régimen que tenía poco respeto a los
derechos humanos. Por fin, en 1979, una revolución popu-
lar, dirigida° por un grupo llamado los Sandinistas, hizo   conducida
caer la dinastía Somoza y estableció un gobierno socia-
lista. Ahora, el joven gobierno lucha por mantener la estabilidad, afligido° por problemas económicos y la cons-   atormentado
tante amenaza° de unos guerrilleros, que son en parte   threat
apoyados por los Estados Unidos. ¿Podrán los Sandinistas
evitar° la represión y al mismo tiempo mantener la fuerza   avoid
militar necesaria para combatir una invasión? Allí está el
dilema.

El nicaragüense Ernesto Cardenal—poeta, revolucionario, sacerdote°—es un hombre íntimamente rela-   priest
cionado con la lucha de su pueblo. En su juventud, par-

Padre Ernesto
Cardenal

ticipó en un complot° para derrocar° al dictador Somoza.   conspiración/hacer
Un miembro del grupo lo traicionó y la mayoría de sus   caer
co-conspiradores fueron arrestados, torturados y matados
por la policía. Cardenal logró° escapar y se dedicó en el   consiguió
exilio a escribir poesía de protesta. En 1956 pasó por una
crisis espiritual, renunció al uso de la violencia y entró
en un monasterio. Después, como sacerdote, fue a vivir
en una isla remota del Lago de Nicaragua, donde estableció una comuna cristiana. Allí estuvo hasta 1978 cuando
salió de su retiro para participar en la revolución. Después, se hizo Ministro de Cultura del gobierno Sandinista.
Sus salmos,° que combinan un mensaje revolucionario   psalms
con ecos de la Biblia, han formado parte de la liturgia en
muchas iglesias del continente y son un ejemplo de la
nueva conciencia social de algunos sectores de la Iglesia
Católica allí. Aquí reproducimos uno de sus salmos y dos
de sus epigramas, poemas cortos que emplean la ironía.

■ Preguntas

1. Según el ensayo, ¿qué combinación es nefasta para los derechos humanos?
   ¿Qué filosofía política es la peor en este respecto? ¿Está usted de acuerdo?
2. ¿Qué pasó en 1973? ¿Qué abusos de los derechos humanos ocurrieron en
   el Cono Sur durante los setenta?
3. ¿Quiénes son las «Madres de la Plaza de Mayo»?
4. ¿Por qué mejoró la situación después?
5. ¿Qué pasó en Nicaragua en 1979? ¿Existe todavía el gobierno Sandinista?
   ¿Cree usted que habrá más guerra allí?
6. ¿Quién es Ernesto Cardenal?

Poemas de Ernesto Cardenal

Salmo 5

Escucha mis palabras oh Señor
      Oye mis gemidos°   groans
Escucha mi protesta
porque no eres tú un Dios amigo de los dictadores
ni partidario° de su política   partisan
ni te influencia la propaganda
ni estás en sociedad con el gangster

No existe sinceridad en sus discursos
ni en sus declaraciones de prensa

Hablan de paz en sus discursos
mientras aumentan su producción de guerra

Hablan de paz en las Conferencias de Paz
y en secreto se preparan para la guerra

      Sus radios mentirosos° rugen° toda la noche   *falsos/howl*

Sus escritorios están llenos de planes criminales
      y expedientes° siniestros   *files*
Pero tú me salvarás de sus planes
Hablan con la boca de las ametralladoras°   *machine guns*
Sus lenguas relucientes°   *shining*
      son las bayonetas...
Castígalos oh Dios
      malogra° su política   *arruina*
confunde sus memorandums
      impide sus programas

A la hora de la Sirena de Alarma
tú estarás conmigo
tú serás mi refugio el día de la Bomba

Al que no cree en la mentira de sus anuncios comer-
   ciales°   **anuncios...** *advertisements*
ni en sus campañas publicitarias ni en sus campañas políticas
      tú lo bendices°   *bless*
Lo rodeas° con tu amor   *you surround*
      como con tanques blindados°   **tanques...** *armored tanks*

Epigrama XIX: Se oyeron unos tiros anoche

Se oyeron unos tiros° anoche.   *gunshots*
Se oyeron del lado del Cementerio.
Nadie sabe a quién mataron, ni a cuántos.
Nadie sabe nada.
Se oyeron unos tiros anoche.
Eso es todo.

Epigrama XXXV: Nuestros poemas no se pueden publicar todavía

Nuestros poemas no se pueden publicar todavía.
Circulan de mano en mano, manuscritos,
o copiados en mimeógrafo. Pero un día
se olvidará el nombre del dictador
contra el que fueron escritos,
y seguirán siendo leídos.°   **seguirán...** *will continue being read*

■ Comprensión de la lectura: ideas principales

Termine cada una de las ideas principales del «Salmo 5» con la frase apropiada.

1. Dios no es . . .
2. Los dictadores hablan de paz en sus discursos . . .
3. Los escritorios de los dictadores están . . .
4. Dios castigará a los . . .
5. Dios será el refugio del . . .

_____ llenos de planes criminales.
_____ dictadores e impedirá sus programas.
_____ amigo de los dictadores.
_____ poeta el día de la Bomba.
_____ mientras aumentan su producción de guerra.

■ Preguntas

1. ¿Por qué protesta el poeta en el «Salmo 5»?
2. ¿Cómo ayudará Dios al poeta?
3. Muchas veces, la poesía utiliza comparaciones. ¿A qué compara el poeta las lenguas de los dictadores? ¿Y el amor de Dios? ¿Son eficaces o no estas comparaciones? ¿Por qué?
4. ¿Qué problemas de la vida bajo un gobierno totalitario están presentados en los epigramas? ¿Cuál le parece a usted el más importante?

■ Vocabulario: reconociendo cognados

Una gran ayuda en la lectura de otro idioma son los *cognados,* palabras idénticas o parecidas en dos lenguas. A veces, una palabra común en español corresponde a un cognado no muy frecuente en inglés; entonces es mejor traducirlo por otra palabra más común. Por ejemplo: **impedir** es el cognado de *impede,* pero generalmente se traduce como *prevent.* Escriba los cognados, tomados del poema «Salmo 5», que corresponden a las siguientes palabras.

cognado en español	*cognado en inglés*	*mejor traducción*
1. _____	*discourses*	*speeches*
2. _____	*to augment*	*to increase*
3. _____	*to castigate*	*to punish*
4. _____	*announcements*	*advertisements*

■ Opiniones

1. Según su opinión, ¿por qué son populares en Latinoamérica los poemas de Ernesto Cardenal? Para usted, ¿cuál de los poemas es el mejor? ¿por qué?
2. ¿En qué parte del mundo hay mayores abusos de los derechos humanos hoy? ¿Cree usted que los Estados Unidos podría ayudar a las víctimas o no? Explique.

VOCABULARIO

El gobierno y la política

la campaña electoral election
  campaign
el contrario (la contraria) opponent
el, la diputado representative
el discurso speech
elegir (i) to elect; **la elección**
  election
el gobernador (la gobernadora)
  governor
gobernar to govern
el gobierno government
el golpe de estado coup d'état
la junta junta
la ley law
la oposición opposition
el partido party
el, la político politician
la prensa the press
el, la presidente president
el, la representante representative
el rey (la reina) king (queen)
votar to vote
el voto vote

Sistemas políticos

la anarquía anarchy

el comunismo communism;
  comunista communist
conservador(a) conservative
la democracia democracy;
  democrático(a) democratic
la dictadura dictatorship
el fascismo fascism; **fascista** fascist
liberal liberal
la monarquía monarchy
republicano(a) republican
el socialismo socialism; **socialista**
  socialist

De derechos humanos

apoyar to support
el derecho right; law (law in
  general, not a specific law)
la igualdad equality; **igual** equal
la libertad freedom
prometer to promise
la seguridad security; **seguro(a)** safe,
  sure

Modismos

por lo menos at least
Tanto mejor. So much the better.
Tanto peor. So much the worse.

■ Conversemos: predicciones políticas

Termine las siguientes frases de manera original, empleando cuando
sea posible las palabras y los modismos del Vocabulario.

En las próximas elecciones en los Estados Unidos...
1. El partido que ganará el mayor número de votos será... porque...
2. En general, la prensa apoyará a... porque...
3. La cuestión más importante de la campaña electoral será... porque...
4. La mayor parte del pueblo norteamericano (aceptaría / no aceptaría) a una
   mujer como presidente porque...

■ Repaso del tiempo futuro: un discurso político del Señor Bocagrande

Cambie los verbos entre paréntesis del presente al futuro.

Querido pueblo:

Si ustedes me eligen, yo les (doy) _____ un gobierno perfecto, limpio y justo. Los impuestos no (aumentan) _____ , pero (hay) _____ dinero por todas partes. Yo (empiezo) _____ nuevos programas sociales, todos gratis, para mejorar la salud, la libertad y la igualdad. Mi contrario (dice) _____ que estos programas (son) _____ imposibles a causa de la crisis económica, pero él no es tan inteligente como yo. Mi contrario me (acusa) _____ de ser fascista. ¡Tanto mejor! Mi contrario (miente) _____ siempre, y así ustedes (ven) _____ que él es un imbécil, capaz de atacar personalmente a un candidato tan honesto como yo. ¡Qué vergüenza! En conclusión, les (digo) _____ que la cuestión de mayor importancia es la seguridad nacional. En mi régimen (tenemos) _____ más policía y así (podemos) _____ imponer la verdadera libertad a todos. ¡Viva la patria!

Gracias.

■ Discutamos

Explique brevemente por qué usted está de acuerdo o no con las siguientes opiniones.

1. En los Estados Unidos, la prensa es completamente libre.
2. En el momento actual la cuestión política de más importancia es el desempleo.
3. Algún día el pueblo norteamericano elegirá a un negro como presidente.
4. Hoy día en los Estados Unidos las mujeres tienen tantas oportunidades como los hombres.

■ Composición

1. El gobierno ideal
2. Un discurso político

5

La vida estudiantil

Los estudiantes opinan...

Seis jóvenes latinoamericanos que estudian actualmente en la universidad norteamericana de Brandeis en Massachusetts, hablan sobre su vida y sus estudios. Siguen cursos de primero, segundo y cuarto año en la facultad de letras. Llegaron a los Estados Unidos con una mezcla de dudas, temores y esperanzas y encontraron algunas sorpresas, pero se adaptaron y están contentos ahora. En la siguiente entrevista, los seis expresan sus opiniones sobre el sistema norteamericano en comparación con el latinoamericano, sobre sus compañeros de clase y sobre su propia adaptación.

    Naturalmente, las opiniones son el resultado de experiencias muy personales y no representan una comparación definitiva entre los dos sistemas. Sin embargo, a veces es importante que alguien de afuera nos hable para que pongamos en tela de juicio° las ventajas y desventajas de nuestro propio ambiente.°

pongamos... *we call into question / environment*

Las preguntas de la entrevista

A. ¿Qué diferencias ves entre los dos sistemas académicos?
B. ¿Te gusta que aquí te den opciones, o prefieres que te den un programa completo como en el sistema latinoamericano?
C. ¿Qué echas de menos? *(What do you miss?)*
D. Francamente, ¿qué piensas de los estudiantes norteamericanos?
E. ¿Es probable que vuelvas a tu país?

Las respuestas

1. Arlene Soihet
   de Perú, especialización: economía.
A. —Una gran diferencia que encuentro es que existe comunicación entre alumno y profesor. Y esto es muy importante. En cambio, en el sistema latinoamericano es muy difícil encontrar esto. También, uno estudia para aprender y no sólo para pasar el curso como es el caso del sistema latinoamericano.

B. —Prefiero que me den opciones, pues siento que eso le da más libertad a uno en elegir lo que quiere, es decir en materias que realmente le interesan a uno aprender.

D. —Los estudiantes norteamericanos son muy diferentes por el simple hecho de que son competidores.°   *competitive*
Compiten uno contra el otro. En cambio, si esto
sucede° en Latinoamérica (que sería mínima la po-   pasa
sibilidad), no se llega a notar tanto° como se ve en   **se...** es tan obvio
los Estados Unidos.

2. David E. Lewis
*nacido en Trinidad, vive en Puerto Rico, especialización: ciencias políticas y
estudios latinoamericanos.*

A. —En fin, en Latinoamérica el sistema es más a lo
europeo,° elitista pero de alta calidad. También, el   **a...** en la tradición
curso de un año entero que dan allí (en vez de un   europea
semestre) crea un mejor conocimiento sobre la materia. En Puerto Rico el sistema es totalmente americano, excepto el idioma.

C. —Echo de menos el vivir dentro de un sistema que
no me pide que niegue mi identidad nacional y cultural.

D. —El problema principal del norteamericano es su ni-
vel obtuso° de pluralidad cultural. Todo lo que no   **nivel...** *low level*
sea anglo-sajón es «alien». De ahí que a pesar de estar
en Estados Unidos desde el siglo XVII, el negro ha
sido aceptado menos que el italiano, irlandés° y ju-   *Irish*
dío° que apenas llegaron ayer.   *Jewish*

3. Sylvia Casillas
de Puerto Rico, especialización: literatura inglesa y psicología.

B. —Me gusta que me den opciones ya que los intereses
de cada persona son muy diferentes.

D. —Los norteamericanos parecen más informados y
orientados hacia las oportunidades vocacionales.

E. —Pienso volver a Puerto Rico pues creo que mi país
necesita gente preparada que pueda mejorar la situación económica y social que prevalece.°   *prevails*

4. Nicolás Wey
de Colombia, especialización: estudios latinoamericanos.

A. —En este sistema hay mucho más interacción entre
profesor y alumno, lo que hace el aprendizaje° más   proceso de aprender
dinámico.

C. —Echo de menos «el olor de la guayaba°...», como   *guava*
dice García Márquez.*

E. —¡Claro que vuelvo! De eso se trata el hecho de estar
estudiando aquí. Estudiar aquí me va a propor-

---

*Un escritor colombiano muy popular que recibió el Premio Nobel en 1982. Una selección de su
novela más conocida, *Cien años de soledad,* está incluida en el último capítulo de este libro.

cionar° muchos instrumentos necesarios para ayudar   dar
en el cambio social de América Latina.

D. —Hay obvias diferencias culturales, idiosincráticas.
Se encuentra gente que está muy cerrada en su
mundo y tiene la imagen estereotípica de Latinoamérica que les dan las películas de Hollywood, y hay
mucha gente también que está más consciente de
Latinoamérica que muchos latinoamericanos. No se
puede generalizar, pues se cae también en el estereotipo que muchos latinoamericanos tenemos de los
norteamericanos.

5. Diana Kubbany
   de Panamá, especialización: economía
A. —El sistema norteamericano es menos centrado en
una carrera específica que el latinoamericano. Lo prefiero porque ofrece más libertad de elección.
C. —Echo de menos el clima, mi familia y mis amigos.
D. —A los estudiantes norteamericanos les importa mucho competir entre ellos. Creo que los latinoamericanos están más dispuestos° a ayudarse unos a otros.   *willing*

6. Lucy Eversley
   *de Cuba, especialización: ciencias de computación y
   economía.*
C. —Los latinoamericanos parecen ser más responsables y serios de carácter que los norteamericanos.
D. —Sí, es probable que vuelva. Quiero ver a mi familia.

■ Comprensión de la lectura: buscando detalles

Busque los siguientes puntos en la lectura. Luego, diga si cada frase es
verdad o mentira, y corrija las frases falsas.

1. _____ Todos los alumnos latinoamericanos siguen el curso de tercer año
en la misma universidad norteamericana.
2. _____ Los seis estudiantes son de la misma región de Latinoamérica.
3. _____ Es probable que la mayoría de estos jóvenes no vuelva a su país
después de graduarse.
4. _____ A los estudiantes latinoamericanos les gusta que el sistema de los
Estados Unidos les permita elegir algunas de sus asignaturas.

■ Preguntas

1. ¿Qué diferencias ven los estudiantes entre el sistema académico de los Estados Unidos y el latinoamericano?
2. ¿Cuál de los países de habla española tiene un sistema educativo parecido al norteamericano? ¿Sabe usted por qué?
3. ¿Qué diferencias ven los seis entre los alumnos latinoamericanos y los norteamericanos? ¿Tienen todos la misma opinión o hay contradicciones?
4. Según el estudiante nacido en Trinidad, ¿cuál es el problema principal del norteamericano? ¿Qué piensa usted de esta crítica?
5. ¿Qué echan de menos estos estudiantes?
6. ¿Por qué quieren volver a su país algunos de ellos?

■ ¿Indicativo o subjuntivo?

Subraye la forma apropiada (indicativo o subjuntivo) para cada frase.

MODELO: Los estudiantes prefieren que el sistema les (da / dé) opciones en sus cursos.

1. Parece que (existe / exista) mayor comunicación entre el profesor y el alumno en el sistema norteamericano.
2. Según uno de los estudiantes, la sociedad norteamericana le pide que (niega / niegue) su identidad nacional y cultural.
3. Estos jóvenes creen que sus compañeros de los Estados Unidos (son / sean) diferentes de los latinoamericanos.
4. Para algunos de ellos, es necesario que (vuelven / vuelvan) para ayudar en el cambio social de su país.
5. No es verdad que todos los norteamericanos (creen / crean) en el estereotipo del latinoamericano que les dan las películas de Hollywood.

■ Opiniones

1. Según su opinión, ¿hay buena comunicación entre los profesores y los estudiantes en la universidad donde usted estudia? ¿Cree usted que esto varía según la región y el número de estudiantes matriculados? Explique.
2. ¿Qué opina usted de las asignaturas obligatorias? ¿De las opciones?
3. ¿Le gustaría a usted estudiar en otro país algún día, o no? ¿Por qué?

El dilema actual de las universidades hispanas

En muchos países hispanos, el gran dilema de las universidades es que la enseñanza no corresponde a las necesidades económicas de la sociedad actual. Hoy día, es dudoso que un joven al graduarse encuentre un buen puesto°   empleo
en su campo, aun cuando haya sacado buenas notas. En

España, por ejemplo, hay más de cien mil titulados° uni- graduados
versitarios en paro.° Los únicos trabajos que pueden ha- **en...** sin trabajo
llar son los de camarero° o friegaplatos° y aun éstos no *waiter/dishwasher*
abundan. Ante esa dificultad para abrirse camino° en la **abrirse...** construir un
vida, algunos jóvenes optan por irse de voluntarios a la futuro
milicia;° otros simplemente pierden la esperanza. fuerzas armadas

  En parte, el origen del desorden actual está en la falta
de planificación educativa. La tradición pesa mucho.° A **pesa...** es muy
pesar de los cambios evidentes en el mercado de trabajo,° importante/
todavía es común que los hijos de «buenas familias» his- **mercado...** *labor*
panas elijan estudiar las carreras clásicas de la burguesía:° *market*
medicina, derecho o ingeniería civil para los varones;° clase media
educación o humanidades para las mujeres. La revista es- hombres
pañola *Cambio 16* da las siguientes estadísticas° sobre *statistics*
«el desequilibrio escolar»: «Más de un millón de jóvenes
españoles estudian actualmente bachillerato y COU° y curso de orientación
otros 65.000° están matriculados en la universidad, frente universitaria/
a 558.808 estudiantes de formación profesional. Cuatro 65.000 = *65,000*
aspirantes a dirigir° la sociedad frente a uno para puestos administrar
intermedios y de mano de obra calificada.»° **mano...** *skilled labor*

  ¿Cómo resolver la crisis de la educación actual? Algunos recomiendan que el gobierno establezca más escuelas vocacionales con programas especiales para atraer
a los estudiantes. Otros aconsejan que las administra-
ciones universitarias no admitan un número demasiado
alto de aspirantes a las facultades populares y que obli-
guen a la mayoría de los alumnos a especializarse en campos técnicos, donde habrá más posibilidad de conseguir
empleo. Muchos estudiantes que ahora siguen cursos en
las universidades están desencantados° y quieren que se desilusionados
modifique el sistema educativo. En el siguiente artículo,
un estudiante de ciencias de la Universidad de Zaragoza
expresa sus pensamientos sobre el método más común de
evaluación académica: los exámenes.

■ Preguntas

1. ¿Cuál es el gran dilema de las universidades hispanas? ¿Es fácil que un
   joven encuentre un buen trabajo al graduarse?
2. ¿Qué hacen muchos jóvenes ante las dificultades que encuentran en el
   mercado de trabajo?
3. ¿Qué es común todavía entre los hijos de «buenas familias» hispanas?
4. ¿Qué recomiendan algunos para resolver la crisis educativa? ¿Qué aconsejan
   otros? ¿Qué piensa usted de estas recomendaciones?

Un poco de imaginación

Babel Ayala Sender

Tema debate: los exámenes

«Tienen ustedes dos horas.» Con esta frase o alguna muy parecida° comienza el final de una mala temporada.° Es el principio de un examen.

Voy a pasar un poco por alto° la influencia psicológica de un examen sobre el estudiante, solamente apuntar° que es prácticamente imposible llevar todas las asignaturas al día° cuando tienes un examen cada semana, recordar la angustia, las noches sin dormir, los sudores° fríos, la borrachera° de conocimientos tomados con embudo.°

Vamos a concentrarnos en el hecho del examen en sí.° Los exámenes tienen siempre una intención de castigar,° de castigar el no haber memorizado al pie de la letra,° el no saberte el truco,° el no saber que tu profesor tiene una publicación sobre la materia... Para mí, es importante que los exámenes le sirvan al profesor como medio de tomar conciencia de° lo que el alumno sabe y de aquello en lo que flojea,° pero con intención de ayudar al alumno personalmente, que no es tan difícil.

Exámenes, exámenes largos, cortos, de tema,° tipo test,° de problemas, de conciencia... ¿De conciencia? El examen sigue manteniendo la separación entre el profesor y el alumno, anula° todo lo que de bueno puede tener adentrarte° en una asignatura a gusto y sin fechas límite.° Además, es bien conocido que el estudiante no rinde° en el examen todo lo que puede rendir en realidad. ¿Qué se pretende° conocer del alumno a través del examen, ese escrito firmado° por una persona a la que el profesor casi no conoce más que de vista?° ¿Qué intentan, pues?

Cuando a un profesor le contratan,° o tiene que presentar su currículum o se quiere dar importancia, sale rápidamente a relucir la investigación por delante° de la aptitud en la docencia.° Pues bien, ¿quién se cree todavía que el sistema de exámenes enseña a investigar?° Ah, claro, es obvio que no pretenden enseñarnos a investigar. Me gustaría preguntar para qué° se nos prepara en la universidad.

«Les queda° media hora.»

Quedamos,° pues, en que en la universidad no se enseña a investigar, que al profesor no le interesa conocer

similar / **mala...** *bad time*	
pasar... *overlook*	
indicar	
al... *up to date*	
sweats	
drunkenness	
de... *of knowledge taken in through a funnel, i.e., too rapidly* / **en...** *itself* / *punishing*	
al... *down to the letter* / *trick*	
tomar... *entender*	
no sabe bien	
de... *essay*	
tipo... *objetivos*	
elimina	
entrar / **fechas...** *deadlines* / *produce*	
se... *are they trying signed*	
de... *by sight*	
emplean	
por... *antes*	
enseñanza	
do research	
para... *for what*	
Les... *There remains*	
Let's agree	

al alumno, que una asignatura es igual que otra desde el momento en que conoces las fechas de los exámenes, que tu vida, compañero, no está al servicio de tu carrera,° sino algo mucho peor, al servicio de los exámenes.

«Vayan entregando.»°

Y ahora, para no quedarme en ese pesimismo, voy a intentar° recomendar algunas alternativas. Lo primero que voy a pedir es imaginación. Pido que no nos reduzcamos a la idea de tener exámenes simplemente porque se han tenido durante años y años y no conocemos otra cosa. El investigador debe lanzarse° y entre todos es seguro que sacamos algo. Me parece válida la fórmula de trabajos escritos° que se desarrolla en algunos cursos. Pero hay que plantearse° los trabajos desde el principio, para aprender a manejar libros, a trabajar en equipo,° a discutir y sobre todo a construir. Respecto a esto último creo que es mucho más atractivo construir que aprender de memoria... Quiero que los profesores dejen de° pontificar desde la pizarra, que dejen de símbolos de poder,° pues se trata de° enseñar y aprender y no de quién puede más.° Creo que un buen sistema de enseñanza sería dividir las clases en grupos más reducidos, de diez a veinte, y llevar a cabo° una labor de investigación no nueva, sino sobre el temario° de la asignatura. Incluso no se necesitan tantas horas de clase. Es preferible que los alumnos tengan más horas de biblioteca o sala de estudio y horas de consulta con el profesor, pero horas reales. También quiero que haya un campo interdisciplinario.° En esas reuniones se llevaría a cabo una labor común. Cada estudiante comunicaría a los demás los conocimientos necesarios de su campo y pediría ayuda con respecto a otros campos.

profesión

Vayan... *Start handing in*

tratar de

venture forth

trabajos... *papers*
proponer
grupo coordinado

dejen... *stop*
power
se... el asunto importante es/
puede... es más fuerte
llevar... *carry out*
lista de temas

de varias disciplinas

Una manera de enterarme° de qué es lo que un filólogo   informarme
puede darme o para qué necesito a un físico... Propugno,°   Propongo
pues, la comunicación entre profesores y alumnos, la
preparación real, el derecho a disfrutar° con la carrera que   gozar
has elegido y sobre todas estas cosas, imaginación.

«Se les ha acabado el tiempo,° entreguen. La segunda   **Se...** *Time's up*
parte del examen comenzará a las doce.»

de *Universidad*, la revista de la Universidad de Zaragoza, España

---

■ Comprensión de la lectura: el punto de vista

Diga cuál sería el punto de vista del autor del artículo con respecto a
las siguientes prácticas o costumbres. ¿Estaría a favor o en contra? ¿Y
usted?

1. _____ Es común que un estudiante tenga que dar un examen cada semana.
2. _____ Un alumno tiene que memorizar al pie de la letra o saber un truco
para aprobar un examen.
3. _____ Generalmente, el profesor prefiere no conocer al alumno.
4. _____ El profesor puede dividir la clase en grupos y pedirle a cada grupo
que haga una labor de investigación.
5. _____ Es posible que un profesor reduzca el número de horas de clase y
exija más horas de biblioteca.

—Eso he dicho: quiero un tranquilizante fuerte para adultos... y no tengo recetas, sólo las notas de fin de curso.

■ Preguntas

1. ¿Qué recuerda el autor cuando piensa en los exámenes? Según la opinión de usted, ¿qué quiere decir cuando menciona «la influencia psicológica de un examen sobre el estudiante»?
2. ¿Por qué cree el autor que los exámenes tienen siempre la intención de castigar a los alumnos? ¿Es verdad? ¿Qué debe ser la intención de un examen?
3. ¿Qué puede aprender el alumno en los cursos que usan la fórmula de trabajos escritos en lugar de exámenes? ¿Qué opina usted de estos cursos?
4. ¿Qué le pide el autor a los profesores?
5. ¿Por qué le gusta al autor la idea de un campo interdisciplinario?
6. ¿Qué técnica usa el autor para mostrarnos directamente la tensión que uno siente durante un examen?

■ Vocabulario: modismos

Diga cuál de las definiciones mejor corresponde a cada uno de los modismos tomados del artículo.

modismos

1. _____ pasar por alto   hacer
2. _____ llevar al día   con exactitud
3. _____ al pie de la letra   comprender
4. _____ tomar conciencia de   tener bien preparado
5. _____ llevar a cabo   no mencionar

■ Opiniones

1. ¿Cuál de los tipos de exámenes prefiere usted: largos, cortos, de tema, tipo test, o de problemas? ¿Por qué? ¿Le gusta a usted que haya exámenes frecuentes o sólo al final del semestre o del año? ¿Por qué?
2. ¿Sería bueno anular los exámenes completamente, o no? Explique.
3. ¿Prefiere usted que un profesor le exija que aprenda ciertas cosas «al pie de la letra?» Explique.

■ Composición dirigida: los derechos estudiantiles

Escriba usted, solo o con otro(a) compañero(a) de clase, un breve «Manifiesto de los derechos estudiantiles (del estudiante)». Si quiere, usted puede incluir algunos de los puntos sugeridos en el artículo, «Un poco de imaginación».

VOCABULARIO

Escuela, colegio (liceo) y universidad

aprobar (ue), pasar un examen to pass an exam

el campo field

el doctorado doctorate

especializarse en to major (specialize) in

la facultad school (of a university), department

fracasar (en un examen) to fail (an exam)

graduarse to graduate

la huelga strike

el liceo high school

la matrícula registration

la nota note; grade; **sacar buenas (malas) notas** to get good (bad) grades

seguir un curso to take a course

el semestre semester

el texto, libro de texto text(book)

el título degree, title

el trimestre quarter

Algunos campos de estudio

la arquitectura architecture

las ciencias sciences; **las ciencias de computación** computer science; **las ciencias sociales** social sciences; **las ciencias políticas** political science

la farmacia pharmacology

la filosofía philosophy

la ingeniería engineering

las letras literature

las matemáticas mathematics

la medicina medicine

Otras palabras

la duda doubt

dudar to doubt

dudoso(a) doubtful

espantoso(a) horrible; frightening

la esperanza hope

esperar to hope; to wait for

evitar to avoid

exigente demanding

exigir to demand

insistir (en) to insist (on)

negar (ie) to deny

ojalá que... I hope that . . .

resolver (ue) to solve

el ruido noise

sorprender to surprise

la sorpresa surprise

temer, tener miedo (de) to fear

la ventaja advantage; **la desventaja** disadvantage

■ Conversemos

1. Según su opinión, ¿en qué campos se especializa la mayoría de los muchachos norteamericanos hoy día? ¿Qué campos son más populares entre las muchachas? ¿Cree que sería bueno cambiar esta situación, o no? ¿Por qué?

2. ¿Tiene usted miedo de no encontrar un buen trabajo después de graduarse? ¿Es necesario que un alumno tenga enchufes (contactos especiales por medio de amigos o parientes) para obtener un buen puesto? ¿En qué campos hay más seguridad económica hoy día?

3. ¿Qué es necesario hacer para aprobar un examen? ¿para sacar buenas notas en todas las asignaturas?

4. ¿Dónde estudia usted? ¿Puede usted estudiar y escuchar música al mismo tiempo? ¿Qué ruidos le molestan mientras estudia?

5. ¿Qué aspecto de su universidad le gusta más? ¿Cuál le gusta menos? Explique.

■ Antónimos

1. aprobar	_____	tolerante
2. afirmar	_____	desventaja
3. temer	_____	fracasar
4. exigente	_____	seguro
5. dudoso	_____	esperar
6. espantoso	_____	maravilloso
7. ventaja	_____	negar

■ Actividad en grupo: dos puntos de vista

Lista de expresiones

(Recuerde que hay que usar el subjuntivo después de éstas.)

Es bueno (maravilloso, fantástico, estupendo, magnífico) que...
Es malo (horrible, espantoso, ridículo, fatal) que...
Es importante que...   Es necesario que...
Espero que...   Ojalá que...

> La mitad (1/2) de la clase hará el papel (*role*) de estudiantes y la otra mitad hará el papel de profesores. Alternando entre los dos grupos, varios individuos deben opinar sobre cada uno de los siguientes aspectos de la vida estudiantil, usando una expresión de la lista y explicando por qué piensan así.

> MODELO: Los derechos de matrícula cuestan mucho.
> ESTUDIANTE: **Es horrible que los derechos de matrícula cuesten mucho porque no tengo mucho dinero.**
> PROFESOR: **Es importante que los derechos de matrícula cuesten mucho porque la universidad necesita el dinero para pagar mi salario.**

1. Los profesores son exigentes.
2. Hay exámenes frecuentes.
3. Los estudiantes evitan las huelgas.
4. Los libros de texto son largos.
5. La universidad acepta a todos.
6. Las asignaturas son de un semestre.
7. Hay requisitos.
8. Las clases son enormes.
9. Hay muchos trabajos escritos.
10. Los profesores exigen la participación oral.

■ Composición en grupo: escribiendo un informe

La clase debe dividirse en grupos de tres a cinco personas. Cada grupo
tendrá quince minutos para escribir juntos un breve informe sobre uno
de los siguientes temas. Luego, un miembro del grupo lo leerá a la
clase.

Los métodos usados para evaluar a los estudiantes.
Por qué muchos alumnos fracasan.
Algunas sugerencias para los profesores.
La biblioteca y la librería de nuestra universidad.
La importancia de la vida social (o política) para el estudiante.

6

Hablando de psicología...

Pueblos y psicologías

«Los norteamericanos siempre tienen prisa.» Éste fue el comentario de un latino que visitaba los Estados Unidos hace varios años. Luego explicó: «La gente aquí es amable y muy eficiente, pero es difícil saber qué sienten porque tienen o miedo o vergüenza° de expresar sus emociones. En mi país, cuando estoy preocupado, deprimido o simplemente de mal humor, busco a alguien que me escuche y me dé consejos. Entonces tengo un buen desahogo, es decir, doy rienda suelta° a mis sentimientos negativos de odio, envidia, tristeza, angustia o lo que sea.° Pero me parece que no hay en inglés ninguna palabra que tenga ese sentido.° Claro, la palabra *desahogo* no existe porque la gente aquí no *se desahoga*.»

    Hoy día esta impresión ya no es tan verídica° como antes. La publicación en años recientes de muchos libros de «psicología popular» ha creado varias expresiones en el argot° común, como «*to unload on someone*», «*to let it all hang out*», «*to find an outlet for one's feelings*», que se acercan al° sentido de *desahogo* o del verbo *desahogarse*. Pero todavía es cierto que un latino que visita los Estados Unidos por primera vez va a pensar que a la gente le falta cierto calor° humano.

    Naturalmente, los malentendidos° culturales ocurren al revés,° también. Un niño inglés que viajaba en Latinoamérica con su padre le preguntó un día, «Papá, ¿por qué todo el mundo está enojado?»° Su padre rió y respondió que la gente no estaba enojada, ni siquiera molesta. Era simplemente que los latinoamericanos hablan con las manos y que dejan que los demás vean sus sentimientos. Además, las costumbres latinas permiten que la gente tenga mucho más contacto físico en la vida cotidiana° y que se mantenga° menos distancia entre las personas.

    En la siguiente lectura, el escritor argentino Naldo Lombardi compara éstas y otras diferencias culturales que ha observado durante su estadía° en varios países de Europa y América.

shame

rienda... *free rein*
lo... *whatever it might be*
significado

cierta

slang

se... están cerca de

warmth

misunderstandings
al... *the other way around*
irritado

de todos los días / conserve

stay

■ Preguntas

1. Según el latino que visitaba los Estados Unidos, ¿qué diferencias de conducta hay entre norteamericanos y latinoamericanos?
2. ¿Qué es un *desahogo?* ¿Por qué no existe en inglés una traducción exacta de esta palabra?
3. ¿Ha leído usted alguna vez un libro de psicología popular? ¿Por qué cree usted que se publican tantos libros de este tipo ahora?
4. ¿Por qué creía el niño inglés que los latinoamericanos estaban enojados?
5. ¿Qué permiten las costumbres latinas? todos de cuando una persona expresa sus emociones o sentimientos negativos

—Adiós: "goodbye, goodbye, goodbye"

Naldo Lombardi

Cuando recuerdo aquello de que «Al país que fueres, haz lo que vieres»,° pienso en las conductas que dan forma a los códigos° de comportamiento° de las diferentes sociedades. La distancia es uno de los parámetros° que importa. Siempre existe una magnitud mensurable° entre *yo* y *el otro.*

    En la América del Norte, por ejemplo, la separación entre dos personas debe reservar un territorio intermedio° que será algo así como de° un metro.° Invadir esa frontera es convertirse en intruso.°

    Porque está prohibido tocar, como si cada uno conservara° las manos y la piel° para sí mismo, o para momentos especiales y ése fuera° todo su destino. Lo demás se hace a fuerza de° palabras, de gestos° y de sonrisas. Para el norteamericano, el contacto corporal sin trabas° pertenece al sexo y sus vecindades.° En el sexo se concentra toda la sensualidad, incluso la que podría escapar aquí y allá en un abrazo,° en una mano que se demora° sobre el hombro,° en un beso fugaz° y sin razones. Pero no es así. La gente se cede mutuamente el paso° con reverencias° en las que la cortesía y el horror al contacto cuentan por igual. En una sala de espera,° el recién llegado tratará de sentarse discretamente aparte para que su vecino esté lo más alejado posible.° Si dos personas se abrazan, es porque no se han visto desde la Guerra de los Treinta Años.

Al... In the country where you go, do what you see. / codes / conducta / parameters / measurable

in between
algo... aproximadamente / meter / intruder

como... as if each one kept / skin / **ése...** that were / **a...** by means of / movimientos obstáculos relaciones

embrace / **se...** lingers
shoulder / breve
se... step out of each other's way / polite gestures / **sala...** waiting room

lo... as far away as possible

Cuando apenas habían empezado las experiencias de «sensibilización grupal,»° fui a una conferencia en la que el psicólogo inglés Cooper enfatizó la necesidad de que las gentes se tocaran° e invitó al público a que lo hiciera° allí mismo, sin demoras.° Entonces no lo entendí del todo porque eso ocurría en Buenos Aires, una ciudad exasperada y confusa cuyos° habitantes tienen poco reparo° en tocarse, saludarse con un beso, o pegarse.°

La despedida° que tiene lugar luego de una reunión de amigos es un ejemplo claro al respecto. Un norteamericano va a decir mil veces adiós antes de irse: prolongará el momento con cumplidos,° lo condimentará° con bromas°; se demorará. Nadie ha de tocar a nadie, pero habrán de envolverse° en una atmósfera cordial. En el resto de América, una despedida es más breve, el inter-

sensibilización... *group therapy*

se... *should touch each other /* **a...** *to do it / delay*

whose / hesitation

hitting each other

leave-taking, saying "goodbye"

muestras de cortesía / he will season it / jokes / **habrán...** *they must wrap themselves*

cambio de elogios° más escueto.° Un hombre estrecha la mano° de los hombres, las mujeres besan con un roce° a las mujeres; entre hombres y mujeres suceden° ambas cosas. El momento de la despedida es más preciso, el juego es «te toco y me voy».

    Tal vez para una persona de cultura estrictamente norteamericana, resulte novedoso° saber que las normas de urbanidad° usadas por los pueblos latinos al llegar o partir incluyen cosas como éstas:

    —los parientes se besan todos entre sí,° incluso los hombres (hermanos, tío-sobrino, los primos no tanto);

    —los amigos varones° no se besan pero se abrazan o se palmotean;° las amigas se besan siempre;

    —entre amigos de diferente sexo, especialmente los jóvenes pertenecientes a las clases media y alta, se besan. Hacerlo se considera «mundano», elegante;

    —a un niño se lo besa° repetida, ostentosamente.° Hay diferentes maneras de besar, y ninguna de ellas incluye el beso boca a boca.° En la América del Sur, se besa una sola vez; generalmente es el hombre quien lo hace y la mujer se limita a ofrecer su mejilla.° En la Europa latina, especialmente en Francia, se besa dos veces, en ambas mejillas; los bretones° besan cuatro veces.

    Pero no hay que equivocarse° con apreciaciones improvisadas. La pretendida° frialdad de los norteamericanos, la engañosa° comunicatividad de los latinos, no son más que emergentes° de patrones° sociales. En Norteamérica, *el otro* es alguien que puede enrolarse en el anonimato.° En la exageración, se lo deja° demasiado solo, demasiado *otro*. El respeto por la intimidad ajena° hace que cada uno viva dentro de un grupo muy reducido y los que no pertenecen a él (*los otros*) gocen o sufran un aislamiento° que puede resultar excesivo y difícil de romper. En el resto de América, el vecino es siempre objeto curioso, a veces interesante. Con diversas intensidades, se trata de penetrar en su vida. Se lo toca, se lo manosea.°

    «Ni tan peludo, ni tan pelado»° aconseja el dicho que apunta al término medio.° Pero este término medio no va a ser posible mientras existan los temores al contacto, o sus abusos, en cada una de las culturas, mientras un norteamericano vea con pánico que el ascensor° se va llenando de gente y que alguien ¡ay! lo puede rozar (por lo que se aplasta° contra la pared) o mientras el latino no tenga reparos en golpear a la puerta de su vecino, palmearlo sin motivo y preguntar, «¿Qué está cocinando?» Mientras eso ocurra, los unos seguirán peludos y los otros pelados.

palabras de admiración/breve/ **estrecha...** *shakes the hand/glancing touch*/pasan

nuevo

normas... reglas de cortesía

entre... *one another*

hombres

se... *pat each other*

a... *a child is kissed/ ostentatiously, in a showy manner/* **boca...** *mouth-to-mouth*

cheek

habitantes de Bretaña (al norte de Francia)/**no...** *one must not err/ supposed/deceptive* surfacings/modelos

enrolarse... *become anonymous/***se...** *he is left/*de otros

isolation

se... *he is handled*
Ni... *Neither so hairy, nor so bald/* **término...** *the mean, the in-between*

elevator

por... *due to which he flattens himself*

■ Comprensión de la lectura: leyendo con precisión

Escoja la mejor manera de terminar las siguientes frases.

1. Según el señor Lombardi, la distancia que un norteamericano mantiene constantemente entre sí mismo y otras personas es más o menos (sesenta centímetros / un metro / dos metros).
2. En los Estados Unidos está casi prohibido tocar a otra persona sin que existan relaciones (de cortesía / amistosas / sexuales).
3. El autor no entendió la insistencia del psicólogo inglés en que las gentes se tocaran porque los argentinos (no tienen miedo al contacto corporal / no creen en la sensibilización grupal / están exasperados con la psicología).
4. Una diferencia entre la despedida norteamericana y la latina es que ésta (incluye más bromas / no consiste en besos y abrazos / es más breve).

■ Preguntas

1. ¿Qué quiere decir el refrán (proverbio) español: «Al país que fueres, haz lo que vieres»? ¿Hay un refrán en inglés que signifique lo mismo?
2. ¿Cómo vemos el «horror al contacto» del norteamericano en una sala de espera? ¿En qué otros lugares observa usted este fenómeno?
3. Cuando llegan o salen los latinos, ¿qué hacen los parientes? ¿Y los amigos o amigas? ¿Qué pasa en nuestra sociedad en las mismas circunstancias?
4. ¿Cómo consideran al *otro* (al vecino) en Norteamérica? ¿Qué consecuencia negativa tiene esta actitud a veces?
5. ¿Cómo consideran al vecino (al *otro*) en el resto de América? ¿Qué consecuencia negativa puede tener esta actitud?
6. A juzgar por el refrán que se menciona al final, ¿cuál de las dos actitudes prefiere el autor? ¿Está usted de acuerdo o no? ¿Por qué?

■ Vocabulario: verbos y sustantivos

Escriba el sustantivo apropiado, siguiendo cada modelo. Luego, traduzca el sustantivo al inglés.

1. saludar   un saludo
   besar   _____   _____
2. abusar   un abuso
   abrazar   _____   _____
3. partir   una partida
   despedir   _____   _____
4. preguntar   una pregunta
   demorar   _____   _____
5. elogiar   un elogio   compliment
   intercambiar   _____   _____
6. contar   un cuento
   encontrar   _____   _____

■ Opiniones

1. ¿Cree usted que es bueno o malo el contacto corporal como parte de los saludos y despedidas? ¿O no importa? Explique.
2. ¿Qué opina usted de los psiquiatras y psicólogos? ¿Ayudan realmente a sus pacientes? Cree usted que para ciertas personas es mejor la sensibilización grupal que la terapia (*therapy*) individual? ¿Por qué?

La vida es un baile de máscaras°

baile... *a masked ball*

Ciertos filósofos afirman que no hay ningún amor que esté completamente libre de egoísmo, ninguna amistad que no tenga su origen en el propio interés.° En uno de sus artículos de costumbres,° Mariano José de Larra, un periodista español del siglo XIX, caracteriza así la vida social:

propio... *self-interest*
artículos... *essays satirizing social customs*

«Ésa es la sociedad: una reunión de víctimas y verdugos.° ¡Dichoso° aquél que no es víctima y verdugo a un tiempo!» Es decir que, en las realciones sociales, una persona (el verdugo) siempre trata de obtener algún beneficio° de la otra (la víctima). Larra compara la vida social con un pasatiempo muy popular en su época: el baile de máscaras, pues en la sociedad es casi imposible que alguien muestre su verdadera cara.° Porque las palabras no son la única forma de mentir: también mentimos con gestos,° con sonrisas y, a veces, hasta con besos° y abrazos.°

executioners/
Afortunado

servicio, utilidad

face

movimientos/*kisses*
embraces

Aunque esta visión parezca algo negativa, en la práctica sabemos que es necesario disimular° de vez en cuando,° «usar máscaras» para que la sociedad siga funcionando. Cuando un conocido° me saluda en la calle con «¡Hola! ¿Cómo estás?» yo le contesto: «Bien.» o «Así, así.» No puedo responder con absoluta sinceridad—sin que me tome por loco°—y decir, por ejemplo: «Horrible. Estoy de mal humor porque tú conseguiste el puesto° que yo quería. Francamente, te tengo mucha envidia; te odio a muerte.» Mientras vivimos en el mundo real, es preferible usar máscaras en ciertas ocasiones.

actuar de manera falsa/de... *from time to time*/persona que conozco

sin... *without his thinking me crazy*/trabajo

Mucha gente usa un diario para confesar verdades que no quiere revelar ni a sus amigos íntimos. En el siguiente cuento, el escritor paraguayo Mario Halley Mora contrapone° trozos° de dos diarios—uno de una muchacha y otro de un muchacho—para mostrar con ironía y humor cómo las máscaras que usamos pueden enga-

contrasta/partes

ñarnos° a nosotros mismos. Con esta historia el autor no   *fool*
quiere presentarnos de ninguna manera estereotipos latinos sino motivos universales que pueden operar en cualquier sociedad del mundo.

■ Preguntas

1. ¿Quién fue Mariano José de Larra?
2. ¿Para él, ¿qué es la sociedad? ¿Está usted de acuerdo con él?
3. ¿Por qué compara Larra la sociedad a un baile de máscaras?
4. Según su opinión, ¿debemos «usar máscaras» en la vida social o prefiere usted la sinceridad total?
5. ¿Para qué usa mucha gente un diario? ¿Cree usted que los diarios siempre contienen la verdad?

Los dos diarios

Mario Halley Mora

En el diario de Ana—10-V-69
Acaba de mudarse° un muchacho bastante pasable° en la   *move in/atractivo*
casa de enfrente. Le mandé a Pocholito° que le mirara el   *nombre del sirviente/que... to check his finger/furniture/rings*
dedo° mientras ayudaba a bajar los muebles.° No tiene
anillos.° Es soltero. Puede ser mi oportunidad. Necesito
más datos° para trazar mi estrategia.   *información*

En el diario de Hugo—10-V-69
Acabo de mudarme en una casita independiente. No está   *lejos*
mal. Es un barrio tranquilo y bastante alejado° de la pen-
sión.° Creo que a la vieja le resultará difícil encontrarme   *boarding house*
para reclamar el clavo de seis meses que le dejé.° Hoy   *reclamar... claim the six months rent I didn't pay/*
estuve reflexionando. Ya no puedo vivir así, haciendo del   *haciendo... playing the smart guy who lives off the fool/*
vivo que vive del zonzo.° Me miré en el espejo. No estoy
mal: 25 años, pelo negro, tipo amante latino. Un buen
casamiento° puede ser...   *matrimonio*

En el diario de Ana—11-V-69
Empiezo a conocerlo. Hoy se asomó° a la ventana, le-   *se... apareció*
yendo un libro. Usé el largavista° que suele llevar papá   *binoculars*
al hipódromo,° y pude leer el título del libro: *Azul*, de   *horse track*
Amado Nervo,* es decir, el tipo es un relamido a la an-

---

*The famous book of modernist poetry, *Azul* (1888) by Rubén Darío, presented a very romanti-
cized vision of women. Many other writers, such as the Mexican Amado Nervo (1870-1919), wrote
similar poems. The reference here seems to be to a collection of these poems which uses Darío's
well-known title.

tigua,° de los que gustan de convertir a la mujer en va-
porosas apariciones celestiales.° Ya sé con cuánto azúcar
toma el hombre este el café con leche de la vida.°

En el diario de Hugo—11-V-69

Hoy amanecí seco.° Lo que se dice sin un céntimo. Pensé
llamar a Arsenio, el único que todavía no ataja mis penales financieros,° pero me costó encontrar el número de
teléfono. Menos mal que recordé haberlo anotado° en un
libro que hice volar° de la sala de espera° del dentista. Lo
robé por el título: *Azul*, pensando que era un manifiesto
del Partido Liberal,° pero resultó ser de versos de un tal
Amado Nervo. Al final, encontré el número en una de sus
páginas. Nota: en la casa de enfrente vive una fulana° con
cara de necesitada. Vieja no es. Además, la casa puede
valer° como° dos millones. Y tiene antena de TV. Parece
ser hija única, y el padre tiene un lindo Mercedes. Vale
la pena° investigar más. Lo dicho, un buen casamiento
puede terminar con mis angustias° de eterno moroso.°

En el diario de Ana—15-V-69

Hoy empecé el ataque. Esta vez no debo fallar.° Debo
mostrar a Raúl, a Marcelo, a Antonio, José y Anastasio,°
que no supieron valorarme° en lo que soy y en lo que
valgo. Como decía, empecé el ataque, como buena genera-
la del amor, atacando al adversario en su punto débil: su
romanticismo de naftalina.° Por la mañana temprano, me
puse un juvenil vestido de percal,° corto y acampanado,°
y salí a regar° el jardín «dejando que el sol mañanero°
jugueteara° con mi suelta cabellera° (ja, ja)». Se asomó y
me miró desde su ventana.

Glosas marginales:

relamido... *old-fashioned fool* / *heavenly* / **Ya...** *(fig.)* ahora comprendo qué tipo de persona es este hombre

amanecí... *I got up broke*

no... *doesn't cut me short when I tell my financial woes* / escrito / **hice...** *robé* / **sala...** *waiting room*

Partido... *Liberal Party, known as the blue party in Paraguay* / mujer *(scornful)*

be worth / *about*

Vale... *It is worth it* / problemas, sufrimientos / *overdue debtor*

fail

Raúl... *nombres de novios anteriores* / *apreciarme*

mothballs

tipo de tela / *bell-shaped* / *water* / *de la mañana* / *play* / **suelta...** *loose tresses*

En el diario de Hugo—15-V-69

Averigüé.° La casa es propia° y ella es hija única de padre viudo. Y empiezo a conocerla. La fulana es del tipo romántico, de las que gustan vestirse como muñequitas° de porcelana y salir a regar las flores del jardín por la mañana temprano, como en esas películas idiotas de antes. La conquista será fácil. Mañana empiezo. Necesito una corbata de lazo.° Y ensayar° ante el espejo una lánguida mirada de poeta. Creo que también me voy a dejar un bigote,° o mejor, un bigotazo bien bohemio,° como ése no sé cómo se llama de *Los tres mosqueteros*, la novela esa de Cervantes° que leí hace unos años. Nota: la fulana esa debe ser medio ida de la cabeza.° Yo no sé para qué regaba el jardín si anoche llovió a cántaros.° En fin°...

I found out/their own

little dolls

corbata... *bow tie/* practicar

*moustache/***un...** *a big, really bohemian moustache/Hugo is confused: Dumas, not Cervantes, wrote The Three Musketeers/***ida...** loca/**a...** mucho/ **En...** *Oh well*

En el diario de Ana—19-V-69

Hoy estuve regando el jardín, procurando que la alergia que me dan las rosas no me haga estornudar,° cuando él pasó por la acera° de mi casa, con pinta de° completo estúpido, tal como me imaginaba. En vez de corbata, un lazo mal atado.° Tiene un proyecto de bigote que cuando crezca le va a hacer parecer un cosaco° con hambre. ¡Y la mirada, Señor!, lánguida, romanticona.° Me saludó y yo le contesté «ruborizada».° Claro que para ruborizarme tuve que aguantar la respiración° durante un minuto y medio, como recomienda Helene Curtiss en *Para ti.*°

*sneeze sidewalk/***con...** *looking like a*

tied

Cossack

romántica *(scornful)*

aguantar... *hold my breath/*una revista para muchachas

En el diario de Hugo—19-V-69

He thinks he got her because she blushed

Cayó la pájara. Debería dedicarme a actor. Pasé por su lado luciendo° la delicada y a la vez varonil estampa° del poeta enamorado. La saludé y me contestó toda ruborosa. ¡Había que ver lo colorada que se puso! Llevarla al altar es pan comido.° Mujeres que se ruborizan así, aunque ya sean mayorcitas,° como ésta, no saben decir «no». Mañana, me quedo a charlar dos palabras.

mostrando/**varonil...** *manly figure*

pan... fácil

no muy jóvenes

En el diario de Ana—20-XII-69

Ayer me casé con Hugo. Pero pasa algo raro.° ¡Qué cambiado está!

extraño

They both think the other changed

En el diario de Hugo—20-XII-69

Ayer me casé con Ana. Pero pasa algo raro. ¡Qué cambiada está!

■ Comprensión de la lectura: reconstruyendo la acción

Haga una recapitulación del cuento, escribiendo el número uno delante de la frase que describe el primer suceso, el dos delante del segundo, etc., hasta el número siete. Luego, lea la recapitulación en el orden correcto.

_4_ Hugo ve a Ana (y su casa) y siente deseos de conocerla.

_5_ Ana sale a regar el jardín, vestida de manera romántica.

_7_ Ana y Hugo se casan.

_2_ Ana manda a su sirviente para que vea si Hugo lleva anillos.

_3_ Ana ve que Hugo está leyendo el libro *Azul*.

_1_ Hugo se muda a la casa de enfrente de la de Ana.

_6_ Hugo se pone una corbata de lazo y saluda a Ana, dirigiéndole una mirada romántica.

■ Preguntas

1. Después de mudarse a su nueva casa, ¿por qué está de buen humor Hugo? ¿Qué busca él?
2. ¿Qué cree Ana cuando ve que Hugo está leyendo *Azul*? En realidad, ¿por qué leía este libro Hugo?
3. ¿Qué hace Ana para que Hugo se enamore de ella? ¿Qué opinión tiene ella de él?
4. ¿Qué hace Hugo para que Ana se enamore de él? ¿Qué piensa él de ella?
5. En el cuento, ¿quién conquista a quién?
6. ¿Qué sorpresa reciben Hugo y Ana después de casarse?

■ ¿Indicativo o subjuntivo?

Subraye la forma apropiada (indicativo o subjuntivo) para cada frase.

MODELO: Ana vive en una casa que (vale / valga) como dos millones.

1. Ana no tiene ningún amigo que (quiere / quiera) casarse con ella.
2. Hugo está dispuesto a casarse con tal de que su novia (tiene / tenga) dinero.
3. Hugo llama por teléfono a un amigo que (vive / viva) en otro barrio.
4. Ana sale a regar las flores para que Hugo la (ve / vea).
5. Hugo pasa por la casa de Ana y la saluda cuando ella (está / esté) en el jardín.
6. Probablemente, Hugo y Ana van a leer los dos diarios y reírse juntos cuando (son / sean) viejos.

■ Opiniones

1. ¿Cuál de los siguientes refranes es más apropiado como epígrafe (pequeña introducción) para el cuento? ¿Por qué?
   a. Cada cabeza es un mundo.
   b. Cuando el hambre entra por la puerta, el amor sale por la ventana.
   c. Las apariencias engañan. Appearances deceive
   d. Antes que te cases, mira lo que haces.
2. ¿Cree usted que el autor trata de mostrarnos en el cuento las diferencias o semejanzas entre la psicología femenina y la masculina? Explique.
3. Para usted, ¿es realista el cuento, o no? ¿Por qué?

■ Composición dirigida: selecciones de un diario

Escriba usted tres párrafos (cada uno con fecha diferente) «tomados» del diario de una persona que acaba de 1) enamorarse o 2) sufrir una gran depresión. Escriba desde el punto de vista del «yo» y trate de describir las varias emociones que esta persona siente en distintos momentos. Use lo más posible las palabras del Vocabulario.

VOCABULARIO

Las emociones y los sentimientos

agradecido(a) grateful, thankful
la alegría joy, happiness; **alegre** happy
el alivio relief
amar, querer (ie) to love
besar to kiss; **el beso** kiss
confesar (ie) to confess
decepcionado(a) disappointed
deprimido(a) depressed

el egoísmo selfishness; **egoísta** selfish
enamorarse de to fall in love with
la envidia envy
expresar(se) to express (oneself)
la felicidad happiness
mentir (ie) to lie; **la mentira** lie
molestar to bother, annoy
odiar to hate; **el odio** hatred
el orgullo pride; **orgulloso(a)** proud

la **preocupación** worry;
   preocupado(a) worried
relajado(a) relaxed
sentir, sentirse (ie) to feel
sufrir (de) to suffer (from)
tocar to touch (also, to play—*c.f.*
   Chapter 1)
la **tristeza** sadness; **triste** sad

La ropa

el **abrigo** overcoat
la **blusa** blouse
la **bota** boot
el **calcetín** sock
la **camisa** shirt
la **corbata** tie
la **chaqueta** jacket
la **falda** skirt
el **impermeable** raincoat
los **pantalones** pair of pants
el **paraguas** umbrella
ponerse to put on
la **sandalia** sandal
el **sombrero** hat

el **traje** suit; outfit
el **vestido** dress
el **zapato** shoe

Otras palabras

estar algre como unas castañuelas
   to be happy as a lark (as
   castanets)
estar de buen (mal) humor to be in
   a good (bad) mood
quedarse to stay; **quedar** to remain,
   be left
soñar (ue) con to dream about
volverse loco(a) to go crazy

Algunas expresiones con tener

tener celos to be jealous
tener cuidado to be careful
tener la culpa to be guilty
tener hambre to be hungry
tener prisa to be in a hurry
tener sed to be thirsty
tener vergüenza to be ashamed

■ Antónimos

Busque usted antónimos en la lista de Vocabulario para las siguientes palabras:

1. tristeza
2. vergüenza
3. verdad
4. amar

5. gozar (de)
6. deprimido
7. altruismo

■ Construcción de adjetivos que terminan en **-ado**

Muchos verbos que terminan en *-ar* pueden convertirse en adjetivos que terminan en **-ado.** Llene los espacios en blanco con los adjetivos apropiados.

MODELO:
Mis problemas me irritan. Estoy irritado(a).

Historia sentimental en cuatro actos

1. Su actitud me enoja. Estoy _____ .
2. Luego, el vino me relaja. Estoy _____ .
3. Después de dos besos, me enamoré de él (ella). Estoy _____ .
4. Pero este cambio me preocupa. Estoy _____ .

■ Repaso gramatical: ¿indicativo o subjuntivo?

En la siguiente conversación entre un psiquiatra y su paciente, subraye la forma apropiada (indicativo o subjuntivo) del verbo entre paréntesis.

Paciente: Doctora, estoy deprimido. Usted tiene que ayudarme antes de que me (vuelvo / vuelva) loco.

Doctora Sánchez: ¡Cómo no! Me encanta ayudar a las personas a menos que me (mienten / mientan). Odio las mentiras.

Paciente: Usted no tiene que preocuparse. Yo nunca digo nada que no (es / sea) la pura verdad.

Doctora Sánchez: ¡Ay, qué mentira más grande!

Paciente: Bueno, es una manera de decir... La verdad es que todas las noches (sueño / sueñe) con la misma mujer.

Doctora Sánchez: Y usted prefiere que sus sueños (tienen / tengan) más variedad, ¿no es verdad?

Paciente: ¡De ninguna manera! ¿Cómo cree eso? No me molesta soñar siempre con la misma mujer con tal de que ella no me (hace / haga) sufrir.

Doctora Sánchez: ¿Y quién es «ella»? ¿Su madre?

Paciente: ¡Doctora! Le pido que (tiene / tenga) cuidado. No permito que nadie (habla / hable) mal de mi madre.

Doctora Sánchez: Lo siento. Sólo le hacía una pregunta inocente.

Paciente: Pues, conozco muy bien a mi madre y estoy seguro de que la mujer de mi sueño no (es / sea) ella. Sueño con una mujer alta y rubia que (está / esté) comiendo una pizza y tomando coca cola...

Doctora Sánchez: ¿Y siente usted una gran angustia cuando la (mira / mire)?

Paciente: No, no es eso.

Doctora Sánchez: Quizás usted tiene ganas de besarla tan pronto como ella (termina / termine) su pizza, pero ella sigue comiendo y...

Paciente: No, no es eso tampoco.

Doctora Sánchez: Pues, entonces, ¿qué siente usted mientras la (mira / mire)?

Paciente: Siento que... que tengo... mucha hambre... y sed...

Doctora Sánchez: ¡Ah, bueno, ahora comprendo! Le recomiendo a usted que (come / coma) pizza y (toma / tome) coca cola antes de (dormir / que duerma). Es evidente que usted no (cena / cene) bien por la noche.

Paciente: ¡Eso es! ¡Exacto! Gracias, doctora. ¡Usted es brillante!

■ Conversemos

1. Los científicos nos dicen que todo el mundo sueña varias veces durante la noche. ¿Por qué cree usted que algunas personas no pueden recordar sus sueños y otras personas los recuerdan bien?
2. ¿Qué hace usted para olvidar un sueño desagradable?
3. ¿Por qué hay algunas personas que casi siempre están contentas y otras que siempre están deprimidas?
4. ¿Qué tipo de persona busca usted para amigo(a)? ¿para amante o esposo(a)?
5. Para usted, ¿dónde está la felicidad? ¿en el amor? ¿en el dinero? ¿en algún lugar especial del mundo?

—No sé si esto será
el comienzo de una
depresión nerviosa
o es que tengo
hambre.

■ Discutamos

Explique brevemente por qué usted está de acuerdo o no con las
siguientes opiniones.

1. Las mujeres expresan sus emociones más fácilmente que los hombres.
2. En general, los hombres son más egoístas que las mujeres.
3. Un hombre se enamora de una mujer que se parece (es similar) a su madre;
   una mujer de un hombre que se parece a su padre.
4. Es normal tener celos cuando uno está enamorado(a).

■ Composición

1. *Tema:* Un sueño interesante (real o imaginado) y su interpretación.
2. *Tema:* Los estereotipos masculinos y femeninos: ¿verdad o mentira?

7

De viaje

Viajando sin problemas

¿Es posible viajar sin problemas? Probablemente, no. El viajero que cruza la frontera siempre se encuentra con algunas dificultades a causa de las diferencias de costumbres, idioma y modo de vivir. Pero, en parte, la aventura de viajar consiste en esto: enfrentarse a los inconvenientes y superarlos.°

En España, México y muchos otros países de Europa y América, el horario de las tiendas, oficinas y de ciertos museos y monumentos, es bastante° distinto al norteamericano, pues todo se cierra al mediodía por dos o tres horas mientras la gente toma la comida principal del día, que generalmente consta de° tres o cuatro platos. La excepción a esta regla suelen ser° el correo, los cafés y restaurantes, y los lugares muy turísticos, como las tiendas de recuerdos, que siguen un horario sin interrupción. Así que, por lo menos, el viajero puede comprarse estampillas, sentarse en un café y escribir tarjetas postales.° Después, a las cuatro, todo vuelve a abrirse y no se cierra hasta las siete. En los restaurantes y pensiones la hora de la cena es más tarde que en los Estados Unidos: a las ocho o a las nueve (a las diez en Madrid), y por lo tanto, conviene merendar° un poco por la tarde.

También el idioma presenta ciertos obstáculos, pues resulta que, a pesar de la universalidad del inglés, todo el mundo no sabe hablarlo. Así es preciso comunicarse en otro idioma con los empleados° del banco para preguntarles sobre la tasa de cambio, con el funcionario° en la estación del tren para comprar los billetes, con el cama-

resolverlos

quite

consta... consiste en
suelen... son
  generalmente

tarjetas... *postcards*

comer algo ligero

trabajadores
oficial

rero en el restaurante para pedir la comida o simplemente para preguntarle: «¿Dónde está el cuarto de baño?» Por eso es una buena idea que el viajero consciente° compre, junto con su guía y su mapa, un pequeño libro de frases útiles en el idioma del país.

    que sabe lo que hace

    Pero, claro, estas dificultades vienen después de llegar al país. Primero, hay que llegar allí y esto les presenta a algunos el mayor problema, pues hay mucha gente que tiene miedo de los barcos o de los aviones. En el siguiente ensayo° humorístico, un autor español nos presenta los pequeños problemas del viaje en avión, pero desde otro punto de vista: el del aeromozo (o de la aeromoza), y en la forma de diez consejos o reglas para superar las típicas dificultades de su profesión.

    essay

■ Preguntas

1. ¿Por qué se encuentra con dificultades el viajero que llega a un país extranjero?
2. En España, México y muchos otros países, ¿cómo es diferente el horario del típico horario norteamericano? ¿Cuál es la excepción?
3. ¿A qué hora cena la gente en los países hispanos?
4. ¿Con quiénes es preciso que el viajero se comunique? ¿Qué puede comprar para mejorar su comunicación?
5. ¿Cómo se dice *bathroom* en español?
6. ¿De qué medios de transporte tiene miedo mucha gente?

Decálogo° del perfecto aeromozo

lista de diez reglas

Álvaro de Laiglesia

1. Procura° ser amable con esos pasajeros que van en el avión con los ojos desencajados,° asidos° fuertemente a los brazos de su butaca.° Ellos tienen, por lo menos, tanto miedo como tú. Pero a ti el mal rato de volar te lo pagan. Y a ellos, en cambio, se lo cobran.°

    Trata de
    out of focus/clutching
    asiento

    se... *they are charged for it/Make fun of*

    2. Ridiculiza° con desprecio las velocidades terrestres y marítimas. Injuria° a los trenes y a los barcos, que invierten° días en el trayecto° que cualquier avión, con un poco de suerte, hace en poquísimas horas. Sólo así

    Insulta
    llevan/distancia

conseguirás compensar el arrepentimiento° que, una vez en el aire, invade a todo el pasaje° por haber subido allí.° *regret / grupo de pasajeros / por... for having gotten up there*

3. Si hay un niño pesado° a bordo que se pasa el viaje corriendo por el pasillo° y pidiéndote vasos de agua, no frenes° tu impulso de lanzarlo al espacio por una puerta de emergencia; pero es indispensable que le pongas un pequeño paracaídas° para que no se aplaste° demasiado al llegar al suelo. *bothersome / aisle / no... don't stop / parachute / no... he doesn't get flattened out*

4. Si oyes que algún motor empieza a emitir zumbidos° extraños, canta fragmentos de ópera a pleno pulmón,° para sofocar con tu voz el ruido de la avería.° *buzzing noises / a... en voz alta / problema mecánico*

5. Al servir° las comidas a bordo no tengas más preocupación que la de sujetar bien la bandeja.° A veces, cuando el avión desciende con brusquedad° al encontrar una depresión de aire, los vasos y los platos se separan medio metro° de la bandeja. Pero no te apures:° unos segundos después vuelven a caer° en el mismo sitio que ocuparon. *Al... When serving / que... than hanging on well to the tray / con... sharply / medio... a half meter / preocupes / vuelven... they fall down again*

6. Ten presente° que el único remedio eficaz contra el mareo° consiste en renunciar al viaje tres minutos antes que salga el avión. *Ten... Recuerda / airsickness*

7. Cuando el aparato,° con gran angustia° de los pasajeros, lleve dos horas volando entre espesa niebla,° acércate a una ventanilla y miente con naturalidad, señalando un punto imaginario: «¡Miren que casitas más monas° hay ahí abajo!» Eso tranquiliza mucho. *avión / anguish / fog / bonitas*

8. Bautiza° como quieras los sitios que atravieses° durante el vuelo. Aunque le digas a un pasajero que aquella colina° repugnante es el mismo Krakatoa,° no es probable que se baje a confirmarlo. *Inventa nombres para / you fly over / hill / volcán en Indonesia*

9. Hay un momento, al aterrizar,° en que todos los pasajeros, por efecto del cambio de presión, se quedan un *al... upon landing*

poco sordos.° Es la oportunidad que debes aprovechar para dirigir fuertes insultos a los que te dieron mucha lata° durante el viaje.

    10. Y, sobre todo, sonríe siempre. Sonríe cuando te pise° la pasajera gorda. Sonríe cuando te ofrezcan hermosas propinas, que la Compañía no te permite aceptar. Sonríe cuando, a consecuencia del mal tiempo,° tenga que volver el avión a su punto de partida. ¡Sonríe, sonríe! Aunque a fuerza° de sonreír se te agarroten° los músculos de la cara. ¡Sonríe, condenado! Porque la sonrisa del aeromozo es el único asidero al que se agarran° los que viajan para sentirse a salvo de cualquier caída.° La sonrisa del aeromozo es una percha° en la que todo el pasaje lleva colgados sus nervios.°

*sin la capacidad de oír / **dieron...** causaron problemas*

te... *steps on you*

weather

causa / stiffen up

asidero... *handle to which are clinging / fall*
hanger
lleva... *have their nerves strung out*

■ Comprensión de la lectura: relacionando ideas

Indique cuál de los siguientes consejos cómicos corresponde a cada problema del aeromozo.

Problemas

1. Hay un niño pesado que te molesta mucho.
2. Hay una depresión de aire y los platos se levantan de la bandeja.
3. Hay algunos pasajeros que te dan mucha lata.
4. Hay mucha niebla y no se puede ver nada por la ventana.
5. Hay unos pasajeros que tienen muchísimo miedo.

Consejos

_____ Miente con naturalidad, y describe una escena inventada.

_____ Ponle un pequeño paracaídas y lánzalo al espacio.

_____ Sé amable con ellos.

_____ Insúltalos en el momento de aterrizar cuando están sordos.

_____ No te apures porque pronto volverán a caer en su sitio.

■ Preguntas

1. Según el autor, ¿debe el aeromozo hablar bien o mal de los barcos y trenes? ¿Por qué?
2. ¿Qué consejo le da el autor al aeromozo que oye que un motor empieza a emitir ruidos extraños?
3. ¿Cuál es el único remedio eficaz contra el mareo?
4. ¿Por qué debe el aeromozo inventar nombres falsos para los sitios que atraviesa durante el vuelo?
5. ¿Qué problemas del aeromozo menciona el autor en la regla 10? ¿Qué debe hacer el aeromozo siempre? ¿Por qué?

■ Los mandatos formales

«El decálogo del perfecto aeromozo» incluye muchos mandatos informales (en forma de tú). Convierta los siguientes mandatos a mandatos formales (en forma de usted).

MODELO: Procura ser amable.   **Procure ser amable.**

1. No frenes tu impulso.

2. No tengas preocupación y no te apures.

3. Ten presente que el único remedio...

4. Acércate a una ventanilla y miente.

5. Sonríe siempre.

■ Opiniones

1. Las estadísticas demuestran que el avión es uno de los medios de transporte más seguros. Entonces, ¿por qué tiene miedo mucha gente cuando viaja por avión? Honestamente, ¿tiene usted miedo en los aviones o no? ¿Por qué?
2. ¿Qué piensa usted de los aeromozos (o aeromozas) de hoy? ¿Qué consejos podría usted darles?

■ Composición dirigida: cuatro reglas para el viajero

Usando mandatos informales (como se usan en el ensayo), invente cuatro reglas para el viajero que visita un país extranjero por primera vez.

Mitos, estereotipos y el viaje para romperlos

Una buena manera de romper los mitos y las ideas estereotipadas° que tenemos de otras culturas es viajar. Enfrentado con las instituciones y costumbres de otro país, el viajero se da cuenta de° que «ser diferente» no tiene que significar «ser peor» ni «ser mejor». Todas las estrategias° de vivir tienen sus ventajas y desventajas. ¡Vivan las diferencias!

Naturalmente, hay muchas personas que viajan sin volverse más tolerantes. Todo lo contrario.° Cuánto más viajan tanto más se confirman en sus viejos prejuicios° y estereotipos. Generalmente éstos son los individuos que van exclusivamente «de turista». Se quedan en los hoteles de lujo, no aprenden ni una palabra del nuevo idioma, van en una excursión con un guía pagado que les traduce todo y que les consigue todo. No tienen problemas con ca-

stereotyped

se... *realizes*

métodos

Todo... *Just the opposite* / opiniones preconcebidas

mareros ni con la aduana, ni con los billetes, ni con el equipaje. Al regresar a su país, estos turistas suelen decir:° «Ah, todo era exactamente como lo pensaba. ¡Qué sucios (o ignorantes, o atrasados,° o feos) son los extranjeros!» Se marchan sintiéndose superiores, pero no se dan cuenta de que realmente no han viajado nada.

suelen... generalmente dicen/*backwards*

Pero si el viajero camina mucho con los ojos abiertos, casi siempre verá tantos puntos positivos como negativos. Quizás en cierto país, los teléfonos no funcionan, pero ¡cómo saben hacer el pan! Sólo tienen tres canales de televisión, pero los trenes son lindos y puntuales. Es cuestión de oportunidades y de prioridades.

¿Pero es que los estereotipos no valen° nada? ¿Son siempre falsos? ¿No serán materialistas los norteamericanos (a pesar de su arte y literatura que tienen una resonancia° mundial)? ¿No serán perezosos° los españoles (a pesar de su enérgica conquista de las Américas en siglos° pasados)? Bueno, sí y no. Depende del punto de vista. Lo cierto es que ningún estereotipo basta° para expresar el valor° total de un pueblo. No cabe° duda de que en los mitos hay un «granito° de verdad», pero siempre es parcial y distorsionado.

sirven para

importancia/ indolentes

centuries es suficiente *worth*/hay *small grain*

En el siguiente «artículo de costumbres», son precisamente la pereza° y el exceso de burocracia que el famoso escritor español del siglo XIX, Mariano José de Larra, nos señala como los defectos principlaes de su pueblo. Porque, claro, aunque es de muy mal gusto° criticar a otro pueblo, criticar al propio° es un verdadero deporte. Tal como° algunos periodistas° norteamericanos de hoy — Art Buchwald, Erma Bombeck, Russell Baker — Larra (que también era periodista) usa la ironía y la exageración para satirizar° la sociedad de sus tiempos.

indolencia

de... *in very bad taste* de uno mismo **Tal...** *Just as/ journalists*

criticize in a humorous manner

■ Preguntas

1. ¿Cuál es una buena manera de romper los mitos y las ideas estereotipadas que tenemos de otras culturas? ¿Por qué?
2. ¿Qué tipo de viaje hacen las personas que viajan mucho pero que, no obstante, permanecen muy intolerantes? ¿Qué dicen cuando regresan a su país?
3. ¿Qué verá el viajero que camina y observa mucho? ¿Qué experiencias positivas ha tenido usted en los viajes?
4. Según el ensayo, ¿son siempre falsos los estereotipos? ¿Está usted de acuerdo con esta opinión o no? ¿Por qué?
5. ¿Quién fue Mariano José de Larra? ¿Qué cualidades señaló como los principales defectos de su pueblo?
6. ¿Qué técnicas usa Larra para satirizar a la sociedad de sus tiempos?

Vuelva usted mañana

Mariano José de Larra

Parte I

Hace unos días se presentó en mi casa un extranjero de éstos que tienen siempre de nuestro país una idea exagerada; o creen que los hombres aquí son todavía los espléndidos caballeros° de hace dos siglos, o que son aún tribus nómadas.

    Este extranjero que se presentó en mi casa estaba provisto de° competentes cartas de recomendación para mí. Asuntos° intrincados de familia, reclamaciones° y proyectos vastos concebidos en París de invertir° aquí una gran cantidad° de dinero en alguna especulación industrial, eran los motivos que lo conducían a nuestra patria.

    Me aseguró° formalmente que pensaba permanecer aquí muy poco tiempo. Me pareció el extranjero digno° de alguna consideración y trabé° pronto amistad con él.

    —Mire—le dije—, monsieur Sans-délai°—que así se llamaba—; usted viene decidido a pasar quince días, y a solventar° en ellos sus asuntos.

    —Ciertamente—me contestó—. Quince días, y es mucho. Mañana por la mañana buscamos un genealogista para mis asuntos de familia; por la tarde revuelve° sus libros, busca mis ascendientes,° y por la noche ya sé quién soy. En cuanto° a mis reclamaciones de propiedades, pasado mañana° las presentaré y al tercer día, se juzga el caso y soy dueño° de lo mío. En cuanto a mis especulaciones, en que pienso invertir mi capital, al cuarto día ya presentaré mis proposiciones.° Serán buenas o malas, y admitidas o rechazadas° en el acto,° y son cinco días. En el sexto, séptimo y octavo, hago una gira por Madrid para ver los sitios importantes; descanso el noveno; el décimo tomo mi asiento en la diligencia,° y me vuelvo a mi casa; aún me sobran° de los quince, cinco días.

    Al llegar aquí monsieur Sans-délai, traté de reprimir una carcajada° que me andaba retozando° en el cuerpo.

    —Permítame, monsieur Sans-délai—le dije con una suave sonrisa—, permítame que lo invite a comer para el día en que lleve quince meses de estancia° en Madrid.

    —¿Cómo?

    —Dentro de quince meses usted estará aquí todavía.

knights (gentlemen)

estaba... llevaba
Cuestiones/*claims*
invest
suma

garantizó
worthy
empecé

in French, "No-delay"

resolver

he rummages through
antepasados
En... Con respecto
pasado... *the day after
  tomorrow/owner*

proposals
negadas/**en...**
  inmediatamente

stagecoach
quedan sin usar

risa violenta/
  andaba... *was
  shaking*

residencia

—¿Usted se burla° de mí? Usted... *Are you making fun*

—No, por cierto.

—¿No me podré marchar cuando quiera? ¡Cierto que la idea es graciosa!° cómica

—Recuerde que usted no está en su país, activo y trabajador. Le aseguro que en los quince días usted no podrá hablar a una sola de las personas cuya° cooperación necesita. whose

—¡Hipérboles! Yo les comunicaré a todos mi actividad.

—Todos le comunicarán su inercia.

Supe que no estaba el señor de Sans-délai muy dispuesto° a dejarse convencer° sino por la experiencia, y callé. preparado/**a...** *to be convinced*

Amaneció° el día siguiente, y salimos ambos a buscar un genealogista. Lo encontramos por fin, y el buen señor, aturdido° de ver nuestra precipitación,° declaró francamente que necesitaba tomarse algún tiempo. Insistimos, y por mucho favor nos dijo que nos diéramos una vuelta° por allí dentro de unos días. Sonreí y nos marchamos. Pasaron tres días; fuimos. Salió el sol muy sorprendido/prisa dijo... *he said we should come*

—Vuelva usted mañana—nos respondió la criada—porque el señor no se ha levantado todavía.

—Vuelva usted mañana—nos dijo al siguiente día—porque el amo° acaba de salir. señor

—Vuelva usted mañana—nos respondió al otro—porque el amo está durmiendo la siesta.

—Vuelva usted mañana—nos respondió el lunes siguiente—porque hoy ha ido a los toros.° a... *to the bullfight*

¿Qué día, a qué hora se ve a un español? Lo vimos por fin, y vuelva usted mañana—nos dijo—porque se me

ha olvidado. Vuelva usted mañana, porque no está en limpio.° *en...* in a clean copy

A los quince días ya estuvo; pero mi amigo le había
pedido una noticia del apellido° *Diez,* y él había enten-
dido *Díaz,* y la noticia no servía. nombre de familia

No paró° aquí. Un sastre° tardó veinte días en hacerle un frac,° que le había mandado llevarle en veinti-
cuatro horas; el zapatero° le obligó con su tardanza a comprar botas hechas;° y el sombrero, a quien le había
enviado su sombrero a variar el ala,° le tuvo dos días con
la cabeza al aire° y sin salir de casa.

No... It didn't stop /
tailor / chaqueta
formal / *shoemaker*

botas... *ready-made
boots* / **a...** *to change
the brim* / **con...** *bare-
headed*

Sus conocidos y amigos no le asistían a una sola cita,
ni avisaban cuando faltaban ni respondían a sus esque-
las.° ¡Qué formalidad y qué exactitud! cartas breves

—¿Qué le parece esta tierra, monsieur Sans-délai?—
le dije.

—Me parece que son hombres singulares...

—Pues así son todos. No comerán por no llevar° la
comida a la boca. *por...* in order not to
have to lift

■ Comprensión de la lectura: leyendo con precisión

Busque los siguientes puntos en la lectura. Luego, diga si cada frase es
verdad o mentira y corrija las frases falsas.

1. _____ El extranjero que se presentó en la casa del autor vino por primera
   vez a España y tenía una idea muy exacta del país.
2. _____ El señor Sans-délai estaba en España para investigar sus antepasados, reclamar propiedades y quizás invertir su dinero.
3. _____ El señor Sans-délai estaba tan ocupado con sus asuntos que no
   pensaba pasar ningún tiempo haciendo turismo.
4. _____ El sastre, el zapatero y el sombrero eran competentes y puntuales.

■ Preguntas

1. ¿Cuántos días pensaba pasar en España el viajero francés? ¿Por qué tenía
   ganas de reír el autor cuando escuchó este plan?
2. ¿Para cuándo invita el autor al señor Sans-délai? ¿Qué piensa el francés de
   esta invitación?
3. ¿Qué le decía la criada del genealogista cada día cuando el señor Sans-délai
   trataba de verlo? ¿Qué cosas importantes hacía este hombre para no poder
   trabajar?
4. ¿Qué pasó después de quince días?
5. ¿Qué problemas ha tenido usted como viajero(a) en otros países?

■ Sinónimos

Diga usted el sinónimo que aparece en el artículo de Larra para las palabras en bastardilla.

1. Algunos creen que los hombres aquí son todavía los *magníficos* caballeros de hace dos siglos.
2. Asuntos *complicados* de familia fueron uno de los motivos que lo conducían a España.
3. Pensaba *quedarse* aquí muy poco tiempo.
4. Por la tarde, según el señor francés, el genealogista buscaría a sus *antepasados*.
5. Sus proposiciones serían admitidas o *repudiadas* en el acto.

Parte II

Después de muchos días, monsieur Sans-délai presentó una excelente proposición de mejoras° para cierto negocio.

improvements

A los cuatro días volvimos a saber el éxito de nuestra proposición.

—Vuelva usted mañana—nos dijo el portero°—. El oficial de la mesa° no ha venido hoy.

doorman
oficial... officer in charge / **habrán...** estarán ocupándolo

—Grandes negocios habrán cargado sobre él°—dije yo.

Nos fuimos a dar un paseo, y nos encontramos ¡qué casualidad!° al oficial de la mesa en el Retiro,° ocupadísimo en dar una vuelta con su señora al hermoso sol de los inviernos claros de Madrid. Martes era el día siguiente, y nos dijo el portero:

qué... what a coincidence / gran parque de Madrid

—Vuelva usted mañana, porque el señor oficial de la mesa no da audiencia hoy.

Durante dos meses llenamos formularios y fuimos diariamente a la oficina hasta que un día el secretario nos anunció que en realidad nuestra proposición no correspondía a aquella sección. Era preciso rectificar este pequeño error. Así tuvimos que empezar desde el principio otra vez, escribir una nueva proposición y enviarla a otra oficina.

Por último, después de cerca de medio año de subir y bajar, y de *volver* siempre mañana, la proposición salió con una notita al margen que decía: «A pesar de° la justicia y utilidad del plan, negada».

A... In spite of

—¡Ah, ah, monsieur Sans-délai!—exclamé —riéndome a carcajadas—. Éste es nuestro negocio.

Pero monsieur de Sans-délai se enojó.° —¿Para esto

irritó

he hecho yo un viaje tan largo? ¿Y vengo a darles dinero?
¿Y vengo con un plan para mejorar° sus negocios? Pre-
ciso° es que la intriga más enredada° se haya inventado
para oponerse a mi proyecto.

    —¿Intriga, monsieur Sans-délai? No hay hombre ca-
paz de seguir dos horas una intriga. La pereza° es la verdadera intriga. Ésa es la gran causa oculta: es más fácil
negar las cosas que enterarse° de ellas.

    —Me marcho, señor—me dijo—; en este país no hay
tiempo para hacer nada. Y monsieur Sans-délai volvió a
su país.

    ¿Tendrá razón, perezoso lector° (si es que has lle-
gado ya a esto que estoy escribiendo), tendrá razón el buen
monsieur Sans-délai si habla mal de nosotros y de nuestra
pereza? Dejemos esta cuestión para mañana, porque ya
estarás cansado de leer hoy. Si mañana u otro día no
tienes, como sueles, pereza de volver a la librería, pereza
de sacar tu bolsillo° y pereza de abrir los ojos para hojear°
los folletos° que tengo que darte, te contaré cómo a mí
mismo me ha sucedido° muchas veces perder de pereza
más de una conquista amorosa; abandonar más de una
pretensión° empezada y las esperanzas de más de un empleo. Te confesaré que no hay negocio que pueda hacer
hoy que no deje para mañana. Te diré que me levanto a
las once, y duermo siesta; que paso haciendo el quinto
pie de° una mesa de un café, hablando o roncando,° como
buen idiota, las siete y las ocho horas seguidas. Te añadiré
que cuando cierran el café, me arrastro° lentamente a mi
tertulia diaria° (porque de pereza no tengo más de una);
que muchas noches no ceno de pereza, y de pereza no me
acuesto. En fin, lector de mi alma,° concluyo por hoy
confesándote que hace más de tres meses que tengo, como
la primera entre mis apuntaciones,° el título de este ar-

improve
Necesario /
  complicada

laziness

informarse

reader

purse / mirar
panfletos
pasado

proyecto

haciendo... sin
  moverme en / *snoring*
me... *I drag myself*
de todos los días

soul

notas

tículo que llamé: *Vuelva usted mañana;* que todas las
noches y muchas tardes he querido durante este tiempo
escribir algo en él, y todas las noches apagaba° mi luz   *I turned off*
diciéndome a mí mismo; «¡Eh, mañana lo escribiré!» Da
gracias a que llegó por fin este mañana, que no es del todo
malo; pero, ¡ay de aquel mañana que no ha de° llegar   **ha...** va a
jamás!

■ Comprensión de la lectura: buscando detalles

Busque los siguientes puntos en la lectura. Luego, diga si cada frase es
verdad o mentira y corrija las frases falsas.

1. _____ El oficial de la mesa estaba tan ocupado con asuntos importantes
   que era difícil verlo.
2. _____ El señor Sans-délai tuvo que escribir una nueva proposición porque
   la primera estaba mal escrita.
3. _____ El autor le explicó al señor Sans-délai que la causa de sus problemas en España era una intriga.
4. _____ Finalmente, el señor Sans-délai volvió a Francia sin invertir su
   dinero.

■ Preguntas

1. Después de seis meses, ¿fue aceptada o rechazada la proposición del señor
   Sans-délai? ¿Qué razones le dio la burocracia española para explicar su decisión? ¿Qué piensa usted de estas razones?
2. En la última parte del artículo, ¿cómo nos insulta Larra a nosotros los
   lectores? Según su opinión, ¿por qué hace esto?
3. ¿Qué ejemplos de su propia pereza describe el autor al final de su artículo?
   ¿Por qué cree usted que él lo termina así?

■ Vocabulario: convirtiendo adjetivos en sustantivos

Ciertos adjetivos que terminan en *l* pueden convertirse en sustantivos,
agregándoles la terminación *-idad.* Convierta los siguientes adjetivos
en sustantivos, según el modelo.

MODELO: hostil   **hostilidad**

1. casual   _____   4. formal   _____
2. fatal   _____   5. fácil   _____
3. útil   _____

■ Opiniones

1. ¿Qué impresión nos da Larra de la burocracia española del siglo diecinueve? ¿Le parece a usted que su descripción corresponde sólo a ese país y a esa época? ¿O es típica de todas las burocracias del mundo? ¿Ha sentido usted alguna vez unas frustraciones con una burocracia? Explique.
2. En sus artículos de costumbres, Larra usaba la ironía y la exageración para criticar humorísticamente a su sociedad. Según su opinión, ¿por qué eran muy populares sus artículos? ¿Le gusta a la gente ser criticada?
3. Según Larra, ¿cuál era el gran defecto de su sociedad? Según la opinión de usted, ¿qué podríamos señalar como el mayor defecto de la sociedad norteamericana de hoy?

VOCABULARIO

En el hotel

el agua caliente *f.* hot water
completo(a) complete; full (i.e., no vacancies); **pensión completa** room with three meals a day included
el cuarto doble double room; **el cuarto sencillo** single room
el, la gerente manager
el hotel de lujo luxury hotel
el, la huésped guest
la pensión small hotel that generally provides at least one meal a day
el, la recepcionista receptionist

En el banco

cambiar to exchange, change
el cheque de viajero traveler's check
la tasa de cambio exchange rate

El ir y venir

la aduana customs house
la azafata stewardess; **el aeromozo (la aeromoza)** (Spain) steward(ess)
cruzar to cross

la cuadra block
doblar to turn
el equipaje luggage
la esquina corner
la estación station
el ferrocarril railroad
la frontera border
la gira tour
el, la guía guide; **la guía** guidebook
el mapa map
marcharse to leave, depart
la parada stop
la partida departure

Otras palabras

el asiento seat
el boleto ticket; **el billete** (Spain) ticket
el camarero (la camarera) waiter (waitress)
el correo post office; mail
la costumbre custom
la cuenta check, bill
la estampilla stamp; **el sello** (Spain) stamp
explicar to explain
la propina tip
el recuerdo souvenir

■ Palabras claves (esenciales) para el viajero

Escoja palabras del Vocabulario para llenar los siguientes espacios en blanco.

En un país extranjero...

1. Voy al correo a comprar _____ para mis tarjetas postales.
2. En el banco, les pregunto, «¿Cuál es la _____ _____ _____ ?» antes de cambiar mi dinero.
3. Si tengo muchos problemas en el hotel, pregunto por el _____ para explicárselos y pedirle ayuda.
4. En algunos cafés y restaurantes, el servicio está incluido, y así no tengo que dejarle _____ al camarero.
5. Antes de cruzar una frontera, a veces es necesario llenar un formulario para la _____ .
6. Cuando voy en autobús, le pido a otro pasajero o al chofer que me diga dónde está mi _____ .
7. Para poder orientarme bien en una nueva ciudad, voy a una librería y compro _____ .
8. Si pienso ir en tren a alguna parte, primero voy a la _____ y compro los _____ .

■ Conversemos

1. Cuando usted viaja, ¿prefiere quedarse en hoteles de lujo, en hoteles más baratos o en pensiones? ¿Por qué?
2. Generalmente, ¿lleva usted dinero en efectivo (*cash*) o cheques de viajero? ¿Por qué?
3. ¿Manda usted muchas tarjetas postales? ¿a quiénes?
4. ¿Qué piensa usted de las personas que simplemente «toman» recuerdos como ceniceros (*ashtrays*), toallas (*towels*), o menús de los hoteles o restaurantes? ¿Está bien que lo hagan o no? ¿Por qué?
5. Si algún día usted hace una gira por Latinoamérica, ¿qué países o ciudades le gustaría visitar? ¿Por qué?

■ Mandatos importantes

Cambie las siguientes frases a mandatos formales (de usted).

MODELO: Buscarme un taxi.
Búsqueme un taxi.

1. Cambiar cinco cheques. _____
2. Darme billetes de cien pesos. _____
3. Llevar el equipaje a mi cuarto. _____
4. Traernos la cuenta. _____
5. Llamarnos a las nueve. _____
6. Decirme cuando lleguemos a la calle Sánchez. _____

■ Actividad en grupo: escenas de turismo

La clase debe dividirse en pequeños grupos de tres a cinco personas. Cada grupo tendrá quince minutos para preparar una de las siguientes escenas para luego presentarla a la clase.

1. *En el hotel: Buscando el cuarto perfecto*
   Una familia (padre, madre, y varios hijos) ha llegado a un hotel y está hablando con el gerente sobre el tipo de cuarto (o cuartos) que quiere. Cada persona tiene ideas tan diferentes y quiere cosas tan especiales (televisión, agua caliente, una vista al mar, etcétera) que el gerente está teniendo problemas para encontrar este cuarto «perfecto».

2. *En el café: Pidiendo instrucciones*
   Dos personas están sentadas en un café al aire libre, tomando vino. Son amigos(as) y quieren conversar, pero justamente cuando empiezan a hablar, llega un turista de la calle y les interrumpe pidiendo instrucciones para llegar al correo (o a la estación del tren, a un hotel o museo, etc.). Ellos(as) le dan las instrucciones y tratan de volver a su conversación, pero llega otro turista con otra pregunta y así continúa...

■ Composición

Tema: Un viaje perfecto/espantoso.

8

Razas y culturas

Los gitanos: una cultura que se ha quedado aparte

El mundo hispano tiene una larga historia que se caracteriza por la mezcla° de muchas razas y culturas: de íberos,° celtas, romanos, visigodos,° judíos, árabes, negros, indios... Sin embargo, hay también varios grupos étnicos que han permanecido aparte, prefiriendo en general no mezclarse, por ejemplo, los gitanos de Andalucía,° conocidos internacionalmente como bailarines y cantantes de música flamenca. Por supuesto, esta imagen pintoresca representa sólo un pequeño porcentaje del grupo que se llaman *gitanos*.

combinación
Iberians / Visigoths

región al sur de España

Hay gitanos en muchos países de Europa y Latinoamérica. Durante siglos han fascinado a la imaginación popular por su carácter de pueblo errante° que no se asocia con los «payos»°, y se preocupa de vivir según un estricto código° de honor. Pero ahora, en todas partes sus tradiciones comienzan a romperse ante el empuje° de la urbanización. Han desaparecido sus ocupaciones tradicionales, como el trabajo en metales o el remiendo° y la venta de objetos varios. En los barrios pobres de muchas ciudades, los gitanos de hoy forman una especie° de subproletariado, llevando una vida sedentaria y haciendo varias clases de trabajo temporal no especializado.° Según algunos sociólogos, están ahora en un proceso de transición, de integrarse a la cultura circundante.° Pero el prejuicio° y la hostilidad de la cultura paya y el apego° del gitano a sus tradiciones presentan grandes obstáculos a tal integración en un futuro cercano.

wandering
los que no son gitanos / code
impacto

mending

tipo

no... *unskilled*

surrounding
prejudice / attachment

Como es natural en una sociedad que le da gran importancia a su «raza» o linaje° por filiación masculina, los gitanos vigilan° a las mujeres con gran cuidado desde una edad muy joven. Por lo tanto, la gitana conserva cierto aire de misterio y romanticismo. En el siguiente artículo, una gitana de México se destapa° y nos habla de su pueblo, sus sentimientos y su vida.

ancestry
watch over

se... *opens up*

■ Preguntas

1. ¿Qué razas y culturas han caracterizado la historia del mundo hispano?
2. ¿Cuál es la imagen pintoresca del gitano?
3. ¿Por qué han fascinado los gitanos a la imaginación popular?
4. ¿Qué cambios se ven ahora en la vida de los gitanos?
5. ¿Qué consecuencias tiene la gran importancia que le dan los gitanos a su linaje por filiación masculina?

Las raíces en el camino

Elisa Robledo

Las gitanas... sobre ellas se han tejido° mil historias: robaniños, baños de aceite,° imposibilidad de casarse con extraños, lectura de manos°....

    —¡Nos inventan más historias que a Pancho Villa! —dice sonriente Sonia Panin, una gitana de edad madura,° ojos verdes y pelo cenizo,° cuyos° abuelos llegaron a este país. Ella habla en nombre de su clan.

woven
oil
lectura... *reading palms*

de... mayor/gris/ *whose*

Sin destino fijo°

Tres siglos atrás,° un grupo de esclavos° logró° liberarse. Rodó° por toda Europa. Pobres y analfabetos°—con la libertad como único tesoro°—se identificaron entre sí a tal grado,° que forjaron° su propio modo de vida, idioma, moral y vestuario,° inspirados en su patria original: la India. Sonia recuerda: —Mis antepasados, sin destino fijo, se reunieron en París para tomar una decisión, ya que aunque iban en caravanas por rumbos° distintos, eran muy unidos. La cuestión fue quiénes se quedaban en Europa y quiénes emigraban hacia América. Así, un pequeño grupo de familias se embarcó a México en 1926. Trabajaban el cobre° haciendo marmitas° o cazos.° Al llegar aquí, andaban de pueblo en pueblo reparando cazos y vendiendo sus marmitas.

    Sonia habla con sus nueras° y suegra° en algún dialecto. Luego comenta:

    —No sé por qué nos denominamos gitanos. ¿Para qué le voy a mentir? Los hombres se ven tan mexicanos como el pulque,° ya que visten como cualquiera, trabajan en empresas,° y les ha gustado tanto el país que «echaron raíces».°

fixed
ago/slaves/pudo
Viajó/que no saben ni leer ni escribir/ *treasure/***a...** *to such a degree/they forged* manera de vestir

direcciones

copper/pots/ladles

daughters-in-law/ mother-in-law

bebida alcohólica hecha del jugo del cacto/compañías/ **echaron...** *they established roots*

¡Cuidado con tocar a una gitana!

Las jóvenes de la casa van y vienen, sirviendo café en vasitos de cristal. Las casadas son inconfundibles° por llevar una pañoleta° de gasa° en la cabeza. Ninguna que tenga marido puede llevar la cabeza descubierta.°—La mujer que se llega a casar con alguno que no sea de nuestra raza, es porque se la llevó a la mala.° Yo no escogí° a mi marido, lo hicieron mis padres, y a pesar de ello me enamoré de él porque nos conocimos desde chicos.

unmistakable
scarf/gauze
uncovered

a... *against her will/* **no...** *I did not choose*

Siempre deben irse casando° de la hija mayor a la menor. Como en las costumbres medievales, para negociar la dote° se hace un arreglo° con el papá del muchacho.

irse... casarse en orden

dowry / arrangement

Católicos y supersticiosos

—Nosotros somos católicos, continúa Sonia. Nuestra fiesta principal es el 13 de octubre, día de la virgen de Fátima. Hacemos limpias.° Leemos la mano si alguien entra en la casa—que siempre está abierta—y nos dan cualquier obsequio° a cambio.° Mis antepasados vivían de leer la mano porque no conocían oficios,° pero lo han de haber hecho muy bien pues todavía nos lo solicitan. Es que el gitano es muy intuitivo, muy psicólogo.

spiritual cleansings which, according to superstition, bring good luck / regalo / a... in exchange / trades

—¿Les permiten a las mujeres trabajar?

—Para que no sean unas borriquitas,° las mujeres estudian hasta sexto de primaria.° Desde chicas ayudan en la casa.

ignorantes

elementary school

—¿Permiten el divorcio?

—Si dos personas no se llevan bien, ¿para qué arruinarse la vida? Sí, permitimos el divorcio, pero el patriarca y nosotros tratamos de ayudarles a salvar su matrimonio.

—¿Cómo funciona el patriarca?

—Los indios tienen su jefe Pluma° Blanca; nosotros a un superior, que es el más inteligente, culto° y respetable. Si alguien necesita consejo, él se lo da, pero no le

Feather

knowledgeable

pasan nada de dinero. Él se preocupa por la paternidad responsable, la preservación de los matrimonios y la unión y mutua ayuda entre los gitanos. Puede heredar° la je-   *inherit*
rarquía° de su padre, pero si es tonto° o no reúne todos   *rank*/poco inteligente
los requisitos, por medio de elecciones escogemos otro.
Su patriarcado dura hasta que muera, como el Papa.°   *pope*

    Sonia comenta que los tiempos cambian, y que mu-
chos gitanos se han casado con mexicanas. Sobre todo los
congéneres,° en Estados Unidos, se han separado mucho.   iguales (i.e., los otros gitanos)
Ya debe haber unas cien mexicanas casadas con gitanos.
En toda la República, habrá° unos treinta mil gitanos.   debe haber

    —En realidad, conservamos ya pocas costumbres.
Eso, sí, procuramos conservar el respeto y la tradición que
nos legaron° nuestros antepasados.   dieron

de la revista mexicana Activa

■ Comprensión de la lectura: en contexto, la palabra *se*

> Diga cuál de las siguientes traducciones es la correcta. Luego, explique cómo la palabra *se* funciona en cada frase.

1. Las gitanas... sobre ellas se han tejido mil historias.
   The gypsies . . .
   a. have woven a thousand stories about them.
   b. a thousand stories have been woven about them.
   c. they have woven a thousand stories about themselves.
2. Los hombres se ven tan mexicanos como el pulque.
   The men . . .
   a. see themselves as Mexicans with cactus liquor.
   b. look as Mexican as cactus liquor.
   c. have good sight but drink cactus liquor like Mexicans.
3. Para negociar la dote se hace un arreglo con el papá del muchacho.
   To negotiate the dowry . . .
   a. becomes a deal with the boy's father.
   b. the boy's father makes himself a deal.
   c. a deal is made with the boy's father.
4. Si dos personas no se llevan bien, ¿para qué arruinarse la vida?
   If two people . . .
   a. don't behave themselves, why does life ruin them?
   b. don't take it well, why ruin them for life?
   c. don't get along together, why ruin their lives?
5. Si alguien necesita consejo, él se lo da.
   If someone needs advice, . . .
   a. he gives it to him.
   b. he gives it to himself.
   c. he is given it.

■ Preguntas

1. ¿Quién es Sonia Panin?
2. ¿Cómo se originaron los gitanos?
3. ¿Dónde se reunieron los antepasados de Sonia? ¿Por qué? ¿Qué trabajo hacían?
4. ¿Por qué llevan pañoletas algunas de las gitanas? ¿Qué piensa usted de esta costumbre?
5. ¿Quiénes escogieron al marido de Sonia? ¿Ha dado buen o mal resultado el matrimonio?
6. ¿Cómo explica Sonia la costumbre de leer la mano? ¿Cree usted que se puede aprender algo así?
7. ¿Quién es el patriarca? ¿Qué hace? ¿Cómo llega un gitano a ser patriarca?

■ Vocabulario: unos verbos reflexivos

En cada espacio en blanco, escriba la forma indicada del verbo apropiado.

casarse
llevarse
embarcarse
identificarse

1. Los gitanos (presente) _____ unos con otros por su modo de vida, idioma, moral y vestuario, inspirados en su patria original: la India.
2. En 1926 los abuelos de Sonia (pretérito) _____ a México.
3. Si los esposos no (presente) _____ bien, pueden divorciarse.
4. Hoy día, muchos gitanos (presente) _____ con mexicanas.

■ Opiniones

1. ¿En qué costumbres gitanas se ve una desigualdad entre hombres y mujeres? ¿Hay también beneficios para la mujer en la comunidad gitana?
2. ¿Qué historias o leyendas ha oído usted sobre los gitanos?

■ Composición dirigida: escribiendo un resumen

Haga usted una entrevista de un(a) de sus compañeros(as) de clase, preguntándole las siguientes preguntas: (1) ¿Dónde nació usted? (2) ¿Dónde nacieron sus padres? ¿sus abuelos? (3) ¿Qué información interesante sabe usted sobre sus antepasados? Luego, escriba un breve resumen de lo que usted ha aprendido.

Los indios y la comida

Los indios americanos han contribuido con un gran número de cultivos a las cocinas del mundo: la papa, el maíz, la batata,° el tomate, el aguacate,° ciertas clases de chiles, frijoles y calabazas.° Además, algunos de nuestros «vicios modernos» se originaron con ellos: el chocolate, el tabaco y el chicle,° por ejemplo.

    Los aztecas criaban pavos° y perritos para comer y consumían en grandes cantidades una sustancia que llamaban *Tecúitlatl,* que flotaba en el lago y que los españoles suponían que era un lodo.° Recientes análisis químicos han revelado que este «lodo» es el alga *Spirulina* que contiene 65–70 por ciento de proteína (un porcentaje más alto del que se encuentra en cualquier otra comida natural), los ocho amino ácidos esenciales y siete vitaminas: A_1, B_1, B_2, B_6, B_{12}, C y E. Un descubrimiento impresionante que algunos científicos ven como una posible solución a los problemas de la nutrición en ciertas partes del mundo.

sweet potato / avocado
squash

chewing gum
turkeys

mud

■ Preguntas

1. ¿Cuál de los cultivos descubiertos por los indios le gusta más a usted? ¿Cuál le gusta menos?
2. ¿Qué le parece la costumbre azteca de comer carne de perro? ¿Le repugna más que nuestra práctica de comer carne de vaca o la costumbre francesa de comer carne de caballo? ¿Por qué?
3. Según su opinión, ¿qué lección podemos aprender de los recientes descubrimientos sobre la *Spirulina?*

■ Comidas y bebidas del mundo hispánico

¿Conoce usted algo sobre las comidas y bebidas de España y de América Latina? Identifique las siguientes palabras, y escriba delante de cada una el número apropiado. Luego, usted puede contar un punto por cada respuesta correcta y ver su «nota» (*score*) al final de esta página. (Las respuestas están en la página 125.)

_____ paella
_____ churros
_____ tacos
_____ sangría
_____ mangos
_____ mate
_____ guacamole
_____ flan

1. una salsa hecha de aguacate, chile, cebolla (*onion*) y, a veces, tomate; servida en ensaladas o con «*corn chips*»
2. un plato de arroz, pollo, verduras, condimentos y mariscos (*seafood*); especialidad de Valencia
3. un postre a base de muchos huevos, leche y azúcar, servido con una capa (*coating*) de caramelo encima
4. una bebida fría de agua y vino tinto (rojo) con azúcar, limón y, a veces, otras frutas
5. panes mexicanos de maíz, rellenos (*filled*) de queso, verduras o carne y servidos con una salsa picante
6. un té especial que se toma en la Argentina, el sur del Brasil, Uruguay, Paraguay y Chile
7. panes largos fritos (*fried*) en aceite; se comen con el café con leche o con el chocolate caliente
8. frutas tropicales; en México se las come con el desayuno

Clasificación	
7–8	experto(a) ¡Felicitaciones!
5–6	bien informado(a)
3–4	bastante informado(a)
1–2	algo informado(a)
0	¿Quizás usted prefiere la pizza?

La presencia africana

El negro ha estado presente en América desde la llegada de los primeros europeos. Había negros con Balboa cuando descubrió el Pacífico, con Cortés cuando conquistó el imperio azteca, con de Soto en la Florida y con Pizarro en el Perú. Esteban, un negro, era uno de los cuatro hombres que primero exploraron la región que hoy forma Arizona y Nuevo México, y algunos historiadores creen que dos miembros de la tripulación° de Colón eran de ascendencia africana. Pero la mayoría de estos primeros negros eran esclavos.

crew

Como la esclavitud del negro ya existía en Europa a escala menor,° se les ocurrió a los colonos° en las Américas importar negros de África para trabajar en los campos y las minas. Así nació una de las instituciones más crueles de la historia humana: la esclavitud de las plantaciones. Muy pronto el comercio de esclavos se hizo un gran negocio.°

a... con poca magnitud / *colonists*

business

En general, el esclavo lo pasó mejor en las colonias latinas que en las inglesas por tres razones. Primero, los países católicos promulgaron leyes sobre el tratamiento de los esclavos. Segundo, los sacerdotes° católicos se opusieron a la separación de familias. Tercero, había menos discriminación por el color y más mezcla entre las razas. En todas partes, los blancos tomaban mancebas° negras, pero era costumbre entre los españoles y portugueses liberar a sus hijos nacidos de esta manera y a veces también a las madres. Así se formaron clases de negros y mulatos libres que en algunos países llegaron a ocupar posiciones de importancia.

priests

concubines

Lo cierto es que en todas partes la esclavitud le traía gran sufrimiento y humillación al negro. Por fin, a comienzos del siglo diecinueve, la mayoría de las colonias españolas abolieron la esclavitud cuando ganaron su independencia. Pero la esclavitud continuó en las colonias que no se habían independizado—Cuba y Puerto Rico— hasta el final del siglo diecinueve.

El negro ha contribuido a la cultura moderna en muchos campos: el arte, la escultura,° el diseño,° las modas,° la poesía y sobre todo, en la música donde el *jazz*, los *Negro spirituals*, y varios ritmos de baile han influenciado profundamente a la gente del siglo veinte.

sculpture / design fashion

Los poemas que siguen son ejemplos de la poesía afroamericana, escrita por uno de sus mejores exponentes,

el poeta mulato cubano Nicolás Guillén. En el primero,
habla de sus abuelos, y en el segundo, expresa su reacción
al comentario hecho por el poeta ruso Evtuchenko sobre
la muerte de Martin Luther King. Estos poemas deben
leerse en voz alta° para apreciar su expresividad y ritmo   en... *aloud*
musical.

■ Preguntas

1. ¿Cuándo llegó el negro a las Américas?
2. ¿Cómo empezó la esclavitud de las plantaciones?
3. ¿Por qué lo pasó mejor el esclavo en las colonias latinas que en las inglesas?
4. ¿Cuándo se abolió la esclavitud en la mayoría de las colonias españolas? ¿Qué colonias fueron las últimas en abolirla?
5. ¿Cómo ha contribuido el negro a la cultura moderna?
6. ¿Quién es Nicolás Guillén?

Balada de los dos abuelos

Nicolás Guillén

Sombras que sólo yo veo,
me escoltan° mis dos abuelos.   *acompañan*

Lanza con punta de hueso,°   *bone*
tambor° de cuero° y madera: *drum / leather*
mi abuelo negro.
Gorguera° en el cuello ancho,   *Gorget (throat piece of*
gris armadura° guerrera: *suit of armor) / armor*
mi abuelo blanco.

África de selvas° húmedas   *jungles*
y de gordos gongos sordos°...   **gordos...** *fat (huge)*
—¡Me muero!   *muted gongs*
(Dice mi abuelo negro).
Aguaprieta° de caimanes,°   *Agua oscura /*
verdes mañanas de cocos°...   *alligators / coconuts*
—¡Me canso!
(Dice mi abuelo blanco).
Oh velas° de amargo° viento,   *sails / bitter*
galeón ardiendo° en oro...   *burning*
—¡Me muero!
(Dice mi abuelo negro).
Oh costas de cuello virgen
engañadas de abalorios°...   *glass beads*

—¡Me canso!
(Dice mi abuelo blanco).
¡Oh puro sol repujado,°
preso° en el aro° del trópico;
oh luna redonda y limpia
sobre el sueño de los monos!°

¡Qué de barcos, qué de barcos!°
¡Qué de negros, qué de negros!
¡Qué largo fulgor° de cañas!°
¡Qué látigo° el del negrero!°
Piedra de llanto° y de sangre,
venas y ojos entreabiertos,°
y madrugadas° vacías,
y atardeceres° de ingenio,°
y una gran voz, fuerte voz
despedazando° el silencio.
¡Qué de barcos, qué de barcos,
qué de negros!

Sombras que sólo yo veo,
me escoltan mis dos abuelos.

Don Federico me grita,
y Taita° Facundo calla;
los dos en la noche sueñan,
y andan, andan.
Yo los junto.°

                    —¡Federico!
¡Facundo! Los dos se abrazan.
Los dos suspiran.° Los dos
las fuertes cabezas alzan;°
los dos del mismo tamaño,°
bajo las estrellas altas;

embossed
prisionero/*ring, hoop*

monkeys

¡Qué...! *How many!*

brillo/*(sugar) cane*
whip/slaver
weeping
abiertos parcialmente
dawns
dusks/sugar mill

rompiendo con
  violencia

padre o abuelo
  (colloq.)

combino, mezclo

sigh

levantan
size

los dos del mismo tamaño,
ansia° negra y ansia blanca,   intenso deseo
los dos del mismo tamaño
gritan, sueñan, lloran, cantan.
Sueñan, lloran, cantan.
Lloran, cantan.
¡Cantan!

¿Qué color?

Nicolás Guillén

«Su piel era negra, pero con el alma° purísima como la   soul
nieve blanca...»   EVTUCHENKO *(según el cable), ante*
el asesinato de Lutero King.

Qué alma tan blanca, dicen,
la de aquel noble pastor.
Su piel tan negra, dicen,
su piel tan negra de color
era por dentro nieve,
azucena,°   *lily*
leche fresca,
algodón.°   *cotton*
Qué candor.
No había ni una mancha
en su blanquísimo interior.

(En fin, valiente hallazgo:°   **valiente...** *such an*
«El negro que tenía el alma blanca»,   *important discovery*
aquel novelón.°)   *(ironic)/same old*
                                                     story

Pero podría decirse de otro modo:
Qué alma tan poderosa negra
la del dulcísimo pastor.

Qué alta pasión negra
ardía en su ancho corazón.
Qué pensamientos puros negros
su grávido° cerebro alimentó.   *fértil*
Qué negro amor,
tan repartido
sin color.

¿Por qué no,
por qué no iba a tener el alma negra
aquel heroico pastor?

Negra como el carbón.

■ Comprensión de la lectura: leyendo con precisión

Diga si cada frase es verdad o mentira. Luego, corrija las frases falsas.

(Sobre «Balada de los dos abuelos»)

1. _____ Las sombras que el poeta ve son los recuerdos de sus dos abuelos que existen en sus pensamientos.
2. _____ Uno de sus abuelos era un esclavo africano y el otro era un conquistador europeo.
3. _____ Su abuelo blanco llevó una vida muy fácil pero su abuelo negro sufrió mucho.
4. _____ El poeta recuerda que sus abuelos eran buenos amigos cuando estaban vivos y que una vez se abrazaron.

(Sobre «¿Qué color?»)

5. _____ El poeta dice que Martin Luther King era un negro que tenía un alma muy blanca.

■ Preguntas

1. En «Balada de los dos abuelos», ¿qué diferencias se presentan entre los dos abuelos del poeta?
2. ¿Qué dice cada uno? ¿Cómo explica usted sus palabras?
3. ¿Cree usted que uno de los dos hombres le importa más al poeta?
4. ¿Qué hacen los dos hombres al final? ¿Cómo interpreta usted esto?
5. Una técnica usada por muchos poetas es la onomatopeya, la imitación de un sonido con las mismas palabras que lo expresan. En la primera sección del poema, ¿puede usted encontrar una frase de tres palabras que demuestra esta técnica?
6. En «¿Qué color?», qué nos dice el poeta sobre el alma, la pasión y los pensamientos del señor Luther King?
7. Para usted, ¿cuál es la idea principal de este poema?

■ Vocabulario

Escriba la palabra apropiada para cada definición.

tambor
caimán
coco
abalorio
mono
látigo
llanto
madrugada
atardecer

1. _____ fruto de un árbol de la familia de las palmas
2. _____ alba, principio del día
3. _____ cuerda que se usa para golpear o castigar a personas o animales
4. _____ pequeña cuenta de vidrio que se usaba para comprar objetos a los indios
5. _____ instrumento musical de percusión
6. _____ efusión de lágrimas y lamentos
7. _____ último período de la tarde
8. _____ reptil que vive en los ríos de América, parecido al cocodrilo

9. _____ animal que vive en los árboles y se distingue por
su parecido con el ser humano

■ Opiniones

1. ¿Le parece a usted importante que nos informemos sobre nuestros antepasados o no? ¿Por qué?
2. ¿Cree usted que hay más o menos prejuicio y discriminación ahora que en
los tiempos de nuestros abuelos? ¿Por qué?

VOCABULARIO

**Razas y culturas del mundo
hispano**

el africano (la africana) African
el, la árabe Arab
el, la azteca Aztec
el europeo (la europea) European
el gitano (la gitana) Gypsy
el griego (la griega) Greek
el, la inca Inca
el, la indígena native
el judío (la judía) Jew
el, la maya Maya
el mestizo (la mestiza) mestizo,
     mixture of Indian and European
mezclar to mix
el mulato (la mulata) mulatto
precolombino(a) pre-Columbian
     (before Columbus)
el romano (la romana) Roman

Comidas y bebidas

el arroz rice
el azúcar sugar
el cacao cocoa; cacao tree or bean
la carne meat
el frijol bean
la fruta fruit
el huevo egg
la leche milk
el maíz corn
la naranja orange

el pan bread
la papa (patata in Spain) potato
la pimienta pepper
la sal salt
el tomate tomato
la verdura vegetable
la zanahoria carrot

Algunos verbos reflexivos

callarse to be quiet
cansarse to get tired
darse la mano to shake hands
desayunarse to have breakfast
enojarse to become angry
equivocarse to be mistaken
jactarse de to boast of, brag of
lavarse to bathe, wash oneself
preguntarse to wonder
preocuparse to worry
quejarse de to complain about

Antónimos

aburrirse to get bored; **divertirse (ie)**
     to enjoy oneself
acordarse (ue) de to remember;
     olvidarse de to forget
acostarse (ue) to go to bed;
     levantarse to get up, stand up;
     sentarse (ie) to sit down
ponerse to put on; **quitarse** to take
     off; **vestirse (ie)** to get dressed

■ Antónimos

1. _____ me acuesto   me equivoco
2. _____ me acuerdo   me pongo
3. _____ separo   me levanto
4. _____ me quedo   me aburro
5. _____ hablo   me olvido
6. _____ tengo razón   me voy
7. _____ me divierto   mezclo
8. _____ me quito   me callo

■ El nuevo mundo: verdades y mentiras

El siguiente párrafo es una mezcla de verdades y mentiras sobre las Américas, con las partes falsas en bastardilla. ¿Puede usted corregir estas partes falsas?

1. Cuando los conquistadores españoles llegaron por primera vez a México *en el siglo diecinueve,* se encontraron con dos grandes civilizaciones indígenas: la azteca, que estaba en el poder, y *la griega,* que ya estaba en ruinas. 2. Los aztecas cultivaban muchas plantas que no se conocían en la Europa de esos tiempos: el tomate, el frijol y *la zanahoria;* esta última era la más importante para ellos y la base de su comida. 3. Los españoles se sorprendieron de una bebida maravillosa, que les gustaba mucho: el chocolate caliente que se preparaba con una mezcla de *arroz,* chile y agua. 4. Otra gran cultura precolombina existía más al sur en el Perú, Ecuador, Bolivia, Chile y partes de la Argentina: la civilización *de los judíos.* 5. Aquí el cultivo principal (que no se conocía tampoco en Europa por entonces) era *la naranja.* 6. Hoy día una gran parte de la gente hispanoamericana es *mulata,* de origen indio y europeo. 7. Pero también se ven muchos elementos, por ejemplo, ciertas comidas comunes como el camote y el plátano y los ritmos de bailes típicamente latinoamericanos, que muestran la gran influencia de la cultura *romana.*

MADRID

■ Conversemos

Termine las frases de manera original, empleando cuando sea posible palabras del Vocabulario.

1. Yo me preocupo cuando veo _____ porque _____ .
2. Para preparar una buena ensalada, yo necesito _____ .
3. Hoy, creo que debemos quejarnos de _____ .
4. Me acuesto tarde cuando _____ .
5. Si algún día todas las personas de diferentes razas y culturas se dan la mano, entonces _____ .
6. Una vez me equivoqué mucho porque _____ .
7. Una de las comidas más maravillosas es _____ .
8. Generalmente, nos divertimos mucho cuando _____ .

■ Actividad en grupo: un día típico

La clase debe dividirse en grupos de tres a cinco personas. Cada grupo preparará una pequeña descripción (en español, por supuesto) de «Un día en la vida de un estudiante de esta universidad», usando cuando sea posible las palabras del Vocabulario, especialmente los verbos reflexivos.

■ Composición

Tema: Dónde se encuentra el racismo en el mundo de hoy.

*Respuestas a «Comidas y bebidas del mundo hispánico», página 117.

__2__ paella	__5__ tacos	__8__ mangos	__1__ guacamole
__7__ churros	__4__ sangría	__6__ mate	__3__ flan

9

La naturaleza

La tierra: nuestro tesoro

Hace pocos años, se convocó un congreso en Nairobi bajo los auspicios de la O.N.U.° para que los delegados de 110 países discutieran una situación grave: el avance de los desiertos. Era como si de repente° la humanidad se diera cuenta de un gran peligro° que acabara de aparecer. Pero en realidad el problema es viejo. Una tercera parte del área sólida del planeta está cubierta de arena o polvo.° En todas partes—en África, la India, Latinoamérica, la China, los Estados Unidos—la erosión de la tierra se acelera. Muchas veces la culpa es del ser humano. Al cortar los árboles o al criar° demasiados animales en relación con la vegetación disponible,° se le quita a la tierra su protección contra el viento y la lluvia. Al no practicar la rotación de cultivos,° los campesinos hacen que se agoten° sus propios campos.

    No es solamente la tierra arable, sino° el agua, los minerales y todos los recursos naturales que ahora se ven amenazados° por la explosión demográfica° y la creciente urbanización mundial. El mismo aire que respiramos está en peligro a causa de la contaminación y de las industrias. Por ejemplo, la industria de la madera° atenta contra las grandes selvas que proveen un buen porcentaje del oxígeno de nuestra atmósfera.

    En 1854, cuando muy poca gente se daba cuenta de estos problemas ahora llamados «ecológicos», el presidente de los Estados Unidos Franklin Pierce les pidió a los indios que vendieran un vasto territorio que todavía estaba en su posesión, prometiéndoles una «reserva». La respuesta del jefe Seattle, publicada recientemente en traducción al español en una revista venezolana, ha sido descrita como «la más bella y más profunda declaración jamás hecha° sobre la relación hombre-ambiente».

Glosas marginales:
- Organización de las Naciones Unidas
- *suddenly*
- *danger*
- *dust*
- **al...** *by breeding*
- *utilizable*
- *crops / become exhausted*
- *but rather*
- *threatened /* de la población
- *wood, lumber*
- **jamás...** *ever made*

■ Preguntas

1. ¿Para qué se convocó un congreso en Nairobi hace unos años?
2. ¿Quién tiene, en parte, la culpa de este problema? ¿Cómo se acelera la erosión de la tierra?
3. ¿Qué otros recursos naturales se ven en peligro a causa de la explosión demográfica y la urbanización?
4. ¿Por qué son importantes las selvas?
5. En 1854, ¿qué les pidió el presidente Pierce a los indios? ¿Quién le respondió?

La tierra no pertenece al hombre

El jefe Seattle (editado por Juan Aguilar Derpich)

¿Cómo puede usted comprar o vender el cielo, el color de la tierra? La idea nos parece extraña. Si nosotros no poseemos la frescura del aire y el titileo° del agua, ¿cómo puede pedir comprárnoslos? Cada aguja° de pino luciente,° cada ribera° arenosa,° cada zumbido° de insecto es sagrado° en el recuerdo y en la experiencia de mi pueblo.

Los muertos de los hombres blancos olvidan el país de su nacimiento cuando ésos se van de paseo entre las estrellas. Mientras que nuestros muertos no olvidan jamás esta magnífica tierra, porque ella es la madre del hombre rojo. Somos parte de la tierra, y ella forma parte de nosotros.

El gran jefe de Washington manda decir que quiere comprar nuestra tierra. Pide mucho en realidad: una gran parte de nosotros. El gran jefe manda decir que nos reservará un lugar de manera que podamos vivir confortablemente entre nosotros. Consideramos, pues, esta oferta de comprar nuestra tierra. Pero no será fácil, porque esta tierra es sagrada.

Los ríos son nuestros hermanos, ellos calman nuestra sed. Los ríos transportan nuestras canoas, y nutren° a nuestros hijos.

Sabemos que el hombre blanco no comprende nuestras costumbres. Todos los fragmentos de tierra son iguales para él porque es un extranjero que llega en la noche y toma de la tierra aquello de lo cual° tiene necesidad. La tierra no es su hermana, sino su enemiga, y cuando la ha conquistado va más lejos. Abandona la tumba° de sus abuelos, y ello no le preocupa. Quita la tierra a sus hijos y ello no le preocupa. La tumba de sus abuelos y el patrimonio de sus hijos caen en el olvido. Trata a su madre, la tierra, y a su hermano, el cielo, como cosas que se pueden comprar, saquear,° vender. Su apetito devorará la tierra y dejará detrás de él sólo un desierto.

No lo sé. La vista de vuestras ciudades hace mal° a los ojos del hombre rojo. Esto es quizá porque el hombre rojo es un salvaje° y no comprende.

No hay lugar placentero en las ciudades del hombre blanco. No hay lugar para sentir abrirse las hojas° en pri-

glittering
needle
que brilla/*riverside*/de arena/*buzzing*/ *sacred*

dan vigor

de... *of which*

tomb

robar

hace... causa dolor

savage

leaves

mavera o escuchar el ruido del aleteo° de un insecto. Pero quizá digo todo esto porque soy un salvaje y no comprendo. El indio prefiere el dulce viento que se tira° como una flecha° más allá de la faz° de un estanque,° y el olor del propio viento, lavado de la lluvia del mediodía o perfumado del frondoso° pino.

El aire es precioso para el hombre rojo, porque todas las cosas comparten° el mismo soplo:° la bestia, el árbol, el hombre. Parece que el hombre blanco no se da cuenta del aire que respira.

Si nosotros les vendiésemos° nuestra tierra, deberán recordar que el aire nos es precioso, que el aire divide su espíritu con todo lo que hace vivir. El viento que ha dado a nuestro abuelo su primer respiro,° también ha recibido de él su último suspiro.° Y si nosotros vendiésemos nuestra tierra, deberán conservarla aparte y tenerla como sagrada, como un lugar al cual también el hombre blanco puede ir a gustar el viento endulzado° por las flores de los prados.°

Consideraremos pues vuestra oferta de comprar nuestra tierra. Pero si nosotros decidiéramos aceptarla, pondremos una condición: el hombre blanco deberá tratar las bestias de esta tierra como a sus hermanos.

movimiento de las alas

se... *is shot forth*
arrow/superficie/
pequeño lago

leafy

tienen una parte de/
breath

Si... *If we should sell you*

breath
sigh

hecho dulce
meadows

Soy un salvaje y no conozco otra forma de vivir. He visto un millar de° bisontes pudriéndose° en la pradera,° abandonados por el hombre blanco que los había matado con un tren que pasaba. Soy un salvaje y no comprendo cómo el caballo de hierro° humeante° puede ser más importante que el bisonte que matamos sólo para sobrevivir.°

un... mil/ descomponiéndose/ prairie

caballo... *iron horse/ smoking*

survive

¿Cómo será el hombre sin las bestias? Si todas las bestias desaparecieran, el hombre moriría a causa de la gran soledad° de su espíritu.

loneliness

Enseñen a sus hijos eso que nosotros hemos enseñado a los nuestros, que la tierra es nuestra madre. Todo lo que le suceda° a la tierra, les sucederá a los hijos de la tierra.

pase, ocurra

Sabemos al menos esto: la tierra no pertenece° al hombre; el hombre pertenece a la tierra. Todas las cosas se entrelazan° como la sangre que une a una misma familia. Todas las cosas se sostienen° unas a otras.

no... *does not belong*

se... *are tied together*
sirven de base

No es el hombre el que ha tejido° la trama° de la vida: le es sólo un hijo. Todo lo que hace contra la vida, lo hace contra sí mismo.

ha... *has woven/ textura*

Contamine su lecho,° y se sofocará° una noche en sus propios excrementos. Pero, muriendo, ustedes brillarán con fulgor,° encendidos° de la fuerza de Dios que los ha conducido hasta esta tierra y que por cualquier destino particular les ha hecho dominar esta tierra y al hombre rojo. Este destino es un misterio para nosotros, porque no comprendemos por qué los bisontes son todos masacrados, los caballos salvajes° domados,° los ángulos secretos de la floresta° cargados del hálito° de muchos hombres y la vista de las colinas° en pleno florecimiento ofuscadas° de los hilos que hablan.°

cama/you will suffocate

una luz intensa/lit up

libres/subyugados
selva/breath
hills
*darkened/***hilos...*** *talking wires/wild land/eagle*

¿Dónde está el monte?° Ha desaparecido. ¿Dónde está el águila?° Ha desaparecido. Es el fin de la vida y el principio de la supervivencia.°

survival

de la revista venezolana *Bohemia*

■ Comprensión de la lectura: análisis de ideas

Termine las siguientes frases de la manera más apropiada para expresar las ideas principales del ensayo escrito por el jefe Seattle.

1. La idea de comprar o vender la tierra le parece extraña al indio porque (a) la tierra es tan grande, (b) hay pinos, riberas e insectos en la tierra, (c) las personas no poseen la tierra.
2. En parte, la tierra es sagrada para el indio porque (a) ella es su enemiga, (b) las tumbas de sus antepasados están en ella, (c) todos los fragmentos de ella son iguales.

3. La vista de las ciudades del hombre blanco hace mal a los ojos del hombre rojo porque (a) no se puede sentir allí la presencia de la naturaleza, (b) el indio es un salvaje y no comprende el progreso, (c) hay muchos lugares en ellas donde se pueden apreciar los árboles.

4. El aire es precioso para el indio porque (a) no se da cuenta de él cuando respira, (b) el aire lo junta con las plantas, los animales y sus antepasados en una familia, (c) el viento está lleno del perfume de las flores y del humo de los trenes.

5. Según el jefe Seattle, si el hombre blanco continúa destruyendo la naturaleza, él (a) tendrá un brillante destino ayudado por la fuerza de Dios, (b) controlará toda la tierra por medio de sus misterios técnicos y los hilos que hablan, (c) morirá sofocado en la misma contaminación que él ha producido.

■ Preguntas

1. Según el «gran jefe de Washington», ¿dónde y cómo pueden vivir los indios al aceptar su oferta? ¿Qué le parece a usted esta oferta?

2. Según el jefe Seattle, ¿qué diferencias hay entre las costumbres indias y las del hombre blanco con respecto a la tierra?

3. ¿Qué quería el jefe Seattle que hicieran los hombres blancos, si los indios les vendiesen su tierra? ¿Cree usted que se ha cumplido con sus deseos?

4. ¿Qué quería el jefe Seattle que los hombres blancos enseñaran a sus hijos?

5. En palabras sencillas, ¿cuál es la lección principal que el jefe Seattle nos ofrece al final?

■ Vocabulario

Escriba la palabra apropiada en cada espacio en blanco.

| desierto | aire | tierra | hojas | estrellas |
| lluvia | viento | salvaje | ríos | |

1. La _____ es la madre del hombre rojo y no le pertenece; él le pertenece a ella.

2. Los _____ son sus hermanos y nutren a sus hijos.

3. Los muertos de los indios no olvidan el país de su nacimiento cuando se van de paseo entre las _____ .

4. El apetito del hombre blanco va a dejar detrás de él sólo un _____ .

5. Al indio no le gustan las ciudades del hombre blanco porque no hay lugar en ellas para sentir abrirse las _____ en primavera.

6. El indio prefiere el dulce _____ lavado de la _____ del mediodía.

7. Parece que el hombre blanco no se da cuenta del _____ que respira.

8. El jefe Seattle dice irónicamente que quizás no comprende las costumbres del hombre blanco porque él es un _____ .

■ Opiniones

1. ¿Qué crítica válida de nuestra sociedad encuentra usted en esta declaración del jefe Seattle, hecha en 1854? ¿Hay secciones que le parezcan proféticas?
2. ¿Qué sección le gusta más a usted? ¿Por qué?
3. ¿Por qué cree usted que hoy día el indio norteamericano tiene tantos problemas de alcoholismo, desempleo y pobreza? ¿Quién tiene la culpa de esta situación?

La naturaleza: puerta abierta a la aventura

En tiempos remotos, la gente vivía en contacto directo con la naturaleza y dependía de ella. Veían a las fuerzas naturales como dioses poderosos. Los aztecas realizaban ceremonias en honor de Tlaloc, dios de la lluvia, para que les ayudara con agua para sus cultivos. Creían que el sol necesitaba alimentarse° de sangre y le ofrecían sacrificios humanos por temor a que, sin éstos, se enfermara y dejara de salir.°

La civilización y la ciencia le han proporcionado° a la gente de nuestros días un mayor control sobre la naturaleza pero, al mismo tiempo, cierta sensación de aislamiento° y enajenación.° Por eso, a muchas personas les gusta dejar atrás el mundo civilizado y penetrar en la naturaleza. Algunos buscan la belleza y la paz espiritual de una puesta de sol° sobre el océano o de algún rincón° solitario del bosque. Otros buscan el desafío° y la aventura: el subir una montaña difícil o el navegar en canoa por un río turbulento.

La lectura que sigue es un cuento escrito por el uruguayo Horacio Quiroga, uno de los mejores cuentistas de América. En su obra relató vívidamente el color y los peligros de la selva semi-salvaje de dos regiones del norte de la Argentina, donde vivió durante muchos años: el Chaco y Misiones. El siguiente cuento es del libro *Cuentos de la selva para niños,* donde el autor habla como si fuera un padre que enviara cartas a sus hijos, describiéndoles la flora y fauna de la selva. En este cuento describe su supuesto encuentro con uno de los peligros más horribles y espeluznantes° del mundo. Pero, a diferencia de lo que pasa en sus colecciones para adultos, los cuentos de este libro siempre acaban bien y, después de superar° obstáculos increíbles, el padre se encuentra sano y salvo° para escribir otra carta al día siguiente.

(glosas al margen)

obtener nutrición

dejara... *would stop rising* / dado

isolation / sensación de estar separado de todo

puesta... *sunset* / *corner* / *challenge*

hair-raising, frightening

vencer

sano... *safe and sound*

■ Preguntas

1. ¿Cómo veía a las fuerzas naturales la gente de tiempos remotos?
2. ¿Quién era Tlaloc? ¿Qué hacían en su honor los aztecas? ¿Por qué hacían sacrificios humanos?
3. ¿Qué busca la gente de nuestros tiempos en la naturaleza? Y usted, ¿deja atrás a veces el mundo civilizado? ¿Para qué?
4. ¿Quién era Horacio Quiroga? ¿Sobre qué escribió?
5. ¿De qué trata el libro, *Cuentos de la selva para niños!* ¿Cómo acaban siempre las historias de este libro?

Cacería° del hombre por las hormigas

the hunting

Horacio Quiroga

Chiquitos:° Si yo no fuera su padre, les apostaría° veinte centavos a que no adivinan° de dónde les escribo. ¿Acostado de fiebre° en la carpa?° ¿Sobre la barriga° de un tapir muerto? Nada de esto. Les escribo acurrucado° sobre las cenizas° de una gran fogata,° muerto de frío... y desnudo° como una criatura° recién nacida.

Niños/*I would bet*
guess
fever/tent/belly

huddled
ashes/fuego/sin ropa
bebé

¡Han visto cosa más tremenda? Tiritando° también a mi lado, y desnudo como yo, está un indio apuntándome° con la linterna eléctrica° como si fuera una escopeta,° y a su círculo blanco yo les escribo en una hoja de mi libreta°... esperando que las hormigas se hayan devorado° toda la carpa.

Shivering

pointing at me/
linterna... *flashlight/*
shotgun
cuaderno
comido

¡Pero qué frío! Son las tres de la mañana. Hace varias horas que las hormigas están devorando todo lo que se mueve, pues esas hormigas, más terribles que una manada° de elefantes dirigida por tigres, son hormigas carnívoras, constantemente hambrientas,° que devoran hasta el hueso° cuanto ser vivo° encuentran.

grupo
con hambre
bone/**ser...** *living*
being

A un presidente de Estados Unidos, llamado Roosevelt, esas hormigas le comieron, en el Brasil, las dos botas en una sola noche. Las botas no son seres vivos, claro está; pero están hechas de cuero,° y el cuero es una sustancia animal.

leather

Por igual motivo,° las hormigas de esta noche se están comiendo la lona° de la carpa en los sitios donde hay manchas de grasa. Y por querer comerme también a

igual... esta misma
razón/*canvas*

mí, me hallo° ahora desnudo, muerto de frío, y con pin-
chazos° en todo el cuerpo.

La mordedura° de estas hormigas es tan irritante de
los nervios, que basta que una sola hormiga pique en el
pie para sentir como alfilerazos° en el cuello° y entre el
pelo. La picadura° de muchísimas puede matar. Y si uno
permanece quieto, lo devoran vivo.

Son pequeñas, de un negro brillante, y corren en columnas con gran velocidad. Viajan en ríos apretadísimos°
que ondulan como serpientes, y que tienen a veces un
metro de anchura.° Casi siempre de noche es cuando salen
a cazar.°

Al invadir una casa, se desparraman° por todas
partes, como enloquecidas° de hambre, buscando a la ca-
rrera° un ser vivo que devorar. No hay hueco,° agujero°
ni rendija,° por angosta° que sea, donde las hormigas carnívoras no se precipiten. Si hallan algún animal, en un
instante se prenden de él° con los dientes, mordiéndolo°
con terrible furia.

Yo he visto una langosta° deshacerse° en un instante bajo sus dientes. En breves momentos todo el cuerpo
de la langosta, como un juguete° mecánico, yacía° des-
parramado:° patas, alas,° cabeza, antenas, todo yacía desarticulado, pieza por pieza. Y con igual velocidad se llevaban cada articulación,° y no por encima° y a lo largo del
lomo,° como las hormigas comunes, sino por bajo° el
cuerpo, sujetando los pedazos con sus patas contra el ab-
domen. Y no por esto su carrera° es menos veloz.

No hay animal alguno que pueda enfrentar a las hormigas carnívoras. Los tapires y los tigres° mismos, hu-
yen° de sus guaridas° apenas las sienten.° Las serpientes,
por inmensas que sean, huyen a escape de sus guaridas.
Para saber lo que son estas hormigas es preciso haberlas
visto invadir un lugar en negros ríos de destrucción.

Ayer de mañana, chiquitos, llovió con fuerte viento
sur,° y el cielo, límpido y sereno al atardecer,° nos anunció una noche de helada.° Al caer el sol me paseaba yo
por el campamento° con grueso° sweater y fumando,
cuando una víbora° se deslizó° a prisa entre la carpa y
yo.

—¡Víboras en invierno, y con este frío! —me pregunté sorprendido.— Debe de pasar algo raro para que esto
suceda.°

Miraba aún el blanco pastizal° quemado° por la es-
carcha° en que se había hundido° la víbora, cuando un
ratón de campo° pasó a escape° entre mis pies. Y en seguida otro, y luego otro, y después otro más.

encuentro
stings
bite

pinpricks / neck
bite, sting

muy juntos

width
hunt

se... *they spread out*
maddened
a... corriendo muy
 rápido / *hollow / hole /*
 crack / narrow

se... lo cogen / *biting it*

locust / romperse

toy / lay
scattered / wings

joint / **por...** arriba de
back / **por...** debajo de

movimiento

jaguares
salen con miedo /
 lairs / oyen

south / evening,
 sundown / frost
camp / thick
snake / **se...** *slid*

pase
grassland / burned
frost / sunk
ratón... *field mouse /*
 a... corriendo

Hacia la carpa avanzaba a ras de las patas,° brincando° y volando de brizna° a brizna, una nube° de langostitas, cascarudos,° vinchucas de monte,° arañas,° todos los insectos, que habían resistido al invierno, huían como presa de° pánico.

¿Qué podía ser esto? Yo lo ignoraba° entonces. No amenazaba tormenta alguna. El bosque° se iba ocultando° en la sombra en serena paz.

Me acosté, sin acordarme más del incidente, cuando me despertó un chillido° de hurón° que llegaba del monte. Un instante después sentí el ladrido° agudo° y corto del aguaráguazú.° Y un rato después el bramido° de un tigre. El indio, hecho un ovillo,° de espaldas al fuego, roncaba° con grande y tranquila fuerza.

—Con seguridad no pasa nada en el monte —dije al fin—. Si no, el indio se hubiera despertado. E iba a dormirme de nuevo,° cuando oí, fuera de la carpa, el repiqueteo° de una serpiente de cascabel.°

¿Se acuerdan ustedes, hijos míos, de la aventura que tuve con una de ellas? El que ha oído una sola vez en el monte el ruido del cascabel, no lo olvida por el resto de sus días.

¿Pero qué les pasaba a los animales esa noche, que se agitaban hasta el punto de exponerse° algunos, como las víboras, a morir de frío bajo la helada?

Me eché fuera de las mantas,° y cogí la linterna eléctrica. En ese mismo instante sentí como cien mil alfilerazos que se hundían en mi cuerpo. Lancé° un grito que despertó al indio, y llevándome la mano a la cara, barrí° de ella una nube de hormigas adheridas que me picaban con furor.

Todo: cuerpo, mantas, ropa,° todo estaba invadido por las hormigas carnívoras. Saltando sin cesar,° me arranqué° las ropas, mientras el indio me decía:

a... *leg height*
hopping / *blade (of grass)* / *cloud* / *beetles* / **vinchucas...** *insects that carry Chagas disease* / *spiders* / *seized by* / *no sabía* / *woods*

escondiendo

scream / *ferret*
bark / *sharp*
animal of the fox family / *roar* / **hecho...** *curled up* / *snored*

de... *otra vez*
rattling / **serpiente...** *rattlesnake*

correr el riesgo

blankets

Di
I swept

clothing
sin... *continuamente*
quité con violencia

—¡Corrección,° corrección! (Es el nombre que dan por allá a esas hormigas.) ¡Las hormigas que matan! Indio no sale de fuego, porque hormigas lo comen enterito.°

—¡Ojalá te coman siquiera la nariz!° —grité yo enojado° y corriendo afuera, donde fui a caer° de un brinco sobre un palo encendido,° que saltó al aire con un reguero de chispas.° Entretanto, todo el piso° alrededor de la hoguera° estaba lleno de hormigas que corrían de un lado para otro buscando qué devorar. La carpa estaba también toda invadida de hormigas, y el país entero,° quién sabe hasta dónde.

Desde la mañana, seguramente, el ejército° de hormigas había iniciado el avance hacia nosotros, devorando y poniendo en fuga° ante ellas a las víboras, los insectos, y las fieras° mismas que se desbandaban ante las hordas hambrientas.

Hasta la madrugada posiblemente estaríamos sitiados,° y luego las hormigas llevarían a otra parte su devastación. Pero entretanto son apenas las tres de la mañana y el fuego acaba de consumirse.° Imposible sacar un pie fuera del círculo de cenizas calientes: nos devoran.°

Acurrucado en el centro de lo que fue hoguera, desnudo como un niño, y tiritando de frío, espero el día escribiéndoles, chiquitos, a la luz de la linterna eléctrica, mientras dentro de la carpa las hormigas carnívoras están devorando mis últimas provisiones.

correction, punishment

completo
nose
angry / fui... I landed
un... *a lighted brand*
un... *a trail of sparks /* *floor / fuego grande*

país... *todo el lugar*

army

poniendo... *setting to flight / animales feroces*

besieged

acaba... *is burning itself out / they (would) devour*

■ Comprensión de la lectura: buscando detalles sobre el ambiente

El cuento de Quiroga tiene lugar en las selvas del norte de la Argentina, y el ambiente es un elemento importante en la historia. La siguiente descripción de este ambiente es una mezcla de verdades y mentiras. Diga cuáles de los detalles son falsos y corríjalos.

Las selvas del Chaco: verdad y mentira

En las selvas del Chaco en el norte de la Argentina, siempre hace mucho calor, aún en invierno. Allí hay un tipo de hormiga terrible que los indios llaman «diversión». Estas hormigas son negras y pequeñas, y corren juntas en columnas con gran velocidad. Devoran todo lo que encuentran, muerto o vivo, que sea de sustancia vegetal o animal: plantas, animales, insectos, hasta la ropa que no es sintética. Dicen que una vez le comieron el sombrero a Teodoro Roosevelt, el presidente de los Estados Unidos. Si hallan algún animal, se prenden de él con los dientes y su mordedura es horriblemente irritante para los nervios. Por eso, los tapires, los jaguares (que allí la gente llama «leones») y las víboras tienen miedo de esas hormigas. En realidad, todos los animales las temen excepto la serpiente de cascabel. Una persona que no se mueva también puede ser comida. La mejor manera de escapar es quitarse la ropa y subir a un árbol o acercarse mucho al fuego, y allí esperar el anochecer, pues las hormigas carnívoras casi siempre cazan de día.

■ Preguntas

1. ¿Dónde está el autor al escribir la historia a sus hijos? ¿Quién está con él?
2. ¿Cómo son las hormigas carnívoras? ¿Qué están haciendo en esos momentos?
3. El día anterior, ¿por qué le parecía raro al autor que víboras, insectos y otros animales pasaran con prisa por la selva?
4. A pesar de esto, ¿por qué concluyó el autor que no pasaba nada?
5. ¿Qué ruido hizo levantarse al autor? ¿Por qué gritó después?
6. ¿Adónde fueron a refugiarse el autor y el indio? ¿Por qué?
7. ¿Cuánto tiempo van a tener que esperar antes de poder salir de allí?

■ ¿Indicativo o subjuntivo?

Subraye la forma apropiada de los verbos entre paréntesis.

1. El padre no creía que sus hijos (sabían / supieran) adivinar de dónde les escribía.
2. El indio le apuntaba con la linterna eléctrica para que (tenía / tuviera) luz para escribir su carta.
3. El hombre contó que una vez en el Brasil, las hormigas le (comieron / comieran) las botas al presidente Roosevelt.
4. Explicó que no había animal alguno que (podía / pudiese) enfrentar a esas hormigas.
5. El hombre tenía un poco de miedo cuando vio que insectos y víboras (huían / huyeran) con pánico.
6. Los dos hombres decidieron quedarse en las cenizas del fuego hasta que todas las hormigas se (fueron / fueran).

■ Opiniones

1. A usted, ¿qué animal le da más miedo? ¿Qué ambiente le parece el más hostil al ser humano? ¿Por qué?
2. ¿Le gustaría a usted que alguien lo (la) invitara a visitar la selva amazónica algún día, o no? ¿Por qué?

VOCABULARIO

El tiempo y el clima

amanecer to grow light, dawn; **el amanecer** daybreak, dawn
anochecer to grow dark; **el anochecer** twilight, dusk
el cielo sky, heaven
la estrella star
haber sol (nubes, niebla) to be sunny (cloudy, foggy)
hacer calor (fresco, frío, viento, sol) to be warm (cool, cold, windy, sunny), referring to weather
llover (ue) to rain; **la lluvia** rain
nevar (ie) to snow; **la nieve** snow
tener calor (frío) to be warm (cold), referring to people or animals

Las estaciones del año

el invierno winter
la primavera spring
el verano summer
el otoño fall

La tierra

el ambiente environment
bajar to go down; **bajar de** to get off (a train, bus, etc.)
el campesino (la campesina) peasant, countryman (countrywoman)
el campo country (as opposed to city); field
la cosecha harvest
crecer to grow
cultivar to grow, cultivate

el desierto desert
la finca farm
la huerta vegetable garden, orchard
el jardín garden (for flowers)
el lago lake
la montaña mountain
plantar to plant
subir to go up, climb; **subir a** to get on or in (bus, car, train, etc.)
el terreno terrain, country (topographical)

El mar

la arena sand
la costa coast
la isla island
nadar to swim
la ola wave
la orilla shore
la playa beach

La selva

el árbol tree
el bosque woods
la flor flower
la hormiga ant
la mariposa butterfly
el pájaro bird
el río river
la selva jungle, forest

Modismos

acabar de + inf. to have just + inf. (in present tense); had just + inf. (in imperfect)
ir de campamento to go camping

■ Buscando palabras

Busque palabras del Vocabulario para llenar los espacios en blanco de una manera apropiada.

1. El campesino cultiva verduras en su _____ ; pero planta flores en su _____ .

2. Si quieres nadar, debes ir a la _____ que está en la costa, donde hay mucha _____ ; pero si no te gusta el mar, pudes nadar en el _____ .

3. Aun en verano cuando anochece y el _____ desaparece, muchas veces tenemos _____ .

4. En el momento de amanecer, todavía brillan las útimas _____ en el luminoso _____ .

5. En primavera si hacemos un picnic, podemos escuchar las canciones de los _____ y mirar las bellas _____ multicolores; pero a veces vienen a comer algunos huéspedes sin invitación: las _____ .

■ Conversemos

1. ¿Cuál le gusta más: el invierno o el verano? ¿la lluvia o la nieve? ¿una finca en el campo o un apartamento en la ciudad? ¿Por qué?
2. Si usted fuera millonario y tuviera un lugar en el campo, ¿cómo sería?
3. ¿Por qué cree usted que a tantas personas les gusta trabajar en un jardín o en una huerta? ¿Cuál prefiere usted?
4. Describa usted el lugar perfecto donde usted quisiera pasar sus vacaciones.

■ Inventando fantasías

Comience las siguientes frases de manera original, usando el imperfecto del subjuntivo, por supuesto.

MODELO: **Si yo viviera en una isla,** estaría muy contento(a).

1. _____ , estaría muy triste.
2. _____ , el mundo sería mejor.
3. _____ , tendríamos el clima ideal.

Otoño en el bulevar.

■ Actividad oral: inventando historias sobre las cuatro estaciones

Inventen ustedes historias sobre cada una de las cuatro estaciones, empleando, cuando sea posible, las palabras del Vocabulario. Toda la clase debe participar, cada persona agregando un detalle. La primera persona escoge una estación y dice, por ejemplo: «Es invierno». La próxima persona repite el detalle e inventa un nuevo detalle. Esto continúa hasta que alguien se rinda (*gives up*).

MODELO: 1. **Es invierno.** 2. **Es invierno y hay mucha nieve.**
3. **Hay mucha nieve y yo tengo frío.** 4. **Yo tengo frío pero subo a una montaña...**

(Acuérdense: Lo importante es decir *algo,* ¡aunque sea un poco loco!)

■ Discutamos

Explique usted brevemente por qué usted está o no está de acuerdo con las siguientes opiniones.

1. Un lugar tiene el clima ideal cuando siempre parece ser primavera.
2. Es mucho mejor pasar las vacaciones en las montañas que en la playa.
3. En este momento es más importante pensar en la creación de nuevos empleos que en la conservación del ambiente.

«¡Se habla mucha tontería sobre la evolucíon! ¡No creo en eso!»

■ Composición

Tema: La importancia de la naturaleza para la gente moderna

10

De pobres y ricos

Problemas económicos: un punto de vista latinoamericano

El escritor chileno Carlos Naudon caracteriza a la América Latina actual como «una suerte° de clase media mundial, a medio camino° entre el grado de desarrollo alcanzado por los países industrializados de Occidente y las naciones pobres de Asia y África». Esta condición es reciente, pues Latinoamérica se ha industrializado y urbanizado rápidamente en los últimos años. Ahora las tres cuartas partes de su población viven en ciudades. El nivel de vida es todavía mucho más bajo que el de los países desarrollados, pero supera° bastante al de los continentes más pobres. Naudon señala,° por ejemplo, que «la población de Argentina y Etiopía es, más o menos, la misma; pero el promedio de vida° es para un argentino de sesenta y ocho años y para el etíope, de treinta y ocho. México y Centroamérica juntos tienen un ingreso° anual superior al de Asia, excluido Japón».

No obstante, hay que recordar que dentro de América Latina existen grandes diferencias entre unos y otros países. La miseria que se encuentra en las naciones más pobres es tan grave como en cualquier otra parte del mundo.

En los últimos años, el gobierno mexicano ha implementado programas para popularizar la planificación familiar como método de combatir la pobreza, y su propaganda ha tenido éxito. Ahora más del 50 por ciento de las mexicanas que tienen edad para procrear° usan alguna forma de anticonceptivo.° Pero México es una excepción en Latinoamérica. En otros países latinoamericanos, no sólo la iglesia católica sino la mayoría de los intelectuales, izquierdistas° tanto como derechistas,° están en contra de programas para promover° el control de la natalidad.°

En la siguiente entrevista, el escritor y político paraguayo exiliado Epifanio Méndez nos ofrece su punto de vista sobre esta cuestión y sobre varios otros aspectos de la economía latinoamericana.

tipo
a... halfway

it exceeds
indica

promedio... life
    expectancy
income

tener hijos
contraceptive

de la izquierda/de la
    derecha/promote
control... birth control

■ Preguntas

1. ¿Por qué se ha dicho que la América Latina representa un tipo de «clase media» del mundo? ¿Qué ha pasado en años recientes para crear esta situación?

2. ¿Dónde viven las tres cuartas partes de la población latinoamericana: en el campo o en la ciudad?
3. ¿Es parecido el nivel de vida en los diferentes países de América Latina?
4. ¿Qué ha hecho el gobierno mexicano en años recientes? ¿Ha tenido éxito o no? ¿Es típico este programa?

Nuestra entrevista con Epifanio Méndez

Pregunta: Tenemos aquí unas estadísticas alarmantes. Según una publicación de la O.E.A.,° para el año 2.000 Hispanoamérica habrá doblado su población. ¿Qué problemas económicos cree usted que va a causar esta explosión demográfica?

Organización de Estados Americanos

Respuesta: Eso depende de la política económica que hayan desarrollado los estados hispanoamericanos para esa fecha. América es un mundo despoblado° con enormes extensiones de tierras cultivables. Puede ser inclusive proveedor° de alimentos° para el mundo. Por lo tanto, no creo que pueda producir grandes problemas dicha° explosión demográfica. El planteamiento° es un poco artificial y probablemente tenga relación con la política de dominación de determinados° grupos económicos de poder mundial.

con poca población

provider/comida
the above-mentioned
forma de presentación

ciertos

P.: ¿Es decir que usted no está de acuerdo con quienes proponen el control de la natalidad como una manera de combatir la pobreza en Latinoamérica?

R.: Estoy en completo desacuerdo con esa idea. Nuestros pueblos no necesitan frenar° el incremento° de la población. El Paraguay, por ejemplo, es un país prácticamente desierto.° Argentina está relativamente poblada pero puede aún dar cabida a una población cuatro veces mayor que la actual. Brasil es un continente. Si comparamos la densidad de población por kilómetro cuadrado° de los países latinoamericanos con los de Europa, los nuestros son prácticamente países despoblados.

moderar/aumento

sin gente

square

Epifanio Mendez
con su mujer.

P.: Entonces, ¿cómo explica la existencia de villas miseria° y en general la pobreza en Latinoamérica?

villas... barrios muy pobres

R.: Se trata de un problema complejo y es en gran parte producto de lo que se conoce como «colonialismo invisible», el control de ciertos sectores importantes de las economías nacionales por parte de algunas empresas° extranjeras. Es el caso de las compañías bananeras° y de los ingenios azucareros° en América Central, de las inversiones° en la producción del café en Brasil o Colombia, de la extracción del cobre° en Chile, del estaño° en Bolivia o del petróleo en Perú.

compañías
de bananas
ingenios... *sugar mills*
investments
copper/tin

P.: ¿Cree usted que Latinoamérica se habría desarrollado mejor sin la intervención de las multinacionales?

R.: En primer lugar, debemos partir° de la realidad de las cosas. Las multinacionales son de creación relativamente reciente pero hoy día operan no sólo en los países subdesarrollados,° sino también en los Estados Unidos y en Europa. Eso indica su enorme capacidad de penetración. En Latinoamérica, aunque lo ideal sería el autoabastecimiento° y la suspensión de la inversión extranjera, en muchos casos es indispensable el apoyo foráneo,° especialmente en los países que carecen de° capital nacional y de una técnica de producción moderna, como es el caso de la mayoría de los países latinoamericanos.

empezar

underdeveloped

self-sufficiency
extranjero
carecen... no tienen

P.: Los problemas actuales más serios de las ciudades norteamericanas son la contaminación,° el crimen, la vi-

pollution

vienda, el desempleo° y el tráfico. ¿Existen estos mismos   falta de trabajo
problemas en Latinoamérica o hay otros más importantes
en este momento?

R.: En proporciones diversas, estos problemas también
afectan a nuestros países. Por ejemplo, la contaminación
del aire y del agua ya existe en Buenos Aires, en San Pablo,
en Ciudad de México, etc. La vivienda es un gran pro-   ciudades
blema en las grandes urbes° latinoamericanas. A la mi-   nombre brasileño de
gración rural se debe la existencia de las favelas° en Río   las villas miseria
de Janeiro, las villas miseria en Buenos Aires y otras con-
centraciones similares. En cuanto al desempleo, los por-
centajes son generalmente mucho más altos que en los
países desarrollados. En México, se estima que entre desempleo y subempleo,° la desocupación alcanza° actual-   underemployment /
mente al 40 por ciento de la población. Pero considerando   llega
los problemas latinoamericanos fundamentales, éstos serían, en mi opinión: (1) el problema político: la inmensa
mayoría de los estados latinoamericanos son gobernados
por poderes ilegítimos; (2) el problema del latifundio,°   large landholding
herencia° de la dominación colonial y del colonialismo   inheritance
invisible después; (3) el problema económico-financiero
que debe solucionarse según las necesidades y posibilidades de cada país.

P.: ¿Ve usted alguna solución al problema de las villas
miseria?

R.: Sí, y la veo en la creación de centros de incentivación°   motivación

económica en las zonas centrales de los países, al estilo
francés. Francia ha desarrollado una política de estímulo°   *stimulation*
que ha llenado de industrias todo su territorio y ha abierto
innumerables fuentes° de trabajo. De esa manera se ha   *sources*
logrado° allí, y se podría lograr en cualquiera de nuestros   *conseguido*
países, la descongestión de la población que se ha ido
acumulando en las villas miseria.

■ Comprensión de la lectura: apoyando opiniones con argumentos

En la entrevista, el señor Méndez opina sobre varias cuestiones y
apoya sus opiniones con argumentos. Escoja las frases que expresan
su punto de vista sobre los siguientes tres temas; luego indique qué
argumento(s) de la lista él usa para apoyar su opinión.

1. La necesidad de más control de la natalidad para combatir la pobreza en
   Latinoamérica: El señor Méndez (está de acuerdo / no está de acuerdo / está
   de acuerdo pero sólo en parte) con esta idea porque...
2. La presencia de la inversión extranjera en las economías de América Latina:
   El señor Méndez (está a favor / está en contra / está a favor pero sólo en
   parte) de esta situación porque...
3. Los problemas actuales de las ciudades norteamericanas son los mismos
   que existen en las ciudades latinoamericanas: El señor Méndez (cree / no
   cree / cree parcialmente) que esto es verdad porque...

Los grados de la
epidemia.

Lista de argumentos

En Latinoamérica...

La mayoría de los países carece de capital y técnica de producción moderna.

Los países estan prácticamente despoblados.

Lo ideal sería el autoabastecimiento.

La vivienda es un problema severo en las grandes urbes.

Hay enormes extensiones de tierras cultivables.

La contaminación del aire existe en algunas ciudades.

Ciertos sectores de las economías han sido controlados por las compañías multinacionales.

■ Preguntas

1. ¿Por qué no le preocupa mucho al señor Méndez que para el año 2.000 Hispanoamérica probablemente habrá doblado su población?
2. Según él, ¿qué es el «colonialismo invisible»? ¿Dónde se observa en Latinoamérica?
3. ¿Cuál de los problemas de las ciudades norteamericanas le parece a usted más serio? ¿Son más o menos urgentes estos problemas en América Latina?
4. Para el señor Méndez, ¿cuáles son los problemas más graves de América Latina?
5. ¿Qué solución ofrece él; al problema de las «villas miseria»? ¿Qué le parece a usted esta idea?

■ Adjetivos que terminan en *-ado/-ido*

Llene los espacios en blanco con la palabra apropiada, según el modelo.

MODELO: poblar   una región   **poblada**

1. desarrollar   los países   _____
2. industrializar   las economías   _____
3. reducir   una población   _____
4. exiliar   un político   _____
5. permitir   una inversión   _____
6. obtener   un puesto   _____

■ Opiniones

1. ¿Por qué cree usted que muchos latinoamericanos están en contra del control de la natalidad para combatir la pobreza en su región? ¿Qué opina usted de esto?
2. ¿Qué deberían hacer los países desarrollados para ayudar a los países en desarrollo? Por ejemplo, ¿cree usted que se deben anular las enormes deudas externas de México y del Brasil? Explique.

Las clases sociales en Latinoamérica

Para la gran mayoría de los jóvenes latinoamericanos no existe la oportunidad de escoger su futuro. Criados° en la pobreza e ignorancia de las secciones rurales, o en las villas miseria sin calefacción ni alimentación suficiente, estos jóvenes —muchos de ellos analfabetos— sólo pueden aspirar a un trabajo no especializado° que apenas° les dé lo suficiente para mantener a una familia. En muchos países de América Latina, las profesiones y carreras son para los hijos de un pequeño grupo de familias adineradas° que son dueños de la mayor parte de la riqueza y del poder económico.

Brought up

no... unskilled / scarcely

ricas

    Esta estratificación social es resultado de la herencia° de las antiguas instituciones y costumbres coloniales, una de las cuales es el latifundio.° Riqueza y propiedad, tradicionalmente concentradas, todavía no han sido repartidas° entre las masas. Algunas consecuencias de este sistema son (1) un gran abismo° entre los pocos individuos ricos y cultos° y los muchos pobres y atrasados° y (2) una inmovilidad social vertical casi absoluta.

inheritance
large landholding

dividas
chasm
instruidos / backward

    En la siguiente pieza dramática, el autor chileno Sergio Vodanovic examina las actitudes y los prejuicios° que apoyan este sistema de castas sociales, utilizando una figura común en América Latina. Esa figura lleva diferentes nombres según la región: en Colombia es la *criada*, en México la *muchacha*, la *mucama* en Argentina y Uruguay, la *empleada* en Chile. Pero en muchas partes se la ve; una mujer de clase baja, vestida de delantal° blanco, haciendo el trabajo doméstico en las casas de los privilegiados; una figura a la vez despreciable° e indispensable para ellos.

prejudices

apron, uniform

mirada con desdén

■ Preguntas

1. ¿Por qué no pueden escoger su futuro la gran mayoría de los jóvenes latinoamericanos? ¿A qué pueden aspirar?
2. ¿Para quiénes son reservadas las profesiones y carreras? ¿Cree usted que esto también es verdad en los Estados Unidos?
3. ¿Qué consecuencias ha tenido el sistema del latifundio colonial en América Latina?
4. ¿Qué figura utiliza el autor de «El delantal blanco» como uno de los personajes principales? ¿Cuáles son los nombres que se le dan en algunos países?

El delantal blanco

Sergio Vodanovic

Primera parte*

La playa.
Al fondo, una carpa.°   tent
Frente a ella, sentadas a su sombra, la **señora** *y la* **empleada**.

La **señora** *está en traje de baño y, sobre él, usa un blusón° de*   blusa larga
toalla° blanca. Su tez° está tostada.° La **empleada** *viste su*   terrycloth/cara/
uniforme blanco. La **señora** *es una mujer de treinta años, pelo*   suntanned
claro,° rostro atrayente° aunque algo duro. La **empleada** *tiene*   light/atractivo
veinte años, tez blanca, pelo negro, rostro plácido y agradable.

La señora. *(Gritando hacia su pequeño hijo, a quien no*
se ve y que se supone está a la orilla del mar, justamente, al borde° del escenario.) *¡Alvarito! ¡Alvarito! ¡No*   edge
le tire arena a la niñita! ¡Alvarito, no! ¡No le deshaga
el castillo° a la niñita! Juegue con ella... Sí, mi hijito...   castle
juegue...

La empleada: Es tan peleador°...   luchador

La señora: Salió al padre°... Es inútil° corregirlo. Tiene   **Salió...** *He takes after*
una personalidad dominante que le viene de su padre,   *his father/useless*
de su abuelo, de su abuela... ¡sobre todo de su abuela!

La empleada: ¿Vendrá el caballero° mañana?   *gentleman, i.e., your*
                                                                  *husband/***Se...** *She*
La señora: *(Se encoge de hombros con desgano.°)* ¡No   *shrugs her shoulders*
sé! Ya estamos en marzo, todas mis amigas han regre-   *listlessly*
sado y Álvaro me tiene todavía aburriéndome en la
playa. Él dice que quiere que el niño aproveche° las   *take advantage of*

*Las divisiones de «Primera parte» y «Segunda parte» no existen en el original; están aquí por
razones pedagógicas.

vacaciones, pero para mí que es él quien está apro-
vechando. *(Se saca el blusón y se tiende° a tomar sol.)* | *se... she lies down*
¡Sol! ¡Sol! Tres meses tomando sol. Estoy intoxicada
de sol. *(Mirando inspectivamente a la* **empleada**.*)* ¿Qué
haces tú para no quemarte?° | *get sunburned*

La empleada: He salido tan poco de la casa...

La señora: ¿Y qué querías? Viniste a trabajar, no a vera-
near.° Estás recibiendo sueldo,° ¿no? | *pasar las vacaciones/ salario*

La empleada: Sí, señora. Yo sólo contestaba su pregunta.

La **empleada** *saca de una bolsa una revista de historietas fo-
tografiadas° y principia a leer.* | *revista... tipo de revista que usa diálogos y fotografías para contar historias de amor*

La señora: ¿Qué haces?

La empleada: Leo esta revista.

La señora: ¿La compraste tú?

La empleada: Sí, señora.

La señora: No se te paga tan mal, entonces, si puedes
comprarte tus revistas ¿eh?

La **empleada** *no contesta y vuelve a mirar la revista.*

La señora: ¡Claro! Tú leyendo y que Alvarito reviente,
que se ahogue°... | *que... let Alvarito be blown apart, let him drown (said sarcastically)/you watch over*

La empleada: Pero si está jugando con la niñita...

La señora: Si te traje a la playa es para que vigilaras° a
Alvarito y no para que te pusieras a leer.

La **empleada** *deja la revista y se incorpora° para ir donde está
Alvarito.* | *levanta*

La señora: ¡No! Lo puedes vigilar desde aquí. Quédate
a mi lado, pero observa al niño. ¿Sabes? Me gusta
venir contigo a la playa.

La empleada: ¿Por qué?

La señora: Bueno... no sé... Será por lo mismo que me
gusta venir en el auto, aunque la casa esté a dos cua-
dras.° Me gusta que vean el auto. Todos los días, hay | *a... two blocks away*
alguien que se para° al lado de él y lo mira y comenta. | *se... stops*
No cualquiera° tiene un auto como el de nosotros... | *just anybody*
Dime... ¿Cómo es tu casa?

La empleada: Yo no tengo casa.

La señora: Debes haber tenido padres... ¿Eres del
campo?

La empleada: Sí.

La señora: Y tuviste ganas de conocer la ciudad, ¿ah?

La empleada: No. Me gustaba allá.

La señora: ¿Por qué te viniste, entonces?

La empleada: Tenía que trabajar.

La señora: No me vengas con° ese cuento. Conozco la vida de los inquilinos° en el campo. Lo pasan bien. Les regalan una cuadra° para que cultiven. Tienen alimentos gratis y hasta les sobra° para vender. Algunos tienen hasta sus vaquitas... ¿Tus padres tenían vacas?

La empleada: Sí, señora. Una.

La señora: ¿Ves? ¿Qué más quieren? ¡Alvarito! ¡No se meta tan allá que puede venir una ola! ¿Qué edad tienes?

La empleada: ¿Yo?

La señora: A ti te estoy hablando. No estoy loca para hablar sola.

La empleada: Ando en° los veintiuno...

La señora: ¡Veintiuno! A los veintiuno yo me casé. ¿No has pensado en casarte?

La **empleada** *baja la vista° y no contesta.*

La señora: ¡Las cosas que se me ocurren preguntar! ¿Para qué querrías casarte? En la casa tienes de todo: comida, una buena pieza,° delantales limpios... Y si te casaras... ¿Qué es lo que tendrías? Te llenarías de chiquillos,° no más.

La empleada: *(Como para sí.°)* Me gustaría casarme...

La señora: ¡Tonterías! Cosas que se te ocurren por leer historias de amor en las revistas baratas... Acuérdate de esto: Los príncipes azules° ya no existen. Cuando mis padres no me aceptaban un pololo° porque no tenía plata,° yo me indignaba, pero llegó Álvaro con sus industrias y sus fundos° y no quedaron contentos hasta que lo casaron conmigo. A mí no me gustaba porque era gordo y tenía la costumbre de sorberse los mocos,° pero después en el matrimonio, uno se acostumbra a todo. Y llega a la conclusión que todo da lo mismo,° salvo° la plata. Sin la plata no somos nada. Yo tengo plata, tú no tienes. Esa es toda la diferencia entre nosotras. ¿No te parece?

La empleada: Sí, pero...

La señora: ¡Ah! Lo crees ¿eh? Pero es mentira. Hay algo que es más importante que la plata: la clase. Eso no se compra. Se tiene o no se tiene. Álvaro no tiene clase. Yo sí la tengo. Y podría vivir en una pocilga° y todos se darían cuenta de que soy alguien. Te das cuenta ¿verdad?

La empleada: Sí, señora.

La señora: A ver... Pásame esa revista. *(La* **empleada** *lo hace. La* **señora** *la hojea.° Mira algo y lanza una carcajada.°)* ¿Y esto lees tú?

No... *Don't give me*
tenants
un lote pequeño de tierra/queda más

Ando... Tengo más o menos

los ojos

habitación, cuarto

niños

para... *to herself*

príncipes... *fairy-tale princes*/novio (en Chile)/dinero
haciendas

sorberse... *sniffing*

da... es igual/excepto

pigpen

leafs through it
loud laugh

La empleada: Me entretengo,° señora.

La señora: ¡Qué ridículo! ¡Qué ridículo! Mira a este roto° vestido de smoking.° Cualquiera se da cuenta que está tan incómodo en él como un hipopótamo con faja° ... (*Vuelve a mirar en la revista.*) ¡Y es el conde° de Lamarquina! ¡El conde de Lamarquina! A ver... ¿Qué es lo que dice el conde? (*Leyendo.*) «Hija mía, no permitiré jamás que te cases con Roberto. Él es un plebeyo.° Recuerda que por nuestras venas corre sangre azul.» ¿Y ésta es la hija del conde?

La empleada: Sí. Se llama María. Es una niña sencilla y buena. Está enamorada de Roberto, que es el jardinero° del castillo. El conde no lo permite. Pero... ¿sabe? Yo creo que todo va a terminar bien. Porque en el número° anterior Roberto le dijo a María que no había conocido a sus padres y cuando no se conoce a los padres, es seguro que ellos son gente aristócrata que perdieron al niño de chico o lo secuestraron°...

La señora: ¿Y tú crees todo eso?

La empleada: Es bonito, señora.

La señora: ¿Qué es tan bonito?

La empleada: Que lleguen a pasar cosas así. Que un día cualquiera,° uno sepa que es otra persona, que en vez de ser pobre, se es rica; que en vez de ser nadie, se es alguien, así como dice usted...

La señora: Pero no te das cuenta que no puede ser... Mira a la hija... ¿Me has visto a mí alguna vez usando unos aros° así? ¿Has visto a alguna de mis amigas con una cosa tan espantosa?° ¿No te das cuenta que una mujer así no puede ser aristócrata?... ¿A ver? ¿Sale fotografiado aquí el jardinero?

La empleada: Sí. En los cuadros del final. (*Le muestra en la revista. La* **señora** *ríe encantada.*)

La señora: ¿Y éste crees tú que puede ser un hijo de aristócrata? ¿Con esa nariz? ¿Con ese pelo? Mira... Imagínate que mañana me rapten° a Alvarito. ¿Crees tú que va a dejar por eso de tener su aire de distinción?

La empleada: ¡Mire, señora! Alvarito le botó el castillo de arena a la niñita de una patada.°

La señora: ¿Ves? Tiene cuatro años y ya sabe lo que es mandar, lo que es no importarle los demás.° Eso no se aprende. Viene en la sangre.

La empleada: (*Incorporándose.*) Voy a ir a buscarlo.

La señora: Déjalo. Se está divirtiendo.

La **empleada** *se desabrocha° el primer botón de su delantal.*

La señora: ¿Tienes calor?

Me... Paso el tiempo/hombre pobre, de clase baja (en Chile)/*tuxedo girdle*

count

hombre... de clase baja

gardener

issue

kidnapped

un... *one fine day*

earrings

horrible

kidnap

kick

lo... *what it means not to care about others*

unbuttons

La empleada: El sol está picando° fuerte.   *calentando*

La señora: ¿No tienes traje de baño?

La empleada: No.

La señora: ¿No te has puesto nunca traje de baño?

La empleada: ¡Ah, sí!

La señora: ¿Cuándo?

La empleada: Antes de emplearme. A veces, los domingos, hacíamos excursiones a la playa.

La señora: ¿Y se bañaban?

La empleada: En la playa grande de Cartagena. Arren-
dábamos° trajes de baño y pasábamos todo el día en   *We rented*
la playa. Llevábamos de comer y...

La señora: *(Divertida).* ¿Arrendaban trajes de baño?

La empleada: Sí. Hay una señora que arrienda en la
misma playa.

La señora: Una vez con Álvaro, nos detuvimos en Cartagena y miramos a la playa. ¡Era tan gracioso! ¡Y esos
trajes de baño arrendados! Unos eran tan grandes que
hacían bolsas° por todos los lados y otros quedaban   **hacían...** *were baggy*
tan chicos que las mujeres andaban con el traste°   *rear*
afuera. ¿De cuáles arrendabas tú? ¿De los grandes o
de los chicos?

*La **empleada** mira al suelo.*

La señora: Debe ser curioso... Mirar el mundo desde un
traje de baño arrendado... o con uniforme de empleada
como el que usas tú... Algo parecido le debe suceder
a esta gente que se fotografía para estas historietas:
se ponen smoking o un traje de baile y debe ser diferente la forma como miran a los demás, como se sienten ellos mismos... Cuando yo me puse mi primer par
de medias,° el mundo entero cambió para mí. Los de-   *stockings*
más eran diferentes; yo era diferente y el único cambio
efectivo era que tenía puesto un par de medias...
Dime... ¿Cómo se ve el mundo cuando se está vestida
con un delantal blanco?

La empleada: *(Tímidamente.)* Igual... La arena tiene el
mismo color... las nubes son iguales... Supongo.

La señora: Pero no... Es diferente. Mira. Yo con este
traje de baño, con este blusón de toalla, sé que estoy
en «mi lugar», que esto me pertenece... En cambio tú,
vestida como empleada sabes que la playa no es tu
lugar, que eres diferente... Y eso, eso te debe hacer
ver todo distinto.

La empleada: No sé.

La señora: Mira. Se me ha ocurrido algo. Préstame tu
delantal.

La empleada: ¿Cómo?

La señora: Préstame tu delantal.

La empleada: Pero... ¿Para qué?

La señora: Quiero ver cómo se ve el mundo, qué apariencia tiene la playa cuando se la ve encerrada° en   *confined*
un delantal de empleada.

La empleada: ¿Ahora?

La señora: Sí, ahora.

La empleada: Pero es que... No tengo un vestido debajo.

La señora: *(Tirándole el blusón.)* Toma... Ponte esto.

La empleada: Voy a quedar en calzones°...   *underpants*

La señora: Es lo suficientemente largo como para cu-
brirte. *(Se levanta y obliga a levantarse a la empleada.)*
Ya. Métete en la carpa y cámbiate.°   *change*

*(Prácticamente obliga a la **empleada** a entrar a la carpa y luego*
lanza al interior de ella el blusón de toalla. Se dirige al primer
plano° y le habla a su hijo.)   **primer...** *foreground*

La señora: Alvarito, métase un poco al agua. Mójese las
patitas° siquiera... ¡Eso es! ¿Ves que es rica el agüita?   **Mójese...** *Get your*
(Se vuelve hacia la carpa y habla hacia dentro de ella.)   *feet wet*
¿Estás lista? *(Entra a la carpa.)*

■ Comprensión de la lectura (primera parte): la caracterización de los personajes

En una pieza dramática, el autor nos muestra los caracteres de sus
personajes por medio de palabras y acciones. Termine de manera
apropiada las siguientes frases para mostrar algunas palabras y
acciones que han desarrollado la caracterización en esta parte.

1. Podemos ver que la señora es egoísta cuando...
2. Vemos que la señora es snob cuando...
3. Se nota que la señora es materialista y cínica cuando...
4. Es evidente que la señora tiene prejuicios cuando...
5. Se puede ver que la empleada es idealista cuando...

■ Preguntas (primera parte)

1. ¿Por qué están las dos mujeres en la playa?
2. ¿Qué tipo de persona es la señora? ¿Y la empleada?
3. ¿Cree usted que la señora está criando bien o mal a su hijo? Explique.
4. ¿De qué trata la historia de la revista? ¿Por qué le gusta a la empleada? ¿Por
qué le parece ridícula a la señora?
5. ¿Quién cree usted que sea más feliz: la señora o la empleada? ¿Por qué?
6. ¿Por qué quiere la señora intercambiar ropas con su empleada?

Segunda parte

Después de un instante, sale la **empleada** *vestida con el blusón de toalla. Se ha prendido° el pelo hacia atrás y su aspecto ya difiere° algo de la tímida muchacha que conocemos. Con delicadeza se tiende de bruces° sobre la arena. Sale la* **señora** *abotonándose° aún su delantal blanco. Se va a sentar delante de la* **empleada,** *pero vuelve un poco más atrás.*

tied up
es diferente
de... on her stomach
buttoning

La señora: No. Adelante no. Una empleada en la playa se sienta siempre un poco más atrás que su patrona.° *(Se sienta y mira, divertida, en todas direcciones.)*

señora

La **empleada** *cambia de postura. La* **señora** *toma la revista de la* **empleada** *y principia a leerla. Al principio, hay una sonrisa irónica en sus labios que desaparece luego al interesarse por la lectura. La* **empleada,** *con naturalidad, toma de la bolsa de playa de la* **señora** *un frasco° de aceite bronceador° y principia a extenderlo con lentitud por sus piernas. La* **señora** *la ve. Intenta una reacción reprobatoria, pero queda desconcertada.*

botella/aceite...
   tanning oil

La señora: ¿Qué haces?

La **empleada** *no contesta. La* **señora** *opta por° seguir la lectura, vigilando de vez en vez° con la vista lo que hace la* **empleada.** *Ésta ahora se ha sentado y se mira detenidamente las uñas.°*

opta... decides
de... from time to time

fingernails

La señora: ¿Por qué te miras las uñas?
La empleada: Tengo que arreglármelas.°
La señora: Nunca te había visto antes mirarte las uñas.
La empleada: No se me había ocurrido.
La señora: Este delantal acalora.
La empleada: Son los mejores y los más durables.
La señora: Lo sé. Yo los compré.
La empleada: Le queda bien.°
La señora: *(Divertida.)* Y tú no te ves nada de mal con esa tenida.° *(Se ríe.)* Cualquiera se equivocaría.° Más de un jovencito te podría hacer la corte°... ¡Sería como para contarlo!°
La empleada: Alvarito se está metiendo muy adentro. Vaya a vigilarlo.
La señora: *(Se levanta inmediatamente y se adelanta.)* ¡Alvarito! ¡Alvarito! No se vaya tan adentro... Puede venir una ola. *(Recapacita° de pronto y se vuelve desconcertada hacia la* **empleada.***)*
La señora: ¿Por qué no fuiste tú?
La empleada: ¿Adónde?
La señora: ¿Por qué me dijiste que yo fuera a vigilar a Alvarito?
La empleada: *(Con naturalidad.)* Ud. lleva el delantal blanco.

fix them

Le... It fits you well.

outfit/se... could be
   fooled/te... could try
   to court you/Sería...
   It would make a
   good story

She reconsiders

La señora: Te gusta el juego, ¿ah?

Una pelota de goma, impulsada por un niño que juega cerca, ha caído a los pies de la **empleada.** *Ella la mira y no hace ningún movimiento. Luego mira a la* **señora.** *Ésta, instintivamente, se dirige a la pelota y la tira en la dirección en que vino. La* **empleada** *busca en la bolsa de playa de la* **señora** *y se pone sus anteojos para el sol.*

La señora: *(Molesta.)*° ¿Quién te ha autorizado para que uses mis anteojos?   °Irritada

La empleada: ¿Cómo se ve la playa vestida con un delantal blanco?

La señora: Es gracioso.° ¿Y tú? ¿Cómo ves la playa ahora?   °funny

La empleada: Es gracioso.

La señora: *(Molesta.)* ¿Dónde está la gracia?

La empleada: En que no hay diferencia.

La señora: ¿Cómo?

La empleada: Ud. con el delantal blanco es la empleada; yo con este blusón y los anteojos oscuros soy la señora.

La señora: ¿Cómo?... ¿Cómo te atreves a decir eso?

La empleada: ¿Se habría molestado° en recoger la pelota si no estuviese vestida de empleada?   °Se... Would you have bothered

La señora: Estamos jugando.

La empleada: ¿Cuándo?

La señora: Ahora.

La empleada: ¿Y antes?

La señora: ¿Antes?

La empleada: Sí. Cuando yo estaba vestida de empleada...

La señora: Eso no es juego. Es la realidad.

La empleada: ¿Por qué?

La señora: Porque sí.°   °Porque... Because it is.

La empleada: Un juego... un juego más largo... como el «paco-ladrón».° A unos les corresponde ser «pacos», a otros «ladrones».   °cops and robbers

La señora: *(Indignada.)* ¡Ud. se está insolentando!°   °becoming insolent

La empleada: ¡No me grites! ¡La insolente eres tú!

La señora: ¿Qué significa eso? ¿Ud. me está tuteando?°   °tratando de tú

La empleada: ¿Y acaso tú no me tratas de tú?

La señora: ¿Yo?

La empleada: Sí.

La señora: ¡Basta ya! ¡Se acabó° este juego!   °terminó

La empleada: ¡A mí me gusta!

La señora: ¡Se acabó! *(Se acerca violentamente a la* **empleada.***)*

La empleada: *(Firme.)* ¡Retírese!°   °Move back!

*La **señora** se detiene sorprendida.*

La señora: ¿Te has vuelto loca?

La empleada: Me he vuelto señora.

La señora: Te puedo despedir° en cualquier momento.   *fire*

La empleada: *(Explota en grandes carcajadas, como si lo que hubiera oído fuera el chiste más gracioso que jamás ha escuchado.)*

La señora: ¿Pero de qué te ríes?

La empleada: *(Sin dejar de reír.)* ¡Es tan ridículo!

La señora: ¿Qué? ¿Qué es tan ridículo?

La empleada: Que me despida... ¡Vestida así! ¿Dónde se ha visto a una empleada despedir a su patrona?

La señora: ¡Sácate° esos anteojos! ¡Sácate el blusón!   *Quítate*
¡Son míos!

La empleada: ¡Vaya a ver al niño!

La señora: Se acabó el juego, te he dicho. O me devuelves mis cosas o te las saco.

La empleada: ¡Cuidado! No estamos solas en la playa.

La señora: ¿Y qué hay con eso? ¿Crees que por estar vestida con un uniforme blanco no van a reconocer quién es la empleada y quién la señora?

La empleada: *(Serena.)* No me levante la voz.°   **No...** No me grite

*La **señora** exasperada se lanza° sobre la **empleada** y trata de   tira
sacarle el blusón a viva fuerza.°*   **a...** *by force*

La señora: *(Mientras forceja.°)* ¡China!° ¡Ya te voy a en-   lucha/mujer que tiene
señar quién soy! ¿Qué te has creído? ¡Te voy a meter   sangre india
presa!°   en la cárcel

*Un grupo de bañistas° han acudido° al ver la riña.° Dos **jó-**   *bathers/hurried over/*
venes, una **muchacha** y un **señor** de edad madura y de apa-   pelea
riencia muy distinguida. Antes que puedan intervenir, la **em-**
pleada ya ha dominado la situación manteniendo bien sujeta°   **bien...** *tightly held*
a la **señora** contra la arena. Ésta sigue gritando ad libitum°   **ad...** libremente
expresiones como: «rota cochina»°... «ya te la vas a ver con mi   **rota...** *filthy scum*
marido»°... «te voy a mandar presa»... «esto es el colmo»°, et-   **ya...** *you'll have to*
cétera, etcétera.*   *answer to my
          husband/***esto...*** *this
          is too much*

Un joven: ¿Qué sucede?

El otro joven: ¿Es un ataque?

La jovencita: Se volvió loca.

Un joven: Puede que sea efecto de una insolación.°   *sunstroke*

El otro joven: ¿Podemos ayudarla?

La empleada: Sí. Por favor. Llévensela. Hay una posta°   *emergency aid station*
por aquí cerca...

El otro joven: Yo soy estudiante de medicina. Le pondremos una inyección para que se duerma por un buen tiempo.

La señora: ¡Imbéciles! ¡Yo soy la patrona! Me llamo Patricia Hurtado, mi marido es Álvaro Jiménez, el político...

La jovencita: *(Riéndose.)* Cree ser la señora.

Un joven: Está loca.

El otro joven: Un ataque de histeria.

Un joven: Llevémosla.

La empleada: Yo no los acompaño... Tengo que cuidar a mi hijito... Está ahí bañándose...

La señora: ¡Es una mentirosa! ¡Nos cambiamos de vestido sólo por jugar! ¡Ni siquiera tiene traje de baño! ¡Debajo del blusón está en calzones! ¡Mírenla!

El otro joven: *(Haciéndole un gesto al **joven**.)* ¡Vamos! Tú la tomas por los pies y yo por los brazos.

La jovencita: ¡Qué risa! ¡Dice que está en calzones!

*Los dos **jóvenes** toman a la **señora** y se la llevan, mientras ésta se resiste y sigue gritando.*

La señora: ¡Suéltenme! ¡Yo no estoy loca! ¡Es ella! ¡Llamen a Alvarito! ¡Él me reconocerá!

*Mutis° de los dos **jóvenes** llevando en peso° a la **señora.** La*   Exit/en... in the air
***empleada** se tiende sobre la arena, como si nada hubiera su-*
cedido, aprontándose° para un prolongado baño de sol.   preparándose

El caballero distinguido: ¿Está Ud. bien, señora? ¿Puedo serle útil° en algo?   serle... ayudarla

La empleada: *(Mira inspectivamente al **señor distinguido** y sonríe con amabilidad.)* Gracias. Estoy bien.

El caballero distinguido: Es el símbolo de nuestro tiempo. Nadie parece darse cuenta, pero a cada rato, en cada momento sucede algo así.

La empleada: ¿Qué?

El caballero distinguido: La subversión del orden establecido. Los viejos quieren ser jóvenes; los jóvenes quieren ser viejos; los pobres quieren ser ricos y los ricos quieren ser pobres. Sí, señora. Asómbrese Ud.°   **Asómbrese...** *Be*
También hay ricos que quieren ser pobres. Mi nuera°   *amazed/daughter-in-*
va todas las tardes a tejer° con mujeres de poblaciones   *law/knit*
callampas.° ¡Y le gusta hacerlo! *(Transición.)* ¿Hace   villas miseria *(literally,*
mucho tiempo que está con Ud.?   *mushroom towns)*

La empleada: ¿Quién?

El caballero distinguido: Su empleada.

La empleada: Poco más de un año.

El caballero distinguido: ¡Y así le paga a Ud.! ¡Queriéndose hacer pasar por una señora! ¡Como si no se re-

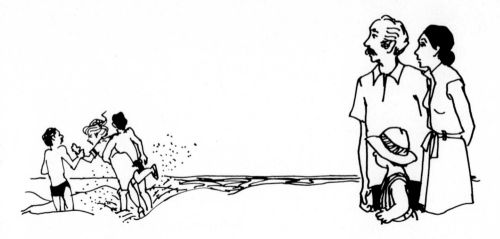

conociera a primera vista quién es quién! *(Transición.)*
¿Sabe Ud. por qué suceden estas cosas?

La empleada: ¿Por qué?

El caballero distinguido: *(Con aire misterioso.)* El comunismo...

La empleada: ¡Ah!

El caballero distinguido: *(Tranquilizador.)* Pero no nos
inquietemos.° El orden está restablecido. Al final, preocupemos
siempre el orden se restablece... Es un hecho... Sobre
eso no hay discusión... *(Transición.)* Ahora, con per-
miso señora. Voy a hacer mi footing diario.° Es muy **Voy...** *I'm going to*
conveniente a mi edad. Para la circulación ¿sabe? Y *take my daily walk*
Ud. quede tranquila. El sol es el mejor sedante. *(Ce-*
remoniosamente.) A sus órdenes, señora. Y no sea muy
dura con su empleada, después que se haya tranquilizado... Después de todo... Tal vez tengamos algo de
culpa nosotros mismos... ¿Quién puede decirlo? *(El*
caballero distinguido hace mutis.)

*La **empleada** cambia de posición. Se tiende de espaldas para
recibir el sol en la cara. De pronto se acuerda de Alvarito. Mira
hacia donde él está.*

La empleada: ¡Alvarito! ¡Cuidado con sentarse en esa
roca! Eso es, corra por la arenita... Eso es, mi hijito...

*(Y mientras la **empleada** mira con ternura° y delectación ma-* *tenderness*
ternal cómo Alvarito juega a la orilla del mar se cierra lenta-
mente el telón.°) *curtain*

■ Comprensión de la lectura (segunda parte): leyendo con precisión

Diga si cada una de las siguientes frases sobre la acción de la segunda parte es verdad o mentira. Luego, corrija las frases falsas.

1. _____ La señora cree que su empleada se ve vulgar y ridícula, vestida en la nueva ropa.
2. _____ La señora se indigna porque la empleada le dice que hay una gran diferencia entre el «juego» y la realidad.
3. _____ La empleada se ríe cuando la señora le dice que va a despedirla.
4. _____ La señora ataca a la empleada y la domina fácilmente, pero algunos bañistas llegan a ayudarla.
5. _____ Los otros bañistas no creen la historia de la señora porque ella lleva el delantal blanco.

■ Preguntas (segunda parte)

1. ¿Cómo han cambiado las dos mujeres después de ponerse cada una la ropa de la otra?
2. ¿Cómo reacciona cada una al «juego»?
3. ¿En qué momento deja de tutear a su empleada la señora? ¿Qué hace la empleada como consecuencia? ¿Cómo se podría traducir esta parte de la pieza al inglés?
4. ¿Qué hacen los otros bañistas para ayudar a la empleada?
5. ¿Quién regresa para hablar con la empleada y por qué? ¿Cómo interpreta él lo sucedido?

■ Formas de haber

Llene usted los espacios en blanco con las formas apropiadas del verbo haber.

MODELO: Una pelota de goma (has fallen) __ha__ caído a los pies de la empleada.

1. Roberto le dijo a María que (he had not known) no _____ conocido a sus padres.
2. Debes (have had) _____ tenido padres.
3. ¿(Would you have bothered) Se _____ molestado en recoger la pelota si no estuviese vestida de empleada?
4. ¿(Have you become) Te _____ vuelto loca? (I have become) Me _____ vuelto señora.
5. La empleada se tiende sobre la arena, como si nada (had happened) _____ sucedido.
6. No sea muy dura con su empleada, después de que (she has calmed down) se _____ tranquilizado.

■ Opiniones

1. Para usted, ¿cuál es el punto central de la pieza? ¿Cree usted que el propósito del autor era divertir o enseñar?
2. ¿Cree usted que hay diferencias de clase en nuestra sociedad y que hay también ropa u objetos que las simbolizan? Explique.

■ *Composición dirigida:* El acto final

Imagine usted un acto final para la pieza «El delantal blanco.» Descríbalo en tres párrafos, explicando qué les pasa a cada uno de los tres personajes: a la Empleada, a la Señora, y a Alvarito, el hijo de la Señora.

VOCABULARIO

El comercio y los negocios

el, la comerciante business person
la compañía company
deber + *noun* to owe; + *verb* should, ought to
la deuda debt
el dueño (la dueña) owner
el empleado (la empleada) employee
emplear to employ, hire; to use
ganar to earn
el, la jefe boss; leader
el mercado market
el negocio business
el obrero (la obrera) worker
obtener to obtain, get
la oficina office
prestar to loan, lend
reducir to reduce
regatear to haggle, bargain
la tienda shop

Los gastos personales

la alimentación food
el alquiler rent
barato(a) cheap
la calefacción heat, heating
caro(a) expensive

comprar to buy
el dinero money; **dinero en efectivo** cash
los muebles furniture
pagar to pay
el precio price; **a precio reducido** on sale
la tarjeta de crédito credit card
vender to sell
la venta sale
la vivienda housing

Desarrollo económico

el analfabetismo illiteracy
el desarrollo development; **desarrollar** to develop
doblar to double; to fold
la fábrica factory
la inversión investment
la miseria extreme poverty
la pobreza poverty
la riqueza wealth

Modismos

la explosión demográfica population explosion
el nivel de vida standard of living
la villa miseria (los barrios bajos) slum

■ Antónimos

Busque antónimos en el Vocabulario para las siguientes palabras.

1. caro
2. pobreza
3. jefe
4. tarjeta de crédito

5. perder
6. aumentar
7. comprar

■ Sinónimos

Busque sinónimos o palabras o expresiones similares a las siguientes.

1. empresa
2. trabajador
3. la comida
4. un hombre (una mujer) de negocios
5. la cantidad que uno debe
6. discutir para obtener mejor precio

7. la condición de no saber leer ni escribir
8. el gran aumento de la población
9. los lugares para vivir
10. el dinero que se paga por un apartamento

■ Conversemos

1. ¿Cuáles de sus gastos personales han bajado en el último año? ¿Cuáles han subido?
2. ¿Cree usted que para fin de año el nivel de vida habrá subido o bajado en los Estados Unidos? ¿Por qué?
3. ¿Ha trabajado usted alguna vez en una oficina, una tienda o una fábrica? ¿En cuál de esos lugares preferiría usted ser empleado(a)? ¿Por qué?
4. ¿Qué piensa usted de las tarjetas de crédito? ¿Cuál es la más aceptada hoy día?
5. ¿En qué negocios es común regatear en los Estados Unidos? ¿y en otros países? ¿Le gusta a usted regatear o prefiere pagar precios fijos?
6. Para usted, ¿por qué hay tanto analfabetismo en el mundo? ¿Por qué hay tanta pobreza?

■ Dramatizaciones

Trabajando en grupos con dos o tres otras personas de la clase, invente usted una breve dramatización sobre una de las siguientes situaciones.

1. Varios estudiantes deciden convivir en un apartamento y se reúnen para discutir cómo van a organizar los gastos comunes.
2. Tres personas discuten los problemas del mundo de hoy. Una persona cree en el capitalismo, otra en el comunismo y la tercera no sabe en qué creer.

27 - 8 - 55

Piscina. (*swimming pool*)

■ Composición

Escriba un breve diálogo basado en una de las situaciones descritas en la sección de «Dramatizaciones».

11

Diversas caras del humor

Los prototipos
y su humor

El sentido del humor es algo a la vez universal e individual. Es posible que una broma muy graciosa para una
persona no le haga ninguna gracia a otra. Sin embargo,
todas las culturas del presente y del pasado tienen sus
chistes populares. No cabe duda de que si no fuera por el
humor, la vida sería más difícil de llevar.

Una forma común del humor es la historia que se
burla de una característica humana por medio de un personaje que posee esta cualidad en grado excesivo y, por lo
tanto, aparece como prototipo de ella. Especialmente popular, quizás porque todos nos identificamos con él, es el
Torpe° que siempre se equivoca y mete la pata. Es fre-   *clumsy person*
cuente que se asocie este prototipo con la gente de cierta
región o nacionalidad, y las mismas historias circulan por
muchas partes, aplicadas a diferentes grupos según el lugar. Si no se cuentan con mucho tacto y buena intención,
estos chistes pueden resultar ofensivos. Por eso, muchas
personas cuentan chistes solamente sobre el grupo al que
ellas mismas pertenecen.

Tal es el caso de José Milla, un autor guatemalteco
del siglo pasado, quien escribió un cuento cómico sobre
el prototipo del Chapín° con sus virtudes e imperfec-   *guatemalteco*
ciones. Pero el prototipo no necesita ser parte de ningún
grupo, sino que puede pertenecer a toda la raza humana.
En otros cuentos divertidos, Milla se burla del Egoísta,°   *selfish person*
del Condescendiente° y del Petardista.° La lectura que   *condescending*
sigue es un cuento sobre otro prototipo gracioso y uni-   *person/swindler*
versal: el Indeciso.°   *indecisive person*

■ Preguntas

1. ¿Por qué es universal el sentido del humor? ¿Por qué es individual?
2. ¿Qué es un prototipo? ¿Cuál de los prototipos es especialmente popular?
   ¿Por qué?
3. ¿Cuándo son ofensivos los chistes que usan prototipos? ¿Cuándo son simplemente divertidos?
4. ¿Quién fue José Milla? ¿Qué prototipos usó en sus cuentos?

El indeciso

José Milla

Conocí yo a un caballero° que podía pasar por el prototipo del indeciso. Se llamaba don Calixto La Romana; era hombre de algún talento y de un carácter amable y bondadoso.° Su defecto, y defecto muy grave, era la indecisión. Lo encontraba uno en la calle y lo saludaba con la fórmula acostumbrada, preguntándole por su salud.

—Así, así —contestaba La Romana—, ni bien ni mal. Tengo mis días buenos y mis días malos.

—¿Va Vd. a tomar la Calle Real?—preguntaba el amigo. Nos iremos juntos.

Don Calixto no se movía del sitio; reflexionaba y decía:

—Pensé, efectivamente, tomar esa calle; pero creo que tal vez será mejor que vaya yo por la del Comercio;° aunque bien visto,° quizá debo ir por la otra—.

El amigo se fastidiaba° y se iba, dejando al indeciso plantado en medio de las cuatro esquinas.°

II

Don Calixto era rico. Había heredado° una fortuna, pero no sabía qué hacer con ella.

—¿Qué le parece a Vd.? —preguntó un día a un hombre de negocios—, ¿qué me aconseja? He pensado alguna vez emplear mis fondos en la agricultura; pero eso es muy expuesto.° ¿Casas? Muy bueno fuera eso, si no hubiera inquilinos° que no pagan, las destruyen y tal vez se llevan° hasta las llaves.

—Lo que Vd. debe hacer —le dijo al fin uno de tantos°—, es prescindir de° todo negocio y comerse sus fondos.°

Y así lo hizo don Calixto.

Don Calixto fue Diputado. Como su inteligencia era clara y su instrucción extensa, no hablaba mal. Sus discursos presentaban siempre con mucha habilidad el pro y el contra de todas las cuestiones; pero no concluían en nada, y cuando volvía a su asiento,° preguntaba el auditorio° qué opinaba don Calixto y nadie acertaba a° responderlo.

A la hora de votar hacía un movimiento como de balanza,° que dejaba perplejos° a los secretarios, no sabiendo si aquel señor representante estaba en pie o sen-

gentleman

bueno y generoso

la... *Commerce Street*
bien... *on second thought/* irritaba/**plantado...** *stuck in the middle of the four corners*

inherited

risky
tenants
se... roban

uno... *one of many/* **prescindir...** *do without/***comerse...** *live off your money*

seat
público/**acertaba...** podía

scales (up and down)/ dudosos

tado. Si la votación era nominal° y tenía que decir *sí* o *no*, evitaba el conflicto alegando° que estaba impedido de° votar, por interés personal, por parentesco,° o por cualquier otra razón. El caso era no decidirse.

de palabra
afirmando
impedido...
  prohibido / *personal relationship*

III

Don Calixto tenía unos amores. Cuando yo lo conocí llevaba veinte años de cortejar° a una niña Prudencia, a quien no venía mal el nombre,° pues mostró poseer aquella virtud en grado° heroico. Por supuesto era celoso como un moro.° Estaba en su carácter. Un hombre que dudaba de todo, ¿cómo no había de dudar de su novia? De ésas dudan hasta los que no suelen dudar° de nada.

courting
a... que tenía un nombre apropiado / *degree* /*Moor*

hasta... *even those who don't usually doubt*

—La Prudencia es excelente —me dijo un día—; quiero decir —añadió—, que es excelente en lo general; pero como mujer que es, tiene grandes defectos, y bien vista es insoportable.° Es muy buena moza;° aunque la cara no es de lo mejor y el cuerpo un poco flaco° y sin aire;° pero eso no hace el caso.° Al fin he de casarme con ella; pero no sé cuándo será. El negocio es arduo.° No puedo asegurar que a ella y a mí nos convenga° este matrimonio. Nuestros genios° no convienen y no podríamos vivir dos horas juntos sin arañarnos.°

intolerable / **buena...** atractiva / *thin*
gracia / **hace...** importa / difícil
nos... *will suit us*
temperamentos
scratching each other

Sin embargo, hacía veinte años que don Calixto vivía cosido con° doña Prudencia. La visitaba desde las nueve de la mañana hasta las tres de la tarde. Iba a su casa, comía a toda prisa y volvía a la de la novia, donde permanecía hasta las ocho de la noche. Salía a cenar y se instalaba donde vivía doña Prudencia hasta las doce. A esa hora se constituía° en el balcón en coloquio° con la dama hasta las dos o tres de la mañana. Así vivió durante veinte años aquel par de tórtolas,° ¡y sin embargo decía don Calixto que, en casándose, no podrían permanecer dos horas en paz!

cosido... *sewn to (i.e., always near)*

establecía / conversación

turtle doves

Pasaron todavía otros cinco años, hasta que un día la familia de doña Prudencia, viendo que la muchacha había cumplido ya sus cuarenta abriles,° acordó° decir al amartelado° que era preciso o herrar o quitar el banco.° Don Calixto pidió plazos° para pensarlo; dijo que el asunto era muy serio, y que él no podía decidirse así, de sopetón.° Le concedieron tres días. En ellos cambió tres mil veces de resolución, y por último, armándose de todo valor,° tomó el sombrero y se presentó a la familia con aire muy grave.

años / resolvió
enamorado / **o...** *shoe (the horse) or leave the bench, i.e.,* decidirse / tiempo / inmediatamente
armándose... *gathering up his courage*

—Estoy decidido —dijo—, a casarme dentro de un mes... quiero decir, si en este plazo no se atraviesa° algún

se... interviene

obstáculo insuperable.° Creo, supongo, sospecho, que todo podrá arreglarse satisfactoriamente, a menos que...

    La familia le cortó la palabra y aceptó el compromiso.° Salieron a dar parte° a media ciudad para evitar que don Calixto se echara atrás° y a los dos días la gran noticia era el tema de todas las conversaciones.

    —¿Con que al fin se casa Vd.? —dije a don Calixto, la primera vez que lo encontré en la calle.

    —Sí, mi amigo —me contestó—; voy a casarme. Al menos estoy muy inclinado a tomar ese partido.° Es probable que lo haga. ¿Quién sabe? El hombre propone y... ° ya Vd. me entiende. ¡Como la cosa es tan ardua! En fin, si no me caso, como muy bien puede suceder, no será por culpa mía. Hasta luego.

    —¡Pobre doña Prudencia! —dije yo—; ¿en qué parará esto?°

IV

Continuaron los preparativos para la boda.° Don Calixto envió las donas;° ricas, pero adecuadas a su carácter. Los colores de los trajes eran dudosos. Predominaba el tornasol° y el gris. Los cortes° no rigurosamente a la moda;° pero tampoco podía decirse que fuesen de hechura antigua.° Las alhajas° ni de muy buen gusto ni chocantes.° Nadie pudo pronunciar un juicio° exacto sobre aquellos regalos.

    Don Calixto eligió la hora. Quiso casarse a las seis de la tarde; entre oscuro y claro. Reunidos parientes y amigos, cura,° testigos° y sacristán, se presentó el novio. Llegó el momento en que el párroco° hizo la pregunta de

---

Glosas (columna derecha):

imposible de vencer

engagement / **dar...** informar / **se...** *would back out*

decisión
El... parte de un refrán: «El hombre propone, y Dios dispone».

en... *what will all this lead to?*

wedding
regalos

color que cambia con la luz / *cut* / **a...** *fashionable* / *old-fashioned* / joyas / de mal gusto / opinión

priest / *witnesses*
cura

ordenanza.° Doña Prudencia contestó con un *sí* firme y sonoro. Pasó a don Calixto.

required

—¿Recibe Vd. por esposa y mujer a la señora doña Prudencia Mataseca, que está presente?

El hombre comenzó a temblar° y no contestaba. Repitió el cura la pregunta, don Calixto sudaba° de congoja° y al fin contestó en voz muy baja.

tremble

sweated / *angustia*

—Pues..., en efecto, yo estoy comprometido°..., venía resuelto°..., pero el caso es arduo. Quiero casarme, pero por ahora...

engaged

decidido

El cura lo requirió° formalmente a que dijera sí o no, y entonces, haciendo un gran esfuerzo,° dijo:

mandó

effort

—Por ahora no. Después es muy probable que...

La infeliz Prudencia, que desde la primera respuesta de La Romana se había puesto pálida como un difunto,° al oír la segunda cayó con un patatús.° Los parientes estaban hechos unos demonios y hablaban de matar a don Calixto. El cura se marchó, los convidados° nos escurrimos° en seguida y don Calixto salió bastante corrido° y cubriéndose la cara con el sombrero.

muerto

fit

invitados

slipped away / *embarrassed*

Es fácil calcular el escándalo que causó aquella aventura en la ciudad. Don Calixto tuvo que esconderse° durante un mes, pues todos afeaban° su conducta y cada cual aseguraba° que si con su hija o con su hermana hubiera pasado el lance,° el tal hombre no habría contado el cuento.°

hide

criticaban

afirmaba

aventura

no... *would not have lived to tell about it* / *event*

Pero a los cuarenta días, el suceso° estaba olvidado y sólo se recordaba de cuando en cuando, no ya con indignación, sino con burla. Y lo más curioso del caso era que culpaban° menos a don Calixto que a la novia y a su familia.

they blamed

Don Calixto quiso volver a las andadas.° Escribió, envió mensajes, pero doña Prudencia tuvo lo suficiente para no volver a hacerle caso,° lo mandó noramala° y no pensó más en casarse.

volver... *go back to his old tricks*

hacerle... *prestarle atención* / **lo...** *she sent him away with her bad wishes*

V

El golpe° fue rudo° para aquel hombre extraño, que no se decidía a casarse y que sin embargo no podía vivir sin aquellas relaciones. Cuando perdió toda esperanza, no comía, no dormía y una enfermedad muy seria comenzó a minarlo.° Llamó a un médico que lo asistió tres días. No le pareció bien, y fue otro. Lo despidió° a poco° y así fue repasando toda la Facultad.° El mal se agravó y por último el enfermo entró en agonía. Estuvo una semana luchando entre la vida y la muerte y al séptimo expiró. Por la noche fuimos a conducir el cadáver a una iglesia.

choque / *fuerte*

consumirlo

sent him away / **a...** *rápidamente* / *Escuela (de Medicina)*

Trataron de ponerlo en el ataúd;° pero... ¡Oh sorpresa! Los   *coffin*
cabellos se nos erizaron;° los asistentes estábamos más   **Los...** *Our hair stood*
muertos que el difunto. Éste se incorporó y se sentó en   *on end.*
la mesa donde estaba tendido. Abrió los ojos y exclamó:

    —Me han creído muerto. El caso es grave. No se
resuelve uno a morir así como quiera.° Es necesario pen-   **así...** *just like that*
sarlo mucho; —y no dijo más.

    Había sido un síncope° con las apariencias de la   *swoon*
muerte. Lo llevaron a la cama, lo asistieron y al mes estaba en la calle bueno y sano.

    Tal era mi amigo don Calixto La Romana.

■ Comprensión de la lectura: relacionando acciones y motivos

Escoja la frase que mejor termina cada oración, explicando así el
motivo de algunas de las acciones que pasan en el cuento.

1. Don Calixto no invirtió su
dinero en nada porque...
2. La familia habló del
compromiso a todo el mundo
porque...
3. La ropa para la boda era de color
gris y de corte mediano porque...
4. Don Calixto eligió casarse a las
seis de la tarde porque...
5. Don Calixto se enfermó y
«murió» porque...

_____ así correspondía al
carácter indeciso del
novio.
_____ era imposible que él
viviera sin su novia.
_____ no podía decidir entre los
diferentes negocios.
_____ quería evitar que el novio
cambiara de opinión.
_____ entonces no está ni claro
ni oscuro.

■ Preguntas

1. ¿Cómo era don Calixto La Romana?
2. ¿Qué pasaba cuando un amigo lo encontraba en la calle?
3. En su trabajo como Diputado, ¿qué programas e ideas defendía? ¿Cree usted
que realmente hay políticos como él?
4. ¿Cuántos años llevaba don Calixto cortejando a Prudencia? ¿Qué opinión
tenía de ella?
5. ¿Qué pasó para que don Calixto decidiera por fin casarse?
6. ¿Por qué no salió bien la boda? ¿Cómo reaccionó la gente al principio? ¿y
después? ¿Cómo explica usted este curioso cambio de actitud?
7. ¿Qué pasó al final? ¿Por qué es muy apropiada esta conclusión?

■ Por / para

Subraye la palabra apropiada en cada frase.

1. Conocí yo a un caballero que podía pasar (por / para) el prototipo del indeciso.
2. ...tal vez será mejor que regrese yo (por / para) la calle del Comercio.
3. Evitaba el conflicto alegando que estaba impedido de votar (por / para) interés personal.
4. Don Calixto pidió plazos (por / para) pensarlo.
5. En fin, si no me caso, no será (por / para) culpa mía.
6. Salieron a dar parte a media ciudad (por / para) evitar que don Calixto se echara atrás.
7. Continuaron los preparativos (por / para) la boda.
8. Prudencia tuvo lo suficiente (por / para) no volver a hacerle caso.
9. El golpe fue rudo (por / para) aquel hombre extraño.
10. (Por / Para) la noche fuimos a conducir el cadáver a una iglesia.

■ Opiniones

1. Para usted, ¿qué parte del cuento es la más chistosa? ¿Puede usted explicar por qué?
2. ¿Qué tiras cómicas conoce usted que utilizan prototipos? Explique.
3. ¿En qué otras partes encuentra usted el uso del prototipo por razones humorísticas?

■ Composición dirigida: la descripción de un prototipo

Escriba usted una breve descripción de una persona que parece ser el prototipo de cierta cualidad humana, por ejemplo: la pereza, el optimismo, la arrogancia, la falta de puntualidad, etcétera. Diga primero cuál es la característica que esta persona posee en grado excesivo; luego, dé algunos ejemplos para ilustrarla.

La risa hispana

¿Existe una forma del humor «típicamente hispana»? No hay respuesta definitiva a esta pregunta. Ciertos norteamericanos afirman que los chistes hispanos simplemente no les hacen gracia, y es de° sospechar que también pasa al revés.° Otros extranjeros encuentran que el humor hispano es más brutal e hiriente° que el humor de su país. Pero también hay personas que no ven diferencia alguna. Eso sí,° en España y Latinoamérica abundan las tiras cómicas y caricaturas° populares que emplean la sátira.

es... uno puede
pasa... *the reverse is true* / ofensivo

Eso... *One thing is certain* / *cartoons*

Según el diccionario de la Real Academia, la sátira es «1. Composición poética u otro escrito cuyo objeto es censurar° acremente° o poner en ridículo a personas o cosas; 2. Discurso o dicho agudo,° picante° o mordaz,° dirigido a este mismo fin.» La intención del satírico° es divertir y reformar al mismo tiempo. Ataca vicios y abusos, burlándose de ellos, para que el público se ría de sus propios errores. Muchas veces la sátira ha hecho fuerte impacto en la conciencia social, pero si se hubiera presentado la misma lección de manera seria, habría sido rechazada como sermón por un público indignado.

criticar/*sharply*
humorístico/cáustico/ sarcástico/persona que escribe sátiras

El tema más común de la sátira es la política. Con frecuencia, el satírico emplea la doble arma° de exageración e ironía para hacer un ataque personal. Todos hemos visto caricaturas que satirizan a políticos, exagerando sus peores rasgos° físicos y morales: una nariz enorme, unos dientes u orejas protuberantes, cierto aire pomposo, arrogante o servil, etcétera. La ironía, la técnica de dar a entender° exactamente lo contrario de lo que se dice, es especialmente eficaz para mostrar la gran diferencia entre los lemas° de los politicastros° y la dura realidad.

weapon

features

dar... *implying*

slogans/malos políticos

Otros temas tradicionales de la sátira son las costumbres, la moral y, desde luego, la eterna batalla° entre los sexos. Las siguientes selecciones son de dos de los satíricos hispanos mejor conocidos internacionalmente: Quino y Antonio Mingote.

lucha

■ Preguntas

1. ¿Existe una forma del humor «tipicamente hispano»?
2. ¿Qué es la sátira? ¿Cuál es la intención del satírico?
3. ¿Qué técnicas usa el satírico? ¿Qué temas presenta?
4. ¿Qué libros, ilustraciones o películas conoce usted que emplean la sátira?

«Mafalda» de Quino

La tira cómica «Mafalda» es la genial creación del humorista argentino Joaquín Lavado, mejor conocido por su nombre de pluma,° «Quino». Presenta una graciosa sátira de la sociedad de los adultos por medio de un grupo de niños, quienes naturalmente imitan y muchas veces mal-

nombre... *pen name*

interpretan las acciones de sus padres. La protagonista,° **personaje principal**
Mafalda, es una niña muy despierta° que constantemente **inteligente**
hace preguntas y observaciones incómodas° para los adul- *embarrassing*
tos que la rodean. Tiene un círculo de amiguitos, cada
uno de ellos un prototipo de la sociedad argentina (y quizás de la universal). Está Susanita, la pequeña burguesa
pretenciosa que aspira a casarse algún día con un hombre
rico y tener muchos hijos, especialmente un «hijo médico». Está Manolito, el hijo del dueño de un pequeño
almacén,° que representa la persona práctica y materia- **tienda de comestibles**
lista que se preocupa sólo por la ganancia.° Luego está **la... ganar dinero**
Felipe, ingenuo° e hipersensible, que casi siempre está en *naive*
la luna;° y la pequeña «intelectual» Libertad, hija de padres **en... daydreaming**
académicos. ¿Por qué nos hacen gracia estos personajes?
Quizás porque presentan una parodia de nuestros amigos,
o aún, de nosotros mismos.

(Susanita)

corte y confección
sewing

máquina de tejer
weaving machine,
loom

(Manolito)

*In Argentina, friends often address each other as **vos** instead of **tú** and conjugate the present tense of second person verbs in a special way to agree with **vos**. For example, **tenés** instead of **tienes**, **creés** instead of **crees**, **sos** instead of **eres**.

(Felipe)

desarme disarmament

(Libertad)

■ Preguntas

1. ¿Quién es «Quino»?
2. Según su opinión, ¿por qué utiliza un grupo de niños para satirizar el mundo de los adultos?
3. ¿Cómo es la protagonista?
4. ¿Qué representa Susanita? ¿Manolito? ¿Cómo es Felipe? ¿Libertad?
5. ¿Qué tiras cómicas norteamericanas conoce usted que usan niños para satirizar la sociedad? ¿Cuáles son los prototipos que aparecen en estas tiras?
6. ¿Comprende usted todas las selecciones de «Mafalda» presentadas aquí? ¿Cuál le hace más gracia? ¿Por qué?

Los chistes dibujados de Antonio Mingote

Por más de veinticinco años, los chistes dibujados de Antonio Mingote han sido una verdadera institución en España. Mingote empezó a trabajar en la revista humorística *La Codorniz* en 1946. Luego, a partir de 1953, un dibujo suyo aparece diariamente en el periódico madrileño *ABC*, deleitando° a la gente con su fina sátira de las costumbres, de la religión, de la moralidad, y sobre todo, de la política.

    A pesar de la censura que operaba con mayor o menor fuerza durante el largo régimen del dictador militar Francisco Franco (1939–76), los dibujos de Mingote lograron burlarse, con bastante impunidad,° de todo y de todos. Irónicamente, la censura parece haber ayudado a la tarea satírica, como se señala en un artículo de la revista *Cambio 16:* «Contra Franco se reía mejor» y Mingote mismo

dando gusto

sin problemas

confirma que en la situación actual de libertad «el humor político pierde fuerza». El decano° del humorismo español explica: «... era un humor más apreciado, pues había que hacerlo mediante alusiones, o por sobrentendidos,° y la gente encontraba en él incluso lo que no había.» Además de la política, los dibujos de Mingote critican, pero siempre con gracia, las debilidades humanas: las pretensiones de la burguesía, la arrogancia de los intelectuales, la hipocresía de ciertas personas religiosas, el exagerado optimismo de los jóvenes, el cinismo de ciertos viejos, etcétera. En conjunto su trabajo nos ofrece, dentro del marco° de la España de la posguerra hasta nuestros tiempos, «una interpretación humorística de la realidad». A continuación presentamos tres de sus dibujos.

dean

indirect references understood by all

framework

Presentación del tema

—Y si eres bueno, a la hora de merendar te leeré los discursos de la Conferencia Mundial de la Alimentación.

—Aquí somos muy demócratas y queremos tener por lo menos un representante en cada partido político, pero para eso nos hacen falta ciento ocho vecinos más.

—Te agradezco, papá, que te preocupe mi educación sexual, pero en tu lección de hoy he encontrado las siguientes inexactitudes...

■ Preguntas

1. ¿Por cuánto tiempo han sido importantes en España los chistes dibujados de Mingote? ¿Dónde han aparecido?
2. ¿Cómo explica usted el hecho de que bajo Franco la sátira política haya sido más fuerte que ahora bajo la democracia?
3. ¿De qué debilidades humanas se burla Mingote?
4. ¿Cuál de los dibujantes norteamericanos de sátira política le gusta más a usted? ¿Por qué?
5. ¿Qué problemas sociales vemos satirizados en los tres chistes dibujados de Mingote?
6. ¿Cuál le parece el más irónico? ¿Cuál le gusta más? ¿Por qué?

El humor del absurdo

Según dicen, todo humor está basado en lo inesperado, es decir en el contraste entre lo que se espera y lo que se realiza.° Si uno está en una boda muy formal y súbitamente a la puerta de la iglesia se asoma° un perro, es probable que la situación parezca divertida. Pero solamente mientras no haya ningún peligro inmediato. Si, por ejemplo, de repente° un invitado se fijara en que el perro lleva, amarradas° al cuerpo, dos cargas° de dinamita, la situación ya dejaría° de tener gracia.

    Este elemento de lo inesperado o sorpresivo llevado a un extremo ha dado como resultado el llamado «humor del absurdo», muy usado en los últimos años en el teatro, en la literatura, en los chistes y hasta en los anuncios comerciales. Consiste en presentar una situación absurda que no tiene ni pies ni cabeza, e intercalar° un elemento

se... pasa en realidad
se... aparece

de... suddenly
tied / charges
would stop

introducir

o comentario real y corriente. O, contrariamente, se puede presentar una situación real y corriente con la intromisión° de un elemento o comentario absurdo. A veces este humor ha tomado la forma de un humor cruel mediante° cierta actitud burlona° o sádica° frente a temas que en general se tratan con gran seriedad, tales como los niños deformados, las personas que tienen defectos físicos, las atrocidades de la guerra, etc. Algunos han postulado que esto representa la pérdida° de sensibilidad del individuo actual;° otros dicen que es simplemente su esfuerzo por aceptar e incorporar a su conciencia la enorme cantidad de información alarmante u horrible que le transmiten todos los días los medios de comunicación.

intrusion
due to
mocking / sadistic

loss
moderno, de hoy

Los siguientes tres chistes dibujados son ejemplos, tomados de revistas hispanas, del humor del absurdo que surge en diferentes momentos de la vida cotidiana.

—¡Extraordinario! ¡Ya casi piensa como un ser humano...!

■ Preguntas

1. ¿Qué es el humor del absurdo?
2. ¿Qué es el humor cruel? ¿Qué piensa usted de este tipo del humor?
3. ¿Por qué son «absurdos» los tres chistes dibujados? ¿Cuál le hace más gracia a usted?
4. ¿Dónde ha encontrado usted el humor del absurdo? ¿en los anuncios? ¿en ciertos programas de televisión?

VOCABULARIO

El humor

la broma, el chiste joke
bromear to joke
burlarse de to laugh at, make fun of
el chiste verde dirty joke
divertido(a) amusing, entertaining
genial congenial, pleasant; brilliant (having genius)
la gracia quality of being funny or amusing, wit, humor; grace, favor
la ironía irony
ocurrente witty
el sentido del humor sense of humor

Partes del cuerpo humano

la boca mouth
el brazo arm
la cabeza head
la cara, el rostro face
el corazón heart
el cuello neck
el cuerpo body
el dedo finger; toe
el diente tooth
la espalda back
el estómago stomach

el hombro shoulder
la mano hand
la nariz nose
el ojo eye
la oreja ear
el pelo hair
el pie foot
la piel skin
la pierna leg
doler (ue) to ache

Modismos

estar para to be about to; to be in the mood for
estar por to be in favor of; to be keen on
hacerle gracia a uno to strike someone as funny; **me hace gracia** it strikes me as funny
meter la pata to blunder, put one's foot in one's mouth
no tener (ni) pies ni cabeza to be ridiculous, not make sense; **no tiene ni pies ni cabeza** I can't make head nor tail of it
tener gracia to be witty, funny (as an idea)
tomarle el pelo a uno to pull someone's leg

■ Terminando la frase

Termine las siguientes frases con palabras o modismos apropiados tomados del Vocabulario.

1. Esa chica es muy ocurrente; tiene mucha _____ .
2. No comprendo ese chiste de ninguna manera: para mí, no tiene ni _____ ni _____ .
3. A mi hermano le gusta bromear y siempre él me _____ el pelo.
4. ¡Pobre Roberto! Les contó un chiste verde a sus tías, pero a ellas no les _____ .
5. Mis amigos se burlan de mí porque muchas veces yo _____ la _____ .
6. Mi prima Irene bromea mucho; es muy _____ .

■ Las partes del cuerpo humano: una descripción

Describa un personaje de las tiras comicas populares, usando cuando sea posible las palabras de la lista, «Partes del cuerpo humano» y el vocabulario auxiliar. Las otras personas de la clase deben adivinar quién es.

Vocabulario auxiliar:

corto(a) short
flaco(a) skinny
gordo(a) fat
gran(de) big

lacio(a) straight (for hair)
largo(a) long
pequeño(a) small
rizado(a) curly

cognados útiles para la descripción: **curioso, enorme, irregular, magnífico, monstruoso, ridículo**

■ Refranes (proverbios)

¿Puede usted completar los siguientes refranes españoles con las palabras apropiadas de la lista, «Partes del cuerpo humano»? ¿Conoce usted algún refrán en inglés que mencione una(s) parte(s) del cuerpo humano?

1. En _____ cerrada, no entran moscas.
2. Cada _____ es un mundo.
3. _____ lleno, _____ contento.

■ Conversemos

1. ¿Lee usted las tiras cómicas? ¿Cuál le hace más gracia?
2. ¿Qué actor o actriz de televisión le parece el más divertido(a)? ¿Por qué?
3. ¿Está usted por la censura en la televisión? ¿O cree usted que se debe presentar cualquier programa con libertad completa?
4. Muchos dicen que hoy día la gente no cuenta tantos chistes como en el pasado. ¿Cómo explica usted este cambio?
5. ¿Puede usted describir una situación en que alguien haya metido la pata?
6. ¿Puede usted contar un chiste en español?

■ Composición

La descripción de una película, una obra de teatro o un programa de televisión que le ha hecho mucha gracia

12

La palabra creadora

El ensayo

En España y Latinoamérica el ensayo ha sido un género°   tipo
literario de importancia como medio de expresión política, filosófica y social. En nuestros tiempos, el gran poeta
y cuentista mexicano Octavio Paz ha ganado fama igual-
mente por su prosa no ficticia:° ensayos y libros que des-   **no...** *nonfiction*
criben las costumbres, la realidad social y la psicología de
su pueblo. Una de sus obras maestras° en este género es   **obras...** *masterpieces*
sin duda el libro *El laberinto de la soledad,* en el cual el
penetrante autor examina varios aspectos del carácter nacional. El siguiente trozo° tomado del libro presenta una   selección
vívida descripción de ese fenómeno insólito,° la fiesta   único
mexicana.

■ Preguntas

1. ¿Por qué ha sido importante el ensayo en España y Latinoamérica?
2. ¿Quién es Octavio Paz? ¿En qué géneros ha escrito?
3. ¿Cuál es el título de una de sus obras maestras? ¿Qué examina en ella?

La fiesta mexicana

Octavio Paz

El... mexicano ama las fiestas y las reuniones públicas.
Todo es ocasión para reunirse. Cualquier° pretexto es   *Any*
bueno para interrumpir la marcha del tiempo y celebrar
con festejos° y ceremonias hombres y acontecimientos.°   celebraciones/*events*
Somos un pueblo ritual. El arte de la Fiesta, envilecido°   degradado
en casi todas partes, se conserva intacto entre nosotros.
En pocos lugares del mundo se puede vivir un espectáculo
parecido al de° las grandes fiestas religiosas de México,   **al...** *to that of*
con sus colores violentos, agrios° y puros, sus danzas,   *sharp*
ceremonias, fuegos de artificio,° trajes insólitos° y la in-   **fuegos...** *fireworks*/
agotable° cascada de sorpresas de los frutos, dulces y ob-   extraordinarios/
jetos que se venden esos días en plazas y mercados.   *infinita*

      Nuestro calendario está poblado° de fiestas. Ciertos   lleno
días, lo mismo en los lugarejos° más apartados° que en   pueblos pequeños/
las grandes ciudades, el país entero reza,° grita, come, se   *isolated*/dice
emborracha° y mata en honor de la Virgen de Guadalupe   oraciones a Dios/
    se... *gets drunk*

o del General Zaragoza. Cada año, el 15 de septiembre*
a las once de la noche, en todas las plazas de México
celebramos la Fiesta del Grito;° y una multitud enarde-   *Shout*
cida° efectivamente grita por espacio de una hora, quizá   *muy emocionada*
para callar° mejor el resto del año. Durante los días que   *guardar silencio*
preceden y suceden al 12 de diciembre, el tiempo sus-
pende su carrera,° hace un alto° y en lugar de empujar-   *movimiento/pausa*
nos° hacia una mañana siempre inalcanzable° y menti-   **en...** *instead of*
roso, nos ofrece un presente redondo y perfecto, de danza   *thrusting us/*
y juerga,° de comunión y comilona° con lo más antiguo   *imposible de*
y secreto de México.   *obtener/carousing/*
       comer mucho

Pero no bastan° las fiestas que ofrecen a todo el país   *son suficientes*
la Iglesia y la República. La vida de cada ciudad y de cada
pueblo está regida° por un santo, al que° se festeja con   *gobernada/***al...*** *whom*
devoción y regularidad. Los barrios y los gremios° tienen   *asociaciones*
también sus fiestas anuales, sus ceremonias y sus ferias.
Y, en fin, cada uno de nosotros—ateos,° católicos o in-   *personas que creen*
diferentes—poseemos nuestro Santo,° al que cada año   *que Dios no existe/*
honramos. Son incalculables las fiestas que celebramos y   *the saint whose*
los recursos° y el tiempo que gastamos en festejar. Re-   *name we carry*
cuerdo que hace años pregunté al Presidente municipal   *resources*
de un poblado:° «¿A cuánto ascienden los ingresos del   *pueblo pequeño*
Municipio° por contribuciones?» «A unos tres mil pesos   **¿A...** *How much does*
anuales. Somos muy pobres. Por eso el señor Gobernador   *the municipal income*
       amount to

---

*Mexican Independence Day honoring the **Grito de Dolores**, 1810, when Hidalgo, a priest from
Dolores, led the Indians in an abortive revolt under the battle cry (**el grito**) of home rule, racial
equality, and land for peasants.

y la Federación nos ayudan a completar nuestros gastos».°   *expenses*
«¿Y en qué utilizan esos tres mil pesos?» «Pues casi todo
en fiestas, señor. Chico° como lo ve, el pueblo tiene dos   Pequeño
Santos Patrones.»

    Esa respuesta no es asombrosa.° Nuestra pobreza   sorprendente
puede medirse° por el número y suntuosidad° de las fies-   *be measured/*
tas populares. Los países ricos tienen pocas: no hay   *lavishness*
tiempo, ni humor.° Y no son necesarias; las gentes tienen   interés
otras cosas que hacer y cuando se divierten° lo hacen en   **se...** *they enjoy*
grupos pequeños. Pero un pobre mexicano, ¿cómo podría   *themselves*
vivir sin esas dos o tres fiestas anuales que lo compensan
de su estrechez° y de su miseria? Las fiestas son nuestro   privación
único lujo;° ellas sustituyen, acaso° con ventaja,° al tea-   *luxury/quizás/*
tro y a las vacaciones, al «weekend» y al «cocktail party»   superioridad
de los sajones,° a las recepciones de la burguesía° y al   *Saxons, i.e., English*
café de los mediterráneos.   *and North*
    En ciertas fiestas desaparece la noción misma° de   *Americans/*clase
Orden. El caos regresa y reina la licencia.° Todo se per-   media/**la...** *the very*
mite: desaparecen las jerarquías° habituales, las distin-   *notion/*abuso de la
ciones sociales, los sexos, las clases, los gremios. Los   libertad/
hombres se disfrazan° de mujeres, los señores de esclavos,   clasificaciones
los pobres de ricos. Se ridiculiza al° ejército, al clero,° a   **se...** se ponen ropa
la magistratura.° Gobiernan los niños o los locos. El amor   **Se...** *One makes fun*
se vuelve° promiscuo. Se violan reglamentos,° hábitos,   *of/priesthood/*
costumbres. El individuo respetable arroja° su máscara   autoridad judicial/
de carne° y la ropa oscura que lo aísla° y, vestido de   **se...** *becomes/*
colorines,° se esconde en una careta,° que lo libera de sí   reglas, leyes/*throws*
mismo.   *off/flesh/isolates*
    Así pues, la Fiesta no es solamente un exceso, un   colores muy vivos/
desperdicio° ritual de los bienes° penosamente° acumu-   máscara
lados durante todo el año; también es una revuelta,° una
súbita° inmersión en lo informe,° en la vida pura. A través   *waste/goods/*con
de la Fiesta la sociedad se libera de las normas que se ha   mucho trabajo/
                                                              rebelión/*sudden/*
                                                             lo... *formlessness*

impuesto. Se burla de sus dioses, de sus principios y de
sus leyes: se niega a sí misma.°   **se...** *it negates itself*

El grupo sale purificado y fortalecido° de ese baño   más fuerte
de caos. Es una verdadera re-creación, al contrario de lo
que ocurre con las vacaciones modernas, que no en-
trañan° rito o ceremonia alguna, individuales y estériles   significan
como el mundo que las ha inventado.

de *El laberinto de la soledad*

■ Comprensión de la lectura: buscando detalles

Busque los siguientes puntos en la lectura. Luego, diga si lo expresado
en cada frase es verdad o mentira y corrija las frases falsas.

1. _____ El 15 de septiembre los mexicanos celebran la Fiesta del Grito.
2. _____ Las únicas fiestas que se celebran en México son las que ofrecen
la República y la Iglesia.
3. _____ Solamente los católicos festejan el día de su Santo cada año.
4. _____ Según el autor, en ciertas fiestas la idea misma de Orden desaparece.

■ Preguntas

1. ¿Cuál es la actitud del mexicano hacia las fiestas?
2. ¿Por qué podemos llamar a la fiesta mexicana «un espectáculo»?
3. ¿Qué hace el pueblo entero, durante ciertos días, en honor de la Virgen de
Guadalupe o del General Zaragoza?
4. ¿En qué utiliza sus ingresos el poblado que menciona el autor? ¿Qué piensa
usted de esto?
5. ¿Son más numerosas las fiestas en los países pobres o en los ricos? ¿Por
qué?
6. ¿Por qué es la fiesta mexicana una liberación?
7. ¿Cuál es el sentido original de la palabra **recreo** *(recreation)*? Según el autor,
¿por qué es más apropiada esta palabra para las fiestas mexicanas que para
las vacaciones modernas?

■ Sinónimos

Después de cada número escriba la letra del sinónimo apropiado.

1. _____ celebrar   a. pequeño
2. _____ danza   b. reunir
3. _____ máscara   c. festejar
4. _____ congregar   d. insólito
5. _____ extraordinario   e. careta
6. _____ chico   f. baile

■ Antónimos

Después de cada número escriba la letra del antónimo apropiado.

1. _____ público		a.	futuro
2. _____ gritar		b.	caos
3. _____ pasado		c.	privado
4. _____ lujo		d.	callar
5. _____ orden		e.	pobre
6. _____ rico		f.	necesidad

■ Opiniones

1. Y usted, ¿qué hace cuando necesita liberarse de sus tensiones?
2. ¿Prefiere usted las fiestas grandes o pequeñas? ¿Por qué?
3. Octavio Paz es famoso como ensayista y también como poeta. ¿Qué secciones del ensayo anterior son poéticas para usted?

La poesía

La situación del poeta se respeta en el mundo hispano, donde la gente lo escucha como a la voz de su pueblo que expresa sus ansias° y esperanzas. Incluso a veces, los poetas han sido más populares y conocidos que los presidentes o jefes de Estado y han recibido importantes cargos° del gobierno en reconocimiento al valor de su obra. *(preocupaciones, deseos)* *(puestos)*

Para muchos, la poesía hispanoamericana del siglo veinte alcanzó las cumbres° más elevadas en la obra prolífica y variada del poeta chileno Pablo Neruda (1904–73), quien recibió en 1971 el Premio Nobel. Su vida ejemplifica el doble papel de poeta y hombre activo que participa en los problemas sociales de su tiempo. Fue cónsul de Chile durante dieciocho años en varios lugares: el Oriente, Buenos Aires, Madrid y México, y ocupó brevemente el cargo de senador en Chile. En su madurez, Neruda abrazó° el comunismo en el que veía una solución a los problemas económicos y sociales de Latinoamérica. Sus convicciones políticas se convirtieron en uno de los temas más importantes de su poesía, por lo cual fue severamente condenado por quienes lo acusaban de haber abandonado la poesía en favor de la propaganda. Su defensa ante estas críticas es el tema del primer poema que ofrecemos aquí. La segunda selección muestra su talento para tratar un tema tradicional. *(pináculos)* *(se unió (al))*

■ Preguntas

1. ¿Cómo es la situación del poeta en el mundo hispano? ¿Conoce usted el nombre de algún poeta popular en los Estados Unidos?
2. ¿Quién fue Pablo Neruda? ¿Qué representa su vida?
3. ¿Por qué fue severamente condenado Neruda? ¿Qué piensa usted de esto?

No me lo pidan

Pablo Neruda

Piden algunos que este asunto humano	
con nombres, apellidos° y lamentos	*last names*
no lo trate en las hojas° de mis libros,	páginas
no le dé la escritura de mis versos:	
dicen que aquí murió la poesía,	
dicen algunos que no debo hacerlo:	
la verdad es que siento° no agradarles,°	*I'm sorry* / satisfacerlos
los saludo y les saco mi sombrero	
y los dejo viajando en el Parnaso°	montaña donde, según la leyenda, vivían las Musas / *cheese* / *belong*
como ratas alegres en el queso.°	
Yo pertenezco° a otra categoría	
y sólo un hombre soy de carne y hueso,°	de... *of flesh and bone*
por eso si apalean° a mi hermano	*they beat*
con lo que tengo a mano° lo defiendo	a... cerca
y cada una de mis líneas lleva	
un peligro de pólvora° o de hierro,°	*gunpowder* / *iron*
que caerá sobre los inhumanos,	
sobre los crueles, sobre los soberbios.°	arrogantes
Pero el castigo de mi paz furiosa	
no amenaza° a los pobres ni a los buenos:	*threatens*
con mi lámpara busco a los que caen,	
alivio° sus heridas° y las cierro:	*I soothe* / *wounds*
y éstos son los oficios° del poeta	trabajos
del aviador y del picapedrero:°	*stonecutter, quarry worker*
debemos hacer algo en esta tierra	
porque en este planeta nos parieron°	nos... *they gave birth to us* / ajustar
y hay que arreglar° las cosas de los hombres	
porque no somos pájaros ni perros.	
Y bien, si cuando ataco lo que odio,	
o cuando canto a todos los que quiero,	
la poesía quiere abandonar	
las esperanzas de mi manifiesto°	*manifesto, declaration of principle*

yo sigo con las tablas° de mi ley   *tablets*
acumulando estrellas y armamentos
y en el duro deber americano
no me importa una rosa más o menos:
tengo un pacto de amor con la hermosura:
tengo un pacto de sangre con mi pueblo.

Oda a la vida

Pablo Neruda

(Selección)
Oh vida
copa° clara,   *wine glass*
de pronto
te llenas
de agua sucia,
de vino muerto,
de agonía, de pérdidas,
de sobrecogedoras° telarañas,°   *surprising / spiderwebs*
y muchos creen
que ese color de infierno°   *hell*
guardarás° para siempre.   *you will keep*

No es cierto.

Pasa una noche lenta,
pasa un solo minuto
y todo cambia.
Se llena
de transparencia
la copa de la vida.
El trabajo espacioso°   *unhurried*
nos espera.
De un solo golpe° nacen las palomas.°   *blow / doves*
Se establece la luz sobre la tierra.

■ Preguntas

1. En la primera selección, ¿qué le piden algunas personas al poeta? ¿Por qué se lo piden?
2. ¿Por qué no puede agradarles?
3. Según Neruda, ¿qué es el oficio del poeta? ¿Por qué?
4. ¿Cuáles son los dos pactos de que habla Neruda? ¿Cuál cree usted que tiene mayor importancia para él? Explique.
5. En la selección tomada de «Oda a la vida», ¿qué imagen usa el poeta como símbolo de la vida?
6. ¿Qué cambios ocurren?
7. Para usted, ¿cuál es el principal sentimiento expresado en este poema?

■ Opiniones

1.. Según una de las definiciones tradicionales, la poesía es simplemente un conjunto de ideas y emociones comunes a la mayoría de la gente pero expresadas con mayor acierto. Teniendo en cuenta esta definición, ¿qué verso o versos de Neruda le parecen a usted más poéticos?
2. Para usted, ¿cuál es el tema o mensaje de «No me lo pidan»?

El cuento

En España, el cuento como género° literario tiene una   *genre*
larga historia que antecede a la de la novela. Pero después
de la aparición de ésta en el siglo dieciséis, el cuento quedó
en un plano° secundario, considerado por muchos como   posición
un género menor. Carmen Laforet (1921–   ) es una autora
cuya fama está basada más en sus novelas que en sus
cuentos. Su primera novela, *Nada* (1944), es, según Ángel
del Río, «la primera novela escrita en España donde se
reflejan las consecuencias de la guerra civil». Pero el libro
tiene otro interés: el estudio de los móviles° de unos per-   motivos
sonajes extraños y trastornados° por su ambiente, y es   desorientados
esta misma penetración psicológica la que se destaca° en   *stands out*
el siguiente cuento de la autora española.

■ Preguntas

1. ¿Cuándo apareció la novela en castellano?
2. ¿Cómo se consideraba el cuento durante muchos años?
3. ¿Quién es Carmen Laforet? ¿Cómo son los personajes que ella describe?

«Rosamunda»

Carmen Laforet

Estaba amaneciendo,° al fin. El departamento° de tercera clase olía a° cansancio, a tabaco y a botas de soldado. Ahora se salía de la noche como de un gran túnel y se podía ver a la gente acurrucada,° dormidos hombres y mujeres en sus asientos duros. Era aquél un incómodo vagón-tranvía,° con el pasillo atestado° de cestas y maletas. Por las ventanillas se veía el campo y la raya° plateada del mar.

    Rosamunda se despertó. Todavía se hizo una ilusión placentera° al ver la luz entre sus pestañas° semicerradas. Luego comprobó° que su cabeza colgaba hacia atrás,° apoyada en el respaldo° del asiento, y que tenía la boca seca de llevarla abierta. Se rehizo,° enderezándose.° Le dolía el cuello—su largo cuello marchito—.° Echó una mirada a su alrededor° y se sintió aliviada° al ver que dormían sus compañeros de viaje. Sintió ganas de estirar° las piernas entumecidas° —el tren traqueteaba, pitaba—.° Salió con grandes precauciones, para no despertar, para no molestar, «con pasos de hada»°—pensó —, hasta la plataforma.

    El día era glorioso. Apenas se notaba el frío del amanecer. Se veía el mar entre naranjos.° Ella se quedó como hipnotizada por el profundo verde de los árboles, por el claro horizonte de agua.

    —«Los odiados,° odiados naranjos... Las odiadas palmeras°... El maravilloso mar...»

    —¿Qué decía usted?

    A su lado estaba un soldadillo. Un muchachito pálido. Parecía bien educado. Se parecía a° su hijo. A un hijo suyo que se había muerto. No al que vivía; al que vivía, no, de ninguna manera.

    —No sé si será usted capaz de entenderme —dijo, con cierta altivez°—. Estaba recordando unos versos míos. Pero si usted quiere, no tengo inconveniente en recitar...

El muchacho estaba asombrado. Veía a una mujer ya mayor, flaca,° con profundas ojeras.° El cabello oxigenado,° el traje de color verde, muy viejo. Los pies calzados° en unas viejas zapatillas de baile°..., sí, unas asombrosas zapatillas de baile, color de plata, y en el pelo una cinta° plateada también, atada con un lacito°... Hacía mucho que él la observaba.

comenzando el día/ compartment/olía... smelled of

huddled up

railroad car/lleno

línea

agradable/eyelashes
verificó/hacia... backwards/back

Se... *She took hold of herself/straightening up/wilted/a... around her/relieved*
stretch

numb

whistled
con... *with fairy steps*

orange trees

hateful
palm trees

Se... *He resembled*

arrogancia

thin/círculos oscuros bajo los ojos/ bleached/shod/ **zapatillas...** *ballet slippers/ribbon*
bow

—¿Qué decide usted? —preguntó Rosamunda, impaciente—. ¿Le gusta o no oír recitar?

—Sí, a mí...

El muchacho no se reía porque le daba pena° mirarla. Quizá más tarde se reiría. Además, él tenía interés porque era joven, curioso. Había visto pocas cosas en su vida y deseaba conocer más. Aquello era una aventura. Miró a Rosamunda y la vió soñadora.° Entornaba° los ojos azules. Miraba el mar.

lástima

a dreamer/Cerraba un
   poco

—¡Qué difícil es la vida!

Aquella mujer era asombrosa. Ahora había dicho esto con los ojos llenos de lágrimas.

—Si usted supiera, joven... Si usted supiera lo que este amanecer significa para mí, me disculparía.° Este correr hacia el Sur. Otra vez hacia el Sur... Otra vez a mi casa. Otra vez a sentir ese ahogo° de mi patio cerrado, de la incomprensión° de mi esposo... No se sonría usted, hijo mío; usted no sabe nada de lo que puede ser la vida de una mujer como yo. Ese tormento infinito... Usted dirá que por qué le cuento todo esto, por qué tengo ganas de hacer confidencias, yo, que soy de naturaleza° reservada... Pues, porque ahora mismo, al hablarle, me he dado cuenta de que tiene usted corazón y sentimiento y porque esto es mi confesión. Porque, después de usted, me espera, como quien dice, la tumba°... El no poder hablar ya a ningún ser humano°... a ningún ser humano que me entienda.

perdonaría

sofocación
intolerancia

de... by nature

tomb, grave
ser... persona

Se calló, cansada quizá, por un momento. El tren corría, corría... El aire se iba haciendo cálido,° dorado.° Amenazaba un día terrible de calor.

caliente/golden

—Voy a empezar a contarle a usted mi historia, pues creo que le interesa... Sí. Figúrese° usted una joven rubia, de grandes ojos azules, una joven apasionada por el arte... De nombre, Rosamunda... Rosamunda, ¿ha oído?... Digo que si ha oído mi nombre y qué le parece.

Imagínese

El soldado se ruborizó,° ante el tono imperioso.

se... se puso rojo

—Me parece bien... bien.

—Rosamunda... —continuó ella, un poco vacilante.°

hesitant

Su verdadero nombre era Felisa; pero, no se sabe por qué, lo aborrecía.° En su interior siempre había sido Rosamunda, desde los tiempos de su adolescencia. Aquel Rosamunda se había convertido en la fórmula mágica que la salvaba de la estrechez° de su casa, de la monotonía de sus horas; aquel Rosamunda convirtió al novio zafio° y colorado° en un príncipe de leyenda. Rosamunda era para ella un nombre amado, de calidades° exquisitas... Pero, ¿para qué explicar al joven tantas cosas?

odiaba

pobreza
rudo
ruddy, coarse-looking
qualities

—Rosamunda tenía un gran talento dramático. Llegó a actuar con éxito brillante. Además, era poetisa. Tuvo ya cierta fama desde su juventud... Imagínese, casi una niña, halagada,° mimada° por la vida, y, de pronto, una catástrofe... El amor... ¿Le he dicho a usted que ella era famosa? Tenía dieciséis años apenas, pero la rodeaban por todas partes los admiradores. En uno de sus recitales de poesía, vio al hombre que causó su ruina. A... A mi marido, pues Rosamunda, como usted comprenderá, soy yo. Me casé sin saber lo que hacía, con un hombre brutal, sórdido y celoso. Me tuvo encerrada° años y años. ¡Yo!... Aquella mariposa° de oro que era yo... ¿Entiende?

(Sí, se había casado, si no a los dieciséis años, a los veintitrés; pero, ¡al fin y al cabo!°... Y era verdad que lo había conocido un día que recitó versos suyos en casa de una amiga. Él era carnicero.° Pero, a este muchacho, ¿se le podían contar las cosas así? Lo cierto era aquel sufrimiento suyo, de tantos años. No había podido ni recitar un solo verso, ni aludir° a sus pasados éxitos—éxitos quizá inventados, ya que no se acordaba bien; pero... —. Su mismo hijo solía° decirle que se volvería loca de pensar y llorar tanto. Era peor esto que las palizas° y los gritos de él° cuando llegaba borracho.° No tuvo a nadie más que al hijo aquél, porque las hijas fueron descaradas° y necias,° y se reían de ella, y el otro hijo, igual que su marido, había intentado hasta encerrarla.)

—Tuve un hijo único. Un solo hijo. ¿Se da cuenta? Le puse° Florisel... Crecía delgadito,° pálido, así como usted. Por eso quizá le cuento a usted estas cosas. Yo le contaba mi magnífica vida anterior. Sólo él sabía que conservaba un traje de gasa,° todos mis collares°... Y él me

flattered/favorecida

aprisionada
butterfly

al... *after all*

butcher

mencionar

acostumbraba
beatings
him (referring to her husband)/*drunk*/insolentes/estúpidas

di el nombre de/*thin*

gauze/*necklaces*

escuchaba, me escuchaba... como usted ahora, embobado.° — con interés y admiración

Rosamunda sonrió. Sí, el joven la escuchaba absorto.° — absorbed

—Este hijo se me murió. Yo no lo pude resistir°... — soportar
Él era lo único que me ataba° a aquella casa. Tuve un — tied
arranque,° cogí mis maletas y me volví a la gran ciudad — impulso
de mi juventud y de mis éxitos... ¡Ay! He pasado unos
días maravillosos y amargos.° Fui acogida° con entu- — bitter / recibida
siasmo, aclamada de nuevo por el público, de nuevo adorada... ¿Comprende mi tragedia? Porque mi marido, al enterarse° de esto, empezó a escribirme cartas tristes y des- — informarse
garradoras:° no podía vivir sin mí. No puede, el pobre. — heartbreaking
Además, es el padre de Florisel, y el recuerdo del hijo
perdido estaba en el fondo° de todos mis triunfos, amar- — en... at the bottom of
gándome.

El muchacho veía animarse° por momentos a — become animated
aquella figura flaca y estrafalaria° que era la mujer. Habló — grotesca
mucho. Evocó un hotel fantástico, el lujo derrochado° en — squandered
el teatro el día de su «reaparición»;° evocó ovaciones de- — comeback
lirantes° y su propia figura, una figura de «sílfide° can- — extravagantes / sylph
sada», recibiéndolas.

—Y, sin embargo, ahora vuelvo a mi deber°... Re- — obligación
partí mi fortuna entre los pobres y vuelvo al lado de mi
marido como quien va a un sepulcro.° — tomb

Rosamunda volvió a quedarse triste. Sus pen-
dientes° eran largos, baratos; la brisa los hacía ondular°... — earrings / moverse
Se sintió desdichada,° muy «gran dama»... Había olvidado — infortunada
aquellos terribles días sin pan en la ciudad grande. Las
burlas° de sus amistades ante su traje de gasa, sus aba- — bromas crueles
lorios° y sus proyectos fantásticos. Había olvidado aquel — glass beads
largo comedor con mesas de pino cepillado,° donde había — pino... planed pine
comido el pan de los pobres entre mendigos° de broncas° — beggars / hoarse
toses.° Sus llantos,° su terror en el absoluto desamparo° — coughs / weeping / falta de protección
de tantas horas en que hasta los insultos de su marido
había echado de menos.° Sus besos a aquella carta del — echado... missed
marido en que, en su estilo tosco° y autoritario a la vez, — rudo
recordando al hijo muerto, le pedía perdón y la perdonaba.

El soldado se quedó mirándola. ¡Qué tipo más raro,° — extraño
Dios mío! No cabía duda de que estaba loca, la pobre...
Ahora le sonreía... Le faltaban dos dientes.

El tren se iba deteniendo° en una estación del cami- — parando
no. Era la hora del desayuno; de la fonda° de la estación — restaurante barato
venía un olor apetitoso... Rosamunda miraba hacia los
vendedores de rosquillas.° — panecillos dulces

—¿Me permite usted convidarla,° señora? — treat you

En la mente del soldadito empezaba a insinuarse una

divertida historia. ¿Y si contara a sus amigos que había
encontrado en el tren una mujer estupenda y que...?

—¿Convidarme? Muy bien, joven... Quizá sea la última persona que me convide... Y no me trate con tanto
respeto, por favor. Puede usted llamarme Rosamunda...,
no he de enfadarme° por eso.   *get angry*

■ Comprensión de la lectura: siguiendo el hilo

El argumento de «Rosamunda» tiene tres «hilos» *(threads):* la
conversación que está pasando en el presente, y el doble pasado (la
versión falsa y la verdadera). Explique usted cuáles de los siguientes
elementos forman parte del pasado que realmente vivió la narradora y
cuáles existen solamente en su imaginación.

1. _____ El nombre «Rosamunda».
2. _____ La muerte de su hijo.
3. _____ Su éxito brillante como poetisa y actriz.
4. _____ Dos hijas que se reían de ella.
5. _____ Un recital de poemas originales.
6. _____ Un marido borracho y brutal.
7. _____ Muchos aplausos el día de su reaparición en el teatro.
8. _____ Un traje de gasa y unos collares.
9. _____ Unas cartas tristes de su marido que le imploraban que volviera.

■ Preguntas

1. ¿Dónde estaba Rosamunda cuando se despertó?
2. ¿Qué contraste hay entre el ambiente interior y la naturaleza que se ve por
   la ventanilla? ¿Cómo afecta a Rosamunda la vista desde la plataforma?
3. ¿Cómo empieza la conversación entre Rosamunda y el soldadillo?
4. Describa a Rosamunda. ¿Por qué le interesaba al joven soldado? ¿Por qué
   le parecía «asombrosa»?
5. ¿Quién fue Florisel? ¿Qué hizo Rosamunda cuando él se murió?
6. ¿Qué diferencias hay entre la historia que cuenta Rosamunda sobre esta
   parte de su vida y la realidad?
7. ¿Qué piensa de Rosamunda el soldadillo? ¿Cree usted que al final él la
   convida por compasión o por algún otro motivo? Explique.

■ El gerundio

Llene los espacios con el gerundio del verbo que está entre paréntesis, agregando el objeto indicado cuando sea necesario.

MODELO: El soldado se quedó **mirándola.** (mirarla)

1. Estaba _____ , al fin. (amanecer)
2. Se rehizo, _____ . (enderezarse)
3. «Estaba _____ unos versos míos». (recordar)
4. El aire se iba _____ cálido, dorado. (hacer)
5. «Y el recuerdo del hijo perdido estaba en el fondo de todos mis triunfos, _____ ». (amargarme)
6. Evocó ovaciones delirantes y su propia figura _____ . (recibirlas)
7. El tren se iba _____ en una estación del camino. (detener)

■ Opiniones

1. ¿Qué opina usted del mundo imaginario que ha creado Felisa / «Rosamunda»? ¿Cree usted que estas fantasías la hayan ayudado en la vida o no? ¿Por qué?
2. Para usted, ¿está loca Rosamunda?
3. ¿Por qué cree usted que en trenes, autobuses y aviones, la gente muchas veces revela sus secretos más íntimos a algún otro pasajero? ¿Ha vivido usted alguna experiencia de esta clase?

La novela

Durante la década de los sesenta ocurrió un fenómeno literario en Latinoamérica que muchos críticos han comparado con una explosión, llamándolo el *boom* latinoamericano: la publicación de un gran número de obras de primera categoría, especialmente de cuentos y novelas, que atrajeron la atención internacional de una manera sin precedente. Entre la rica variedad de novelas publicadas por escritores de todas las regiones, la que ha tenido mayor éxito° y ha causado más sensación es, sin duda, *Cien años de soledad*, escrita por el colombiano Gabriel García Márquez (1928–   ), quien recibió el premio Nobel en 1982.

    La novela cuenta la historia completa de un pueblo imaginario, Macondo, desde su fundación en medio de la selva hasta su trágica destrucción un siglo más tarde. Al mismo tiempo, narra las diversas aventuras de la familia Buendía, que fundó el pueblo, siguiéndolas a lo largo de seis generaciones. Macondo sirve como un microcosmo en el cual se ve reflejada la realidad histórica de toda La-

success

tinoamérica con sus tradicionales problemas económicos, políticos y sociales. Estos problemas habían sido lugares comunes° en la copiosa° literatura social de protesta, pero García Márquez los narra con una técnica diferente, mezclando e intercambiando realidad y fantasía, historia y mito. Esta técnica, llamada *realismo mágico*, ha sido utilizada por varios autores contemporáneos de habla hispana. Algunos críticos opinan que es la mejor manera de captar° la compleja y casi increíble realidad de América Latina. El mismo García Márquez dice al respecto: «... tenemos que trabajar... a fin de que°... la literatura latinoamericana corresponda en realidad a la vida latinoamericana donde suceden las cosas más extraordinarias todos los días.»[*]

> **lugares...**
> *commonplaces /*
> *abundante*

> *capture*

> **a...** *para que*

El episodio que ofrecemos aquí ocurre poco después de la fundación de Macondo, y es uno de los trozos° del libro que más se prestan° a diferentes interpretaciones. Para poder entenderlo bien, será necesario familiarizarse de antemano° con los siguientes personajes:

> *partes*
> **se...** *está abierta*

> **de...** *ahead of time*

José Arcadio Buendía: fundador de Macondo y patriarca de la familia, un hombre soñador e idealista que pasa mucho tiempo en un laboratorio que ha construido en su casa, buscando los secretos de la ciencia y de la vida.

[*]García Márquez y M. Vargas Llosa, *Diálogo: La novela en América Latina* (Buenos Aires: Ediciones Latinoamericanas, 1972), p. 28.

Aureliano: hijo de José Arcadio que lo ayuda muchas veces en el laboratorio.

Úrsula: esposa de José Arcadio y arquetipo de la madre, una mujer muy práctica que ha iniciado en su casa un lucrativo negocio que consiste en fabricar caramelos° en forma de animalitos, que se venden en Macondo.

Rebeca: hija adoptiva° de José Arcadio y Úrsula, que llegó a la casa un día, llevando un bolso que contenía los huesos de unos padres que ella no recordaba. Durante un tiempo, tenía la mala costumbre de comer tierra.

Visitación y Cataure: los indios que acompañaban a Rebeca y que ahora viven con los Buendía.

Melquíades: un gitano muy viejo y sabio, practicante de la magia, que visita a los Buendía de vez en cuando, mostrándoles siempre novedades maravillosas.

candies

adopted

■ Preguntas

1. ¿Qué fue el *boom* latinoamericano de los años sesenta?
2. ¿Cuál es el título de la novela que tuvo mayor éxito en esta época? ¿Cómo se llama su autor? ¿De dónde es?
3. ¿Qué cuenta la novela?
4. ¿Qué es el «realismo mágico»? ¿Por qué es apropiado a las novelas latinoamericanas?
5. ¿Quiénes son algunos de los personajes importantes de *Cien años de soledad?*

Cien años de soledad

Gabriel García Márquez

(Selección)

(La peste del insomnio)   Una noche, por la época en que Rebeca se curó° del vicio de comer tierra y fue llevada a dormir en el cuarto de los otros niños, la india que dormía con ellos despertó por casualidad° y oyó un extraño ruido intermitente en el rincón.° Se incorporó° alarmada, creyendo que había entrado un animal en el cuarto, y en-

se... *was cured*

por... *by chance*
corner/levantó

tonces vio a Rebeca en el mecedor,° chupándose el dedo° y con los ojos alumbrados° como los de un gato en la oscuridad. Pasmada° de terror, atribulada° por la fatalidad de su destino, Visitación reconoció en esos ojos los síntomas de la enfermedad cuya amenaza° los había obligado, a ella y a su hermano, a desterrarse° para siempre de un reino milenario° en el cual eran príncipes. Era la peste del insomnio.

Cataure, el indio, no amaneció en la casa.° Su hermana se quedó, porque su corazón fatalista le indicaba que la dolencia° letal había de perseguirla° de todos modos hasta el último rincón° de la tierra. Nadie entendió la alarma de Visitación. «Si no volvemos a dormir,° mejor», decía José Arcadio Buendía, de buen humor. «Así nos rendirá más la vida».° Pero la india les explicó que lo más temible° de la enfermedad del insomnio no era la imposibilidad de dormir, pues el cuerpo no sentía cansancio alguno, sino su inexorable evolución hacia una manifestación más crítica: el olvido.° Quería decir que cuando el enfermo se acostumbraba a su estado de vigilia,° empezaban a borrarse° de su memoria los recuerdos de la infancia, luego el nombre y la noción de las cosas, y por último la identidad de las personas y aun la conciencia del propio ser,° hasta hundirse° en una especie° de idiotez sin pasado. José Arcadio Buendía, muerto de risa, consideró que se trataba de una de tantas dolencias inventadas por la superstición de los indígenas. Pero Úrsula, por si acaso,° tomó la precaución de separar a Rebeca de los otros niños.

Al cabo° de varias semanas, cuando el terror de Visitación parecía aplacado,° José Arcadio Buendía se encontró una noche dando vueltas° en la cama sin poder dormir. Úrsula, que también había despertado, le preguntó qué le pasaba, y él le contestó: «Estoy pensando otra vez en Prudencio Aguilar.»° No durmieron un minuto, pero al día siguiente se sentían tan descansados° que se olvidaron de la mala noche. Aureliano comentó asombrado a la hora del almuerzo que se sentía muy bien a pesar de que había pasado toda la noche en el laboratorio dorando un prendedor° que pensaba regalarle a Úrsula el día de su cumpleaños. No se alarmaron hasta el tercer día, cuando a la hora de acostarse se sintieron sin sueño, y cayeron en la° cuenta de que llevaban más de cincuenta horas sin dormir.

—Los niños también están despiertos —dijo la india con su convicción fatalista—. Una vez que entra en la casa, nadie escapa a la peste.

---

rocking chair /
chupándose...
sucking her thumb /
iluminados /
Asombrada / *troubled*

threat

exiliarse

muy antiguo

no... *was not in the house at dawn*

enfermedad / *pursue her / corner*

Si... *If we don't sleep anymore*

nos... *we will get more out of life /* **lo...** *the most fearful thing*

forgetfulness

insomnio

erase themselves

del... *of his own being /* **hasta...** *until he sank /* clase

por... *just in case*

Al... Después de

calmado

dando... *tossing and turning*

Prudencio... hombre a quien mató José Arcadio y cuyo fantasma lo visita a veces / *rested*

dorando... *gilding a brooch*

cayeron... se dieron

Habían contraído,° en efecto, la enfermedad del insomnio. Úrsula, que había aprendido de su madre el valor medicinal de las plantas, preparó e hizo beber a todos° un brebaje° de acónito,° pero no consiguieron dormir, sino que estuvieron todo el día soñando despiertos. En ese estado de alucinada lucidez° no sólo veían las imágenes de sus propios sueños, sino que los unos veían las imágenes soñadas por los otros. Era como si la casa se hubiera llenado de visitantes. Sentada en su mecedor en un rincón de la cocina, Rebeca soñó que un hombre muy parecido a ella, vestido de lino° blanco y con el cuello° de la camisa cerrado por un botón de oro, le llevaba un ramo° de rosas. Lo acompañaba una mujer de manos delicadas que separó una rosa y se la puso a la niña en el pelo. Úrsula comprendió que el hombre y la mujer eran los padres de Rebeca, pero aunque hizo un grande esfuerzo por reconocerlos, confirmó su certidumbre° de que nunca los había visto. Mientras tanto, por un descuido° que José Arcadio Buendía no se perdonó jamás, los animalitos de caramelo fabricados en la casa seguían siendo vendidos en el pueblo. Niños y adultos chupaban encantados los deliciosos gallitos° verdes del insomnio, los exquisitos peces° rosados del insomnio y los tiernos° caballitos amarillos del insomnio, de modo que el alba° del lunes sorprendió despierto a todo el pueblo. Al principio nadie se alarmó. Al contrario, se alegraron de no dormir, porque entonces había tanto que hacer en Macondo que el tiempo apenas alcanzaba.° Trabajaron tanto, que pronto no tuvieron nada más que hacer, y se encontraron a las tres de la madrugada° con los brazos cruzados, contando el número de notas que tenía el valse° de los relojes. Los que querían dormir, no por cansancio sino por nostalgia de los sueños, recurrieron a° toda clase de métodos agotadores.° Se reunían a conversar sin tregua,° a repetirse durante horas y horas los mismos chistes, a complicar hasta los límites de la exasperación el cuento del gallo capón,° que era un juego infinito en que el narrador preguntaba si querían que les contara el cuento del gallo capón, y cuando contestaban que sí, el narrador decía que no había pedido que dijeran que sí, sino que si querían que les contara el cuento del gallo capón, y cuando contestaban que no, el narrador decía que no les había pedido que dijeran que no, sino que si querían que les contara el cuento del gallo capón, y cuando se quedaban callados el narrador decía que no les había pedido que se quedaran callados, sino que si querían que les contara el cuento del gallo capón, y nadie podía irse, porque el narrador decía que no les

caught

hizo... *made everyone drink/brew/*planta medicinal

alucinada... *hallucinated lucidity*

linen/collar

bouquet

certainty
negligencia

small roosters
fish/tender
comienzo del día

era suficiente

early morning
waltz, sound

probaron/para cansarse/pausa

gallo... *capón (gelded rooster)*

había pedido que se fueran, sino que si querían que les contara el cuento del gallo capón, y así sucesivamente,° en un círculo vicioso que se prolongaba por noches enteras.

Cuando José Arcadio Buendía se dio cuenta de que la peste había invadido el pueblo, reunió a los jefes de familia para explicarles lo que sabía sobre la enfermedad del insomnio, y se acordaron medidas° para impedir que el flagelo° se propagara° a otras poblaciones de la ciénaga.° Fue así como se quitaron a los chivos° las campanitas° que los árabes cambiaban por guacamayas,° y se pusieron a la entrada del pueblo a disposición de quienes desatendían° los consejos y súplicas de los centinelas° e insistían en visitar la población. Todos los forasteros° que por aquel tiempo recorrían° las calles de Macondo tenían que hacer sonar su campanita para que los enfermos supieran que estaban sanos.° No se les permitía comer ni beber nada durante su estancia,° pues no había duda de que la enfermedad sólo se transmitía por la boca, y todas las cosas de comer y de beber estaban contaminadas de insomnio. En esa forma se mantuvo la peste circunscrita° al perímetro de la población. Tan eficaz fue la cuarentena,° que llegó el día en que la situación de emergencia se tuvo por° cosa natural, y se organizó la vida de tal modo que el trabajo recobró su ritmo y nadie volvió a preocuparse por la inútil costumbre de dormir.

Fue Aureliano quien concibió la fórmula que había de defenderlos durante varios meses de las evasiones de la memoria. La descubrió por casualidad. Insomne° experto, por haber sido uno de los primeros, había aprendido a la perfección el arte de la platería.° Un día estaba buscando el pequeño yunque° que utilizaba para laminar los metales, y no recordó su nombre. Su padre se lo dijo: «tas». Aureliano escribió el nombre en un papel que pegó con goma° en la base del yunquecito: *tas.* Así estuvo seguro de no olvidarlo en el futuro. No se le ocurrió que fuera aquella la primera manifestación del olvido, porque el objeto tenía un nombre difícil de recordar. Pero pocos días después descubrió que tenía dificultades para recordar casi todas las cosas del laboratorio. Entonces las marcó con el nombre respectivo, de modo que le bastaba con° leer la inscripción para identificarlas. Cuando su padre le comunicó su alarma por haber olvidado hasta los hechos más impresionantes de su niñez, Aureliano le explicó su método, y José Arcadio Buendía lo puso en práctica en toda la casa y más tarde lo impuso° a todo el pueblo. Con un hisopo entintado° marcó cada cosa con su nombre:

y... *and so on and so* forth

se... *they decided on measures/scourge/* extendiera/*swampy* region/goats *little bells/macaws*

no escuchaban/ *sentries*/extranjeros

pasaban por

healthy
visita

limitada

quarantine

tuvo... consideró

Insomniac

working with silver
anvil

glue

le... *he had only to*

aplicó
hisopo... *inked brush*

mesa, silla, reloj, puerta, pared, cama, cacerola.° Fue al
corral y marcó los animales y las plantas: *vaca, chivo,
puerco,° gallina,° yuca,° malanga,° guineo.°* Poco a poco,
estudiando las infinitas posibilidades del olvido, se dio
cuenta de que podía llegar un día en que se reconocieran
las cosas por sus inscripciones, pero no se recordara su
utilidad. Entonces fue más explícito. El letrero que colgó
en la cerviz° de la vaca era una muestra ejemplar° de la
forma en que los habitantes de Macondo estaban dis-
puestos a luchar contra el olvido: *Ésta es la vaca, hay que
ordeñarla° todas las mañanas para que produzca leche
y a la leche hay que hervirla° para mezclarla con el café
y hacer café con leche.* Así continuaron viviendo en una
realidad escurridiza,° momentáneamente capturada por
las palabras, pero que había de fugarse° sin remedio
cuando olvidaran los valores de la letra escrita.

En la entrada del camino de la ciénaga se había
puesto un anuncio° que decía *Macondo* y otro más grande
en la calle central que decía *Dios existe.* En todas las casas
se habían escrito claves° para memorizar los objetos y los
sentimientos. Pero el sistema exigía° tanta vigilancia y
tanta fortaleza° moral, que muchos sucumbieron al hechi-
zo° de una realidad imaginaria, inventada por ellos mismos, que les resultaba menos práctica pero más reconfortante.° Pilar Ternera° fue quien más contribuyó a popularizar esa mistificación, cuando concibió el artificio de
leer el pasado en las barajas° como antes había leído el
futuro. Mediante ese recurso, los insomnes empezaron a

pan

pig / *hen* / *manioc* /
  edible root / *banana*

neck / **una...** un
  ejemplo perfecto

milk it

boil it

slippery
escaparse

poster

key words
necesitaba
fuerza
seducción mágica

comforting / mujer que
  trabaja como
  adivina / naipes

vivir en un mundo construido por las alternativas incier-
tas de los naipes, donde el padre se recordaba apenas como
el hombre moreno° que había llegado a principios de abril   de pelo negro
y la madre se recordaba apenas como la mujer trigueña°   brunette
que usaba un anillo° de oro en la mano izquierda, y donde   ring
una fecha de nacimiento quedaba reducida al último
martes en que cantó la alondra° en el laurel. Derrotado°   lark/Defeated
por aquellas prácticas de consolación, José Arcadio Buen-
día decidió entonces construir la máquina de la memoria
que una vez había deseado para acordarse de los maravillosos inventos de los gitanos. El artefacto se fundaba
en la posibilidad de repasar todas las mañanas, y desde
el principio hasta el fin, la totalidad de los conocimientos adquiridos en la vida. Lo imaginaba como un
diccionario giratorio° que un individuo situado en el eje°   turning/axis
pudiera operar mediante una manivela,° de modo que en   handle
pocas horas pasaran frente a sus ojos las nociones más
necesarias para vivir. Había logrado° escribir cerca de ca- podido
torce mil fichas,° cuando apareció por el camino de la   entries
ciénaga un anciano estrafalario° con la campanita triste   grotesco
de los durmientes, cargando° una maleta ventruda° ama-   llevando/bulging
rrada° con cuerdas y un carrito cubierto de trapos° ne-   tied up/rags
gros. Fue directamente a la casa de José Arcadio Buendía.
    Visitación no lo conoció al abrirle la puerta, y pensó
que llevaba el propósito° de vender algo, ignorante de que   intención
nada podía venderse en un pueblo que se hundía sin remedio en el tremedal° del olvido. Era un hombre decré-   quicksand
pito. Aunque su voz estaba también cuarteada° por la   cracked
incertidumbre° y sus manos parecían dudar de la existen-   uncertainty
cia de las cosas, era evidente que venía del mundo donde
todavía los hombres podían dormir y recordar. José Arcadio Buendía lo encontró sentado en la sala, abanicán-
dose° con un remendado° sombrero negro, mientras leía   fanning himself/
con atención compasiva los letreros pegados en las   mended
paredes. Lo saludó con amplias° muestras de afecto, te-   grandes
miendo haberlo conocido en otro tiempo y ahora no re-
cordarlo. Pero el visitante advirtió° su falsedad. Se sintió se dio cuenta de
olvidado, no con el olvido remediable del corazón, sino
con otro olvido más cruel e irrevocable que él conocía
muy bien, porque era el olvido de la muerte. Entonces
comprendió. Abrió la maleta atiborrada° de objetos in-   muy llena
descifrables, y de entre ellos sacó un maletín° con mu-   small case or bag
chos frascos.° Le dio a beber a José Arcadio Buendía una   botellas
sustancia de color apacible,° y la luz se hizo en su me-   agradable
moria. Los ojos se le humedecieron de llanto,° antes de   lágrimas
verse a sí mismo en una sala absurda donde los objetos
estaban marcados, y antes de avergonzarse de las solem-

nes tonterías escritas en las paredes, y aun antes de reconocer al recién llegado en un deslumbrante resplandor°   *flash*
de alegría. Era Melquíades.

■ Comprensión de la lectura: leyendo con precisión

Escoja la mejor manera de terminar las siguientes frases.

1. Una noche la india Visitación se dio cuenta de que la peste del insomnio había entrado en la casa cuando (vio que la niña no podía dormir / oyó los ruidos de un animal en el cuarto / reconoció los ojos de un gato en la oscuridad).
2. Según Visitación, lo horrible de la peste del insomnio era (la imposibilidad de dormir / la falta de cansancio en el cuerpo / la pérdida de la memoria).
3. La enfermedad se transmitía al resto del pueblo por medio de (unos peces que la gente encontraba en el lago / un caballo que caminaba por todas partes / unos caramelos que se fabricaban en la casa).
4. Para no contaminarse de la peste, los visitantes al pueblo eran obligados a (llevar una campanita / comer y beber poco / tomar un medicamento).
5. Mucha gente iba a Pilar Ternera porque ella usaba los naipes para (resolver los problemas / explicar el pasado / predecir el futuro).

■ Preguntas

1. ¿Qué hizo Cataure cuando supo que la peste del insomnio había entrado a la casa?
2. ¿Qué hizo Úrsula cuando vio que todos tenían insomnio? ¿Qué consecuencias trajo este remedio?
3. ¿Por qué no se alarmó la gente al principio cuando se enfermó de la peste?
4. ¿Qué hacía la gente durante las largas horas en que trataba de dormirse? ¿Qué hace usted cuando tiene insomnio?
5. ¿Cuál fue la fórmula que inventó Aureliano como defensa contra el olvido? ¿Qué problemas tenía esa «solución»?
6. ¿Qué decidió hacer José Arcadio? ¿Qué le parece a usted esta idea?
7. ¿Quién llegó por fin a Macondo? ¿Cómo curó a José Arcadio?

■ Los pronombres relativos

En los espacios siguientes, escriba los pronombres relativos apropiados para completar estas frases tomadas de la lectura.

que	*quienes*	*cuya*
quien	*los que*	*el cual*

1. Una noche en _____ Rebeca se curó del vicio de comer tierra...
2. Visitación reconoció en esos ojos los síntomas de la enfermedad, _____ amenaza los había obligado a desterrarse para siempre de un reino en _____ eran príncipes.
3. Úrsula comprendió _____ el hombre y la mujer eran los padres de Rebeca.
4. _____ querían dormir recurrieron a toda clase de métodos agotadores.
5. Se pusieron las campanas a la entrada del pueblo a disposición de _____ insistían en visitar la población.
6. Pilar Ternera fue _____ más contribuyó a popularizar esa mistificación.

■ Opiniones

1. ¿Cree usted que se puede tomar este trozo de *Cien años de soledad* como un ejemplo del realismo mágico? Explique.
2. Según su opinión, ¿qué significado histórico, filosófico o social puede tener este episodio?
3. ¿Qué cree usted que le pasaría a la gente si no pudiera dormir? ¿Sería bueno si los científicos inventaran una píldora para reemplazar el sueño o no? ¿Por qué?

VOCABULARIO

El mundo literario

las artes arts
el autor (la autora) author
el castellano Spanish
crear to create; **creador(a)** creative;
   el creador (la creadora) creator
el, la crítico critic
el, la cuentista storyteller or writer
el cuento story, shirt story
el ensayo essay
el escritor (la escritora) writer
fijar to affix; **fijarse en** to notice
la investigación research
el lector (la lectora) reader
el narrador (la narradora) narrator
la novela novel
el, la novelista novelist

la página page
el párrafo paragraph
el, la periodista journalist
el poema poem
la poesía poetry
el poeta (la poetisa) poet
publicar to publish
el título title
traducir (zc) to translate
el traductor (la traductora)
   translator
el verso verse
el volumen, el tomo volume

El tiempo

la época era, time period

la hora hour (of day); **¡Hora de ir!** Time to go!

el tiempo time (abstract concept of time); **perder tiempo** to waste time

la vez time, instance; **otra vez** again; **una vez más** one more time

---

■ Terminando la frase

Llene los espacios en blanco con palabras apropiadas de la lista del Vocabulario.

1. Un hombre que escribe *novelas* es un _____ .
2. Una mujer que escribe *poemas* es una _____ .
3. Una persona que publica artículos en los *periódicos* es un(a) _____ .
4. Cualquier persona que *escribe* es un _____ o una _____ .
5. La persona que *narra* una historia es el _____ o la _____ .
6. Un autor (o una autora) de *cuentos* es un(a) _____ .
7. Una persona que *crea* nuevas obras es una persona _____ .
8. Una mujer que *traduce* obras es una _____ .

■ Conversemos

1. ¿Prefiere usted leer cuentos o novelas? ¿Por qué?
2. ¿Le gustan las novelas detectivescas o no? ¿Por qué? ¿las novelas históricas?
3. Algunos dicen que hoy día la poesía está mejor expresada en las canciones populares. ¿Está usted de acuerdo o no? ¿Qué canción tiene letra que le guste a usted? ¿Por qué?
4. ¿Ha leído usted algún libro traducido de otro idioma? ¿Cuál? ¿Cree usted que sería mejor leerlo en el idioma original o que no importa mucho? ¿Por qué?
5. Para usted, ¿quién es el mejor novelista norteamericano? ¿el mejor novelista del mundo? ¿Por qué?
6. ¿Puede usted traducir al español el título de su novela favorita?

■ Discutamos

Explique brevemente por qué usted está o no está de acuerdo con las siguientes opiniones.

1. La creatividad es más necesaria en las artes que en las ciencias.
2. Las novelas de ciencia-ficción no son realmente obras artísticas.
3. Hay pocas mujeres entre los grandes autores del mundo.
4. El siglo veinte, hasta el momento presente, ha sido una de las mejores épocas de la historia humana.

■ Composición

Mi novela (o poema o cuento) favorita(o)

Spanish-English Vocabulary

Some tips on using this end vocabulary

1. Since **ch, ll,** and **ñ** are considered single letters of the Spanish alphabet, words beginning with these letters are found under separate headings and not under **c, l,** or **n.** Also, **ch, ll, ñ,** and **rr** (also considered a separate letter, though no word begins with it) appearing in the middle of a word will cause the word to be placed after equivalent words containing **c, l, n,** and **r.** For example:

cocos	**calzones**	**canto**	**carta**
cochino	**callar(se)**	**caña**	**carrera**

2. If a verb has a stem change, the change is indicated in the parenthesis following the infinitive. For example, **sentir (siento, sintió)** is listed like this: **sentir (ie, i),** and **jugar (juego)** is listed **jugar (ue).** Verbs with spelling changes in certain forms also show the changes in parentheses. Example: **parecer (zc)** to indicate the forms **parezco, parezca.**

3. Idioms are generally listed under the word considered to be most important or distinguishing. For example, **a pesar de** is listed under **pesar.** However, in many cases these expressions are cross-referenced.

Abbreviations

adj.   adjective
abbr.   abbreviation
alt.   alternate
angl.   anglicism
augm.   augmentative
aux.   auxiliary
coll.   colloquial
cond.   conditional
contr.   contraction
dim.   diminutive
e.g.   for example
excl.   exclamatory
f.   feminine
fam.   familiar (**tú** or **vosotros**)
fig.   figurative

fut.   future
gall.   gallicism
ger.   gerund
imp.   imperative
impf.   imperfect
inf.   infinitive
interj.   interjection
irreg.   irregular verb
iron.   ironical
m.   masculine
m. & f.   masculine and feminine
neol.   neologism
pej.   pejorative
pl.   plural
prep.   preposition

pres. present	*s.* singular
pret. preterite	*subj.* subjunctive
ptp. past participle	*sup.* superlative
	v. verb

A

a to; at; from; by; **a causa de** because of; **a continuación** following (*this or that*); **a diferencia de** in contrast to; unlike; **a la vez** at the same time; **a lo largo** through; along; **a pesar de** in spite of; **a través de** through, by means of; **a veces** at times; **a ver** let's see

abajo below

abalorio *m.* glass bead

abandonar to abandon, leave behind

abanicarse to fan oneself

abierto (*ptp. of abrir*) open, opened

abismo *m.* abyss, gap

abogado *m.* lawyer

abolir to abolish, repeal

aborrecer (zc) to hate, abhor

abotonar(se) to button

abrazar(se) (c) to hug, embrace; to accept (*a creed or belief*)

abrazo *m.* hug, embrace

abrigo *m.* overcoat

abril *m.* April

abrir(se) to open

absorto amazed; absorbed in thought

abuelo *m.* grandfather; **abuela** *f.* grandmother; **abuelos** *m. pl.* grandparents

abundar to abound, be plentiful

aburrirse to be bored

abusar (de) to abuse

abuso *m.* abuse

acabar(se) to finish, end; **acabar bien** to have a happy ending; **acabar de** + *inf.* to have just + *ptp.*

academia *f.* academy; **la Real Academia** the Royal Academy

académico academic; *m.* academician

acalorar to warm

acampanado bell-shaped

acariciar to caress

acarrear to occasion, cause

acaso perhaps; by chance; **por si acaso** in case

accidentado *m.* victim of an accident

acción *f.* action

aceite *m.* oil

acelerar to accelerate

acento *m.* accent

aceptar to accept

acera *f.* sidewalk

acerca de about, concerning

acercarse (qu) (a) to come near (to), approach

acertar (ie) to be successful

acierto *m.* success

aclamar to acclaim

acoger to receive

acompañar to accompany

acónito *m.* aconite, monkswood, wolfsbane

aconsejar to advise, counsel

acontecimiento *m.* event, happening

acordar (ue) to agree; **acordarse (de)** to remember

acostarse (ue) to lie down, go to bed

acostumbrar(se) to become accustomed, be in the habit

acremente sharply, bitterly

actitud *f.* attitude

actividad *f.* activity

actriz *f.* actress

actuación *f.* performance

actual current, present

actualidad *f.* present time

actualmente at present

actuar to act

acudir (a) to come

acumular to accumulate, hoard

acurrucarse to curl up; to cower

acusar to accuse

adaptarse to become adjusted

adecuado adequate; fitting, suitable

adelantarse to move forward, go ahead

adelante forward

además besides, moreover

adentrarse (en) to search deeper into a subject

adentro inside; **adentro de** in (*the water, etc.*)

adherir (ie, i) (a) to stick (to)

adinerado wealthy

adiós *m.* good-bye

adivinar to guess

adivino *m.* fortune teller

adjetivo *m.* adjective

adjudicar (qu) to adjudge; to award

admirador *m.* admirer

admitir to admit

adolorido aching

¿adónde? where?

adquirir (ie) to acquire

aduana *f.* customs

adversario *m.* adversary

advertir (ie, i) to notice

aeromozo *m.* air steward

afear to condemn

afecto *m.* affection

afianzamiento *m.* securing

afiebrado feverish, very hot

afligir to afflict; to sadden

afluente affluent

afuera outside

agarrarse to hold on

agarrotarse to stiffen

agitarse to get upset

agonía *f.* agony, death throes

agosto *m.* August

agotador exhausting

agotarse to become exhausted

agradable agreeable, pleasant

agradar to please, gratify

agradecer (zc) to thank

agradecido grateful

agravarse to get worse, worsen

agregar (gu) to add

agresividad *f.* agressiveness

agresivo agressive

agrio discordant, unharmonious (*colors*)

agua *f.* water

aguacate *m.* avocado

aguantar to put up with; to hold back

aguaraguazú *m.* animal of the fox family

aguardar to wait for, await

agudo sharp; witty; acute

águila *f.* eagle

agüita *f. dim. of* **agua**

aguja *f.* needle

agujero *m.* hole

ahí there; **de ahí** with the result that; **por ahí** around

ahogarse (gu) to drown, suffocate

ahogo *m.* oppression, constriction

ahora now; **por ahora** for the moment

aire *m.* air

aislamiento *m.* isolation

aislar to isolate

ajeno foreign; contrary; of another

ajustarse to conform, adjust or adapt oneself

ala brim (*of a hat*)

alarmante alarming

alai: jai alai *m.* jai alai, a Basque ball game

alante *coll. alt. of* **adelante**

alarmarse to become alarmed or frightened

alba *f.* dawn

albañil *m.* mason, bricklayer

alcalde *m.* mayor

alcanzar (c) to attain, reach; to be sufficient

alegar to allege

alegrarse (de) to be happy (about)

alegre cheerful, glad

alegría *f.* happiness

alejado far away

alejarse to move away, go away; to recede

alemán *m.* German (*language*)

alergia *f.* allergy

aleteo *m.* flapping or fluttering of wings

alfilerazo *m.* pinprick

alga *f.* alga, seaweed

algo something; **algo** + *adj.* somewhat . . . , rather . . .

algodón *m.* cotton

alguien someone

algún *apocopated form of* **alguno**

alguno some; any; someone

alhajas *f. pl.* jewelry

alianza *f.* alliance

alimentación *f.* nutrition

alimentar to nourish; **alimentarse de** to be fed on

alimentos *m. pl.* food

aliviar to relieve

allá (*alt. of* **allí**) there; **más allá de** beyond

allí there

alma *f.* soul; **romperse el alma** to break one's neck

almacén *m.* department store; grocery store

almuerzo *m.* lunch

alondra *f.* lark

alquiler *m.* rent

alrededor around

altibajos *m. pl.* ups and downs

altivez *f.* arrogance

alto tall; high; loud; **clase alta** upper class; **hacer un alto** to make a halt, come to a stop

altura *f.* height; **a estas alturas** at this (advanced) age; by now

alucinar to hallucinate; to delude, dazzle

aludir (a) to allude, refer to

alumbrado luminous, lighted, lit

alumno *m.* student

alzar (c) to raise, lift

amabilidad *f.* kindness, friendliness

amable kind, friendly

amanecer *m.* dawn, daybreak; **(zc)** *v.* to dawn, begin to get light; to start the day, to wake up

amante *m. & f.* lover

amar to love

amargar (gu) to embitter

amargo bitter

amarrar to tie

amarillo yellow

amartelado *m.* infatuated person

ambiente *m.* atmosphere, environment

ambos *m. pl.* both

amenaza *f.* threat, menace

amenazar (c) to threaten

ametralladora *f.* machine gun

amigo *m.* friend

amiguito *m. dim. of* **amigo**

amistad *f.* friendship, friendly relationship; **amistades** *f. pl.* friends

amistoso friendly

amnistía *f.* amnesty

amo *m.* master

amores *m. pl.* romance, love affa[ir]

amoroso amorous; loving

amplio full; bold; spacious, wide, roomy

analfabetismo *m.* illiteracy

analfabeto illiterate

análisis *m.* analysis

analista *m. & f.* analyst

analizar (c) to analyze

anciano *m.* old person

ancho wide, broad

anchura *f.* width, breadth

Andalucía *f.* southern part of Spain, Andalusia

andar (*irreg.*) to walk; to go about, go, keep on; to be; **¡Anda!** (*coll.*) Come on!, Cut it out!; **volver a las andadas** (*coll.*) to go back to one's old tricks

andino Andean

anglosajón Anglo-Saxon; *m.* Anglo-Saxon

angosto narrow

ángulo *m.* angle, corner

angustia *f.* anguish, distress

anillo *m.* ring

animalito *m. dim. of* **animal**

animarse to become lively, animated; to brighten up, feel encouraged

anoche last night

anochecer *m.* nightfall; **(zc)** *v.* to get dark

anonimato *m.* anonymity

anotar to write down; to note

ansia *f.* anxiety, yearning

ansioso anxious, anguished; uneasy, worried

Antártida *f.* Antarctica (*continent*)

ante before, in front of, in the presence of, faced with

anteceder to precede

antemano: de antemano beforehand

anteojos *m. pl.* glasses, spectacles

antepasado *m.* ancestor

anterior previous, preceding, former

antes before; **antes de** before (*in time*); **antes de** + *inf.* before + *ger.*

anticipar to anticipate

anticonceptivo *m.* contraceptive

antiguo old, ancient, old-fashioned; **antiguos** *m. pl.* the ancients

antónimo *m.*   antonym, word meaning the opposite of another
anular   to annul, nullify, revoke
anunciar   to announce, advertise
anuncio *m.*   advertisement; notice, sign
añadir   to add; to increase
año *m.*   year; **hace—años . . .** years ago; **tener—años** to be . . . years old
apacible   peaceful; mild
apagar (gu)   to switch off
apalear   to beat, thrash
aparato *m.*   apparatus; device
aparcamiento *m.*   parking
aparecer (zc)   to appear; to show up, turn up
aparición *f.*   apparition
apariencia *f.*   appearance; aspect
apartado   separated; remote
apartamento *m.*   apartment
aparte   apart, aside; separate
apasionado (por)   impassioned; madly in love with; crazy (about)
apasionar   to appeal deeply; to enthuse
apego *m.*   attachment, fondness
apellido *m.*   last name, surname
apenas   scarcely
apetito *m.*   appetite
apetitoso   appetizing
aplacar (qu)   to appease, calm
aplastarse   to become crushed; to flatten oneself
aplauso *m.*   applause
aplicar (qu)   to apply
apoderarse (de)   to appropriate, seize, take possession of
apostar (ue)   to bet, make a bet
apoyar   to support, give support; to rest, lean
apoyo *m.*   support, backing, aid
apreciación *f.*   appraisal, evaluation
apreciar   to appreciate
aprender   to learn
aprendizaje *m.* (*act of*) learning
apresuradamente   hurriedly
apretadísimo (*sup. of* **apretado**) very compressed, pressed tightly together
aprisionar   to imprison
aprobar (ue)   to pass (*an examination*)
aprontarse   to prepare oneself
apropiado   appropriate, fitting, correct

aprovechar   to take advantage of
aproximadamente   approximately
aptitud *f.*   aptitude
apuesta *f.*   bet
apuntación *f.*   notation, note
apuntar   to point out; to point, aim
apurarse   to worry, get anxious
aquí   here
árabe *m. & f.*   Arab, Arabian
araña *f.*   spider
arañarse   to scratch one another; (*fig.*) to quarrel
árbol *m.*   tree
arder   to burn
ardiente   burning; ardent
arduo   arduous
arena *f.*   sand
arenita *f. dim. of* **arena**
arenoso   sandy
argentino   Argentine; *m.* Argentine, Argentinan
argot *m.* (*gall., coll.*)   argot, jargon
argumento *m.*   argument (*in a line of reasoning*); plot (*of a story, film, etc.*)
aristócrata *m. & f.*   aristocrat
arma *f.*   arm, weapon
armadura *f.*   armor
armamento *m.*   armament; armaments, weapons
armar   to cause, create (*confusion*); **armarse** (*fig.*) to arm oneself (*with courage*)
aro *m.*   ring, loop, earring
arqueología *f.*   archaeology
arquetipo *m.*   archetype
arquitectura *f.*   architecture
arte *m. & f.*   art, fine arts
artefacto *m.*   device; artifact
articulación *f.* (*anatomy*)   joint
artículo *m.*   article, essay
artificio *m.*   artifice; ruse
arrancar (qu)   to tear off, pull off; to set off, leave
arranque *m.*   fit, outburst
arrastrarse   to drag oneself
arreglar   to fix up, arrange, adjust; **arreglarse** to be arranged, settled
arreglo *m.*   arrangement, agreement
arrendar (ie)   to rent
arrepentimiento *m.*   repentance
arrestar   to arrest
arresto *m.*   arrest, imprisonment
arriba   above, up, upward
arrojar   to throw (off, away); to shed

arroz *m.*   rice
arruinar   to ruin; to wreck, destroy
asado   roasted; *m.* roast meat
asamblea *f.*   assembly
ascendencia *f.*   ancestry
ascender   to ascend, mount, climb
ascendiente *m. & f.*   ancestor
ascenso *m.*   rise, promotion; ascent
ascensor *m.*   elevator
asegurar   to assure, guarantee; to secure, fasten; to make firm
asesinato *m.*   assasination, murder
así   so; like that, like this; in this way; **así que**   so that
asidero *m.*   handle
asiento *m.*   seat
asignatura *f.*   course, subject (*in school*)
asilo *m.*   home (*for the insane*); asylum
asimilación *f.*   assimilation
asir   to grasp
asistente *m. & f.*   person present
asistir   to attend, take care of, nurse; **asistir a**   to attend, be present at
asociar(se)   to associate
asomarse   to show, show up, appear
asombrarse   to be astonished
asombroso   astonishing, amazing
aspirante *m. & f.*   aspirant, candidate; applicant
aspirar (a)   to aspire (to)
astuto   astute
asumir   to assume (*responsibilities*)
asunto *m.*   affair; business, fact
atacar (qu)   to attack; to assail, assault; to impugn
atajar   to stop, halt
ataque *m.*   attack
atar   to tie, tie up; to bind
atardecer *m.*   late afternoon; (**zc**) *v.* to draw toward evening
ataúd *m.*   coffin
atentado *m.*   attempt, assault
atentar (ie)   to attempt a crime
ateo *m.*   atheist
aterrizar (c)   to land
atestar (ie)   to stuff, pack, fill, cram
atiborrar   to pack, stuff, fill
atletismo *m.*   track and field

atmósfera *f.* atmosphere
atraer (*irreg.*) to attract; to draw, lure
atrampillar to trap
atrás behind; **hacia atrás** backwards; **más atrás** farther back
atrasado backward; late in time
atravesar (ie) to cross, to come across
atrayente attractive
atreverse (a) to dare (to)
atribuir (y) to attribute to; to impute to
atribular to grieve, afflict
atrocidad *f.* atrocity
atroz atrocious (*pl.* **atroces**)
aturdido thoughtless; confused
auditorio *m.* audience
aumentar to augment, increase, enlarge
aumento *m.* increase, enlargement
aun even, still; **aún** yet
aunque although
auspicio: bajo los auspicios de under the auspices of
auténtico authentic
autoabastecimiento *m.* self-sufficiency
autoafirmarse to affirm oneself
autobús *m.* bus
autor *m.* author
autoridad *f.* authority
autoritario authoritarian
autorizar (c) to authorize
auxiliar *m. & f.* helper, assistant; *v.* to help, aid, assist
avance *m.* advance
avanzar (c) to advance
aventura *f.* adventure; love affair
aventurar to risk, venture
avergonzarse (ue) (c) to be ashamed
avería *f.* failure, breakdown
averiguar to ascertain, find out, verify
aviador *m.* aviator
avión *m.* airplane
avisar to inform
ayer yesterday
ayuda *f.* help
ayudar to help
ayuntamiento *m.* town hall, city hall
azafata *f.* stewardess
azúcar *m.* sugar
azucarero (*pertaining to*) sugar

azucena *f.* Madonna or white lily
azul blue

B

bachillerato *m.* high school
bailar to dance
bailarín *m.* dancer; *f.* (**bailarina**)
baile *m.* dance
bajar to drop; to come down; to take down; **bajar de** to get off
bajo low, lower; short; under
balada *f.* ballad
balanza *f.* scale
balcón *m.* balcony
baldío vain, useless; uncultivated (*land*)
balón *m.* ball, soccer ball
baloncesto *m.* basketball
bananero (*pertaining to the*) banana
banco *m.* bank; bench
banda *f.* band, musical group
bandeja *f.* tray
bando *m.* faction, party
bañista *m. & f.* bather, swimmer
baño *m.* bath; **baño de sol** sunbath; **cuarto de baño** bathroom; **traje de baño** swimsuit
baraja *f.* deck (*of cards*)
barato cheap
barco *m.* ship
barrer to sweep
barrera *f.* barrier
barriga *f.* stomach, belly
barrio *m.* section (*of a city*), quarter, neighborhood
basado based
basarse to base oneself
base *f.* base
básquetbol *m.* basketball
bastante enough, sufficient, fairly
bastar to be enough, be sufficient
bastardilla italics
basura *f.* garbage
batalla *f.* battle
batata *f.* sweet potato
bebé *m. & f.* baby
beber to drink
bebida *f.* drink
belleza *f.* beauty
bello beautiful
bendecir (*irreg.*) to bless
bendito blessed
beneficio *m.* benefit
besar to kiss
beso *m.* kiss

bestia *f.* beast, monster
Biblia *f.* Bible
biblioteca *f.* library
bien well, all right; **está bien** it's correct, that's right; **pasarle bien** to have a good time
bienes *m. pl.* goods; property; wealth
bigotazo *m. augm. of* **bigote**
bigote *m.* mustache
bilingüe bilingual
billete *m.* ticket
bisabuelos *m. pl.* great-grandparents
bisnieto(a) *m. & f.* great-grandson, great-granddaughter
bisonte *m.* bison, buffalo
blanco white
blanquísimo *sup. of* **blanco**
blindado armored
blusa *f.* blouse
blusón *m.* long blouse
boca *f.* mouth
boda *f.* wedding
bohemio bohemian, gypsy-like
bolsa *f.* bag; purse; pucker (*in clothes*)
bolsillo *m.* pocket
bolso *m.* bag
bomba *f.* bomb
bondadoso kind
bonito pretty
borde *m.* edge
bordo: a bordo on board
borrachera *f.* drunkenness
borracho drunk
borrarse to be erased
borriquita *f.* little female donkey (*dim. of* **borrica**)
bosque *m.* forest
bota *f.* boot
botar to throw away, knock down
botella *f.* bottle
botón *m.* button
bramido *m.* roar
Brasil *m.* Brazil
brasileño Brazilian
brazo *m.* arm
brebaje *m.* potion, brew
bretón *m.* Breton, person from Brittany
breve brief
brillante brilliant
brillar to shine
brilloso shiny
brincar (qu) to jump

brinco *m.* jump; **de un brinco** with a jump

brisa *f.* breeze

brizna *f.* blade

broma *f.* joke

bromear to joke

bronceador tanning

bronco rasping, harsh

bruces: de bruces face down

brusquedad *f.* abruptness

bueno good, kind, fine; well, all right; hello (*used for answering the telephone in Mexico*)

buenmozo good-looking

burgués bourgeois, middle class; (*f.* burguesa)

burguesía *f.* bourgeoisie, middle class

burla *f.* jest, scoffing

burlarse de to make fun of

burlón joking

busca *f.* search; **en busca de** in search of

buscar (qu) to search for

butaca *f.* seat

C

caballero *m.* gentleman

caballito *m. dim. of* caballo

caballo *m.* horse

caballera *f.* hair, head of hair

cabello *m.* hair

caber: no cabe duda there is no doubt

cabeza *f.* head; **ido de la cabeza** crazy; **no tiene pies ni cabeza** it does not make any sense

cabida: dar cabida a to make room for

cabina *f.* cabin; interior (*of a plane or helicopter*)

cable *m.* (*coll.*) cable, cablegram

cabo *m.* end; corporal (*military*); **al fin y al cabo** after all

cacería *f.* hunt

cacerola *f.* pan (*for cooking*)

cacto *m.* cactus

cada each

cadena *f.* chain; **cadena perpetua** life imprisonment

cadera *f.* hip

caer (*irreg.*) to fall; to set (*sun*)

café *m.* coffee; coffee house

caída *f.* fall

caimán *m.* alligator

calabaza *f.* squash; pumpkin

calcetín *m.* sock

calcular to calculate

cálculo *m.* calculation

calendario *m.* calendar

calentar (ie) to heat

calidad *f.* quality

cálido warm

caliente hot

calor *m.* heat; **tener calor** to be hot

calzar to shoe

calzones *m. pl.* underpants

callar(se) to keep quiet

calle *f.* street

callejón *m.* alley, passage

callo *m.* callus

cama *f.* bed

camarero *m.* waiter

cambiar to change, alter, convert, turn into

cambio *m.* change; **en cambio** on the other hand

caminar to walk

camino *m.* road; track, path, trail

camión *m.* truck

camisa *f.* shirt

camote *m.* sweet potato

campamento *m.* camp

campana *f.* bell

campanita *f. dim. of* campana

campaña *f.* campaign

campeón *m.* champion

campeonato *m.* championship

campesino *m.* peasant, farmer

campo *m.* country, countryside; field

canana *f.* cartridge belt

candor *m.* simplicity; innocence, naiveté; candor, whiteness

canoa *f.* canoe

cansado tired

cansancio *m.* weariness

cansarse to tire, get tired, grow weary

cantante *m. & f.* singer

cantar to sing

cántaro: llover a cántaros (*coll.*) to rain cats and dogs

cantidad *f.* quantity

canto *m.* song, chant

caña *f.* sugar cane

caos *m.* chaos

capa *f.* layer

capacidad *f.* capacity; capability

capataz *m.* superintendent, overseer

capaz capable; *pl.* (capaces)

capón gelded (*animal*)

captar to understand, grasp (*an idea*)

capturar to capture

cara *f.* face

carácter *m.* character; nature, kind

característica *f.* characteristic

caracterizar (c) to characterize

caramelo *m.* caramel; candy

carbón *m.* coal

carcajada *f.* burst of laughter

cárcel *f.* jail

carecer (zc) to lack

careta *f.* mask

carga *f.* charge (*of dynamite*)

cargar (gu) to load; to weigh down; to carry

cargo *m.* job, position

Caribe *m.* Caribbean

cariño *m.* affection

carne *f.* meat; flesh

carnicero *m.* butcher

carnívoro carnivorous

caro expensive

carpa *f.* tent

carpintería *f.* carpentry; carpenter's shop

carta *f.* letter; playing card

carrera *f.* race, running; career; **a la carrera** on the run

carro *m.* cart; car

casa *f.* house; **en casa** at home

casado married

casamiento *m.* marriage; married couple

casarse (con) to get married (to)

cascabel *m.* small bell; rattle; **serpiente de cascabel** rattlesnake

cascada *f.* cascade

cascarudo *m.* beetle

casi almost

casita *dim. of* casa

caso *m.* case; **en todo caso** in any case, at any rate; **hacer caso a** to pay attention to; **hacer el caso** (*coll.*) to be the point at issue

casta *f.* caste

castañuela *f.* castanet

castellano Castilian, Spanish

castigar (gu) to punish

castigo *m.* punishment

castillo *m.* castle

casual accidental

casualidad *f.* accident, chance; **por casualidad** by chance

catástrofe *f.* catastrophe
categoría *f.* class
católico Catholic; *m.* Catholic
causar to cause
cazar (c) to hunt
cazo *m.* dipper, ladle
cebolla *f.* onion
ceder to yield, cede; to transfer
celebrar to celebrate; to hold (*an event*)
celestial heavenly, celestial
celoso jealous; **tener celos** to be jealous
celta *m. & f.* Celt
cementerio *m.* cemetery
cena *f.* supper, evening meal, dinner
cenar to dine, have supper
cenicero *m.* ashtray
ceniza *f.* ash, cinders
cenizo grey; ashen, ash-colored
censura *f.* censorship
censurar to censure
centavo *m.* cent
centenar *m.* hundred
centímetro *m.* centimeter
céntimo *m.* cent
centinela *m. & f.* sentry, sentinel
centrar to center
centro *m.* center
Centroamérica *f.* Central America
cepillar (*carpentry*) to plane, make smooth
cerca nearby, close by; **cerca de** near to, close to
cercano near, close; nearby
cerebro *m.* brain
ceremonia *f.* ceremony
ceremoniosamente ceremoniously
certidumbre *f.* certainly
Cervantes, Miguel de author of *Don Quijote*
cerveza *f.* beer
cerviz *f.* back of the neck
cerrar (ie) to close; **cerrarse** to close up
cesar to stop, cease
cesta *f.* basket
cibernética *f.* cybernetics
ciego blind
cielo *m.* sky, heaven
cien hundred
ciénaga *f.* marsh, swamp
ciencia *f.* science
científico scientific; *m.* scientist

ciento hundred
cierto certain; **hasta cierta medida** to a certain degree
cigarrillo *m.* cigarette
cilindro *m.* cylinder
cine *m.* movie theatre
cínico cynical
cinismo *m.* cynicism
cinta *f.* ribbon, tape
círculo *m.* circle
circundante surrounding
circunscrito circumscribed; limited
circunstancia *f.* circumstance
cita *f.* appointment
citar to date, go out with
ciudad *f.* city
ciudadanía *f.* citizenship
ciudadano *m.* citizen
claro clear, bright
clase *f.* class; **clase alta, media, baja** upper, middle, lower class
claúsula *f.* clause
clave *f.* key
clavo *m.* (*coll.*) debt
clero *m.* clergy
clima *m.* climate
cobrar to charge (*for something*)
cobre *m.* copper
cocina *f.* kitchen
cocinar to cook
cocinero *m.* chef, cook
coco *m.* coconut tree
cocodrilo *m.* crocodile
cóctel *m.* cocktail party
coche *m.* automobile, car
código *m.* code
coger (j) to take, grab; to pick, collect; to catch
cognado *m.* cognate
cohete *m.* skyrocket
coincidir to coincide; to agree
colección *f.* collection
colegio *m.* secondary school, preparatory school
colgar (ue) to hang
colina *f.* hill
colmo *m.* (*coll.*) end, limit, last straw
Colón Columbus
colonia *f.* colony
colono *m.* colonist, settler
coloquio *m.* colloquy, talk
colorado red, ruddy
colorín *m.* vivid color
columna *f.* column
collar *m.* necklace

comadre *f.* mother or godmother with respect to each other
comedia *f.* comedy
comedor *m.* dining room
comentario *m.* commentary
comenzar (ie) (c) to begin, start, commence
comer to eat
comercio *m.* trade, commerce, business
comestibles *m. pl.* foodstuffs, provisions
comida *f.* food; dinner or lunch
comido: pan comido easy, a foregone conclusion
comienzo *m.* beginning; **a comienzos del siglo XX** at the beginning of the XX century
comilona *f.* (*coll.*) very abundant meal
comisario *m.* commissary, deputy
comité *m.* committee, commission
como as, like; about, since; **¿cómo?** in what manner? how?
cómodo comfortable, cozy; handy, convenient
compadre *m.* father or godfather with respect to each other
compañero *m.* companion, partner
compañía *f.* company
compartir to share
compasivo compassionate
competencia *f.* competition; contest
complejo complex
complot *m.* plot; conspiracy, intrigue; (*pl.* **complots**)
comportamiento *m.* behavior
comportarse to behave
comprar to buy, purchase
comprender to understand; to include; to take in; to consist of
comprensión *f.* understanding; comprehensiveness
comprobar (ue) to verify, check; to prove, to confirm
comprometerse to commit oneself; to become engaged
compromiso *m.* commitment; engagement
computador *m.* computer
común common, ordinary; **lugar común** commonplace; **por lo común** commonly; **sentido común** common sense

comuna *f.* commune

comunicatividad *f.* communicability; outgoingness

comunidad *f.* community

con with; **con tal de que** provided that

concebido conceived

concebir (i) to conceive; to imagine

conceder to grant

conciencia *f.* conscience; consciousness

concierto *m.* concert

concluir (y) to conclude, finish

conde *m.* count

condenado *m.* reprobate

condenar to condemn, sentence

condescendiente *m.* condescending person

condición *f.* state; status; condition

condimentar to season (food)

condimento *m.* spice

conducir (j) (zc) to drive; to steer; to convey

confección *f.* dressmaking

conferencia *f.* lecture; conference

confianza *f.* confidence, reliance, trustfulness

confiar to trust, have confidence

confidencia *f.* secret; **hacer confidencias (a)** to confide (in)

conformarse (con) to resign oneself (to)

confundido confused, mistaken

confundir to confound

confuso confused, mixed up; vague, cloudy

congénere *m. & f.* fellow, person of the same sort

congoja *f.* anguish, distress, grief

conjunto *m.* group; whole; **en conjunto** as a whole

conocer (zc) to know; to meet

conocido known; *m.* acquaintance

conocimiento *m.* knowledge

conquista *f.* conquest

conquistar to conquer

consciente conscious, aware

conseguir (i) to get, obtain

consejo *m.* advice; council; *m. pl.* advice

consentimiento *m.* consent

conservador conservative

constar to be clear; to be on record; to consist

construir (y) to build, construct

consulta: *f.* **horas de consulta** office hours

consumidor *m.* consumer

consumir to consume

consumo *m.* consumption (e.g. of food and goods)

contacto *m.* contact, touch; **en contacto con** in touch with

contagio *m.* contagion

contar (ue) to count; to tell (a story); **contar con** to count on

contemporáneo contemporary

contener (irreg.) to contain, hold

contestar to answer

contigo with you

continuación *f.* continuation; **a continuación** later on, below

contra against; facing; **en contra de** against

contraer (irreg.) to contract; to acquire; to make smaller, reduce

contraponer (irreg.) to compare, contrast; to set A up against B

contrario contrary, opposite; *m.* opponent; **al contrario, por el (lo) contrario** on the contrary

contratar to hire

contribuir (y) to contribute

convencer (z) to convince, persuade

conveniente suitable, fitting

convenir (irreg.) to be suitable; to agree

convertir (ie,i) to convert, change; **convertirse en** to become; to turn into

convidado *m.* guest

convidar to invite, treat

convivir to live together

convocar to convoke, call (a meeting, etc.)

copa *f.* wineglass, goblet; trophy

copioso copious, abundant

corazón *m.* heart; core

corbata *f.* tie

corona *f.* crown

corporal bodily, corporal

cortar to cut; to hack, chop; to cut off

corte *m.* cut, cutting; fit of a garment; *f.* court; **hacer la corte a** to pay court to

cortejar to court, woo

cortesía *f.* courtesy

corto short

corregir (i) (j) to correct

correo *m.* post office

correr to run

corresponder to correspond

corrida *f.* bullfight

corrido ashamed

corriente common, ordinary *f.* (electric) current

corro *m.* group, circle

cosa *f.* thing; **gran cosa** (not) very much

cosaco *m.* Cossack

cosido: cosido con devoted to

costa *f.* price; coast, shore; **a toda costa** at any price

costar (ue) to cost; to be difficult

costumbre *f.* custom, habit

cotidiano daily

creador creative; *m.* creator

crear to create; to make; to invent

crecer (zc) to grow; to grow up

creciente increasing; growing

crecimiento *m.* increase; growth; rise in value

creer (y) to believe

criado *m.* servant

criar to raise; to feed, suckle

criatura *f.* little creature (child, baby)

crimen *m.* crime

crisol *m.* crucible, melting pot

cristal *m.* glass, crystal

crítica *f.* criticism

cruzar (c) to cross

cuaderno *m.* notebook

cuadra block

cuadrado square

cuadrar to conform; to square, make square; to suit

cuadro *m.* picture, chart

cual which, which one; what; **¿cuál?** which?, which one?

cualidad *f.* quality

cualificado qualified

cualquier any; any one

cualquiera anyone, anybody

cuando when; **¿cuándo?** when?

¿cuánto? how much?; **¿cuántos?** how many?

cuanto whatever; **en cuanto** as soon as; **en cuanto a** as to, as for

cuarteado cracked

cuartel *m.* barracks

cuarto fourth; *m.* room; quarter

cubierto covered

cubrir to cover; to hide, conceal

cuello m.   neck; collar
cuenta f.   count, account; **caer en la cuenta, darse cuenta de**   to realize
cuentista m. & f.   short-story writer
cuento m.   short story
cuerda f.   string, rope
cuero m.   leather; skin, hide; pelt
cuerpo m.   body
cuestión f.   issue, question
ciudado m.   care; **¡Cuidado!** Watch out!, Be careful
cuidar   to take care (of)
culpa f.   blame, guilt, fault; **echarse la culpa**   to blame oneself; **tener la culpa**   to be guilty
culpar   to blame, accuse
cultivable   for cultivation, for farming
cultivo m.   cultivation; crop
culto   cultured, learned; m. cult, worship
cumbre f.   summit; pinnacle
cumpleaños m. s.   birthday
cumplido m.   attention; compliment
cumplir   to fulfill; to perform; reach (a certain age)
cunita f. (dim. of **cuna**)   cradle
cuñado m.   brother-in-law; **cuñada** f. sister-in-law
cura m.   priest; f. cure
currículum m. (Latin)   curriculum vitae, résumé
cuyo   whose

CH

chaqueta f.   jacket
charlar   to chat
chavo m. (Puerto Rico, coll.)   money, dough
cheque m.   check
chicle m.   chicle (gum); chewing gum
chico   small; **chico** m.   boy; **chica** f.   girl
chile m.   chili pepper
chileno   Chilean; m. Chilean
chillido m.   shriek, screech
chino   half-breed
chiquillo m.   child
chiquito (coll., dim. of **chico**)   small; m. little one
chispa f.   spark; (fig.) sparkle, gleam

chiste m.   joke
chistecito m. dim. of **chiste**
chistoso   funny
chivo m.   goat
chocante   shocking; loud
chofer m. & f.   driver
choque m.   shock
choteo m.   jeering, mocking
chupar   to suck
churro m.   fritter

D

dama f.   lady
danza f.   dance
danzante   dancing
dañino   harmful
dar (irreg.)   to give; **dar a conocer** to make known; **dar a entender** to suggest; **dar cabida**   to hold; **darse cuenta (de)**   to realize; **darse la mano**   to shake hands
dato m.   fact, datum; **datos** (pl.) data
de   of; **de acuerdo**   in agreement; all right
deambular   to stroll
debajo (de)   under
deber m.   duty; **deber** + inf.   to ought to, should, must; **debe haber**   there must be; **deberse a** to be due to
débil   weak
debilidad f.   weakness
década f.   decade
decálogo m.   decalogue, set of rules
decano m.   dean; oldest member of a community
decepcionar   to disappoint
decidido   decided, determined
decidir   to decide; **decidirse**   to decide, make up one's mind
decir (irreg.)   to tell, say; **es decir** that is; **mandar decir**   to send word; **querer decir**   to mean
décimo   tenth
declarar   to declare, state
dedicar (qu)   to dedicate, devote; **dedicarse (a)**   to devote oneself (to)
dedo m.   finger
defensor m.   defender
definitivo   definitive; final; **en definitiva**   in short
deformado   deformed; misshapen
dehesa f.   pasture ground

dejar   to leave; **dejar de** + inf.   to stop + ger.
del (contr. of **de** + **el**);   of the; from the
delantal m.   apron; maid's uniform
delante (de)   in front (of)
delectación f.   delectation, pleasure, delight
delegado m.   delegate
deleitar   to delight, please
delgadito (dim. of **delgado**)   thin
delicadeza f.   delicacy
delicado   delicate
delicioso   delicious
delirante   delirious
demás   other, rest (of the); **lo demás**   the rest
demasiado   too; too much; too hard; **demasiados**   too many
demográfico   demographic, of population
demonio m.   devil, demon
demora f.   delay
demorar   to delay
demostrar (ue)   to demonstrate, show
denominar   to name, call, designate
dentro (de)   within; inside
denunciar   to denounce; to "squeal on"
departamento m.   compartment
depender (de)   to depend (on)
deportar   to deport
deporte m.   sport
deportivo   athletic, sport
deprimido   depressed
derecha f.   right; right wing, conservative groups
derechista m. & f.   right-winger; (politically) conservative
derecho m.   right; law (career or course of study)
derrocar (qu)   to overthrow, bring down
derrochar   to squander
derrotar   to defeat
derrumbamiento m.   collapse; downfall
desabrochar   to unbutton
desacuerdo m.   disagreement
desafío m.   challenge
desagradable   disagreeable
desagradecido   ungrateful
desahogarse   to expose one's grief; to express one's feelings
desahogo m.   disclosing one's troubles or grief

desamparo *m.* abandonment; helplessness

desaparecer (zc) to disappear

desarme *m.* disarmament

desarticulado disjointed

desarrollar to develop

desarrollo *m.* development; **países en (vías de) desarrollo** developing countries

desastre *m.* disaster

desatender (ie) to pay no attention to

desatino *m.* foolish act

desayuno *m.* breakfast

desbandarse to flee in disorder

descalabro *m.* calmity; setback

descansado rested

descansar to rest

descanso *m.* rest

descarado impudent

descartar to discard, throw away

descender (ie) to descent

descomponerse *(irreg.)* to decompose, rot

desconcertar (ie) to confuse; to disconcert

descongestión *f.* lessening of congestion

descontinuar to discontinue

describir to describe

descrito *(ptp. of* **describir)** described

descubierto *(ptp. of* **descubrir)** discovered; uncovered

descubrimiento *m.* discovery

descubrir to discover

descuido *m.* neglect

desde since; from; **desde chicos** since (our, their) childhood; **desde luego** of course; **desde que** since

desdén *m.* disdain

desdichado wretched, unlucky, unfortunate

desear to desire, wish

desempleo *m.* unemployment

desencajar to dislocate

desencantar to disenchant, disillusion

desenfadado care-free; uninhibited

desentenderse (ie) to ignore, pay no attention (to)

deseo *m.* wish, desire

desequilibrio *m.* lack of equilibrium; disorder

desesperado *m.* desperate person

desgano *m.* unwillingness

desgarrador heart-breaking, heart-rending

desgracia *f.* misfortune

desgraciadamente unfortunately

deshacerse *(irreg.)* to come apart; to fall to pieces

desierto deserted; *m.* desert

designar to designate

desigualdad *f.* inequality

deslizarse (c) to slip, slide

deslumbrante dazzling

desnudo naked

desocupación *f.* unemployment

desolado desolate

desorden *m.* disorder

desordenado disorderly

desparramar to spread out

despedazar (c) to break into pieces

despedida *f.* leave-taking; parting

despedir (i, i) to fire; **despedirse (de)** to take leave (of); to say good-bye (to)

desperdicio *m.* waste, squandering; **desperdicios** *m. pl.* garbage, trash

despertar (ie) to awaken; **despertarse** to wake up

despierto awake

despoblado unpopulated, deserted

despojado despoiled

despreciable contemptible

desprecio *m.* contempt

después after; lates; **después de** after; **después de todo** after all

destacarse (qu) to stand out, be distinguished

destaparse to reveal oneself

desterrarse (ie) to go into exile

destino *m.* destiny, destination

destructor destructive; *m.* destroyer

destruir (y) to destroy

desventaja *f.* disadvantage

desvincular to separate

detalle *m.* detail

detener(se) *(irreg.)* to stop

detenidamente carefully

deteriorarse to become damaged, to deteriorate

deterioro *m.* deterioration

determinado certain

detrás (de behind, (in) back (of)

deuda *f.* debt

devolver (ue) to return *(something)*

devorar to devour; to eat up

día *m.* day; **al día siguiente, al otro día** the next day; **en días pasados** in the past; **hoy día** nowadays; **todos los días** every day

diálogo *m.* dialogue

diariamente daily, every day

diario daily; *m.* daily newspaper

dibujante *m. & f.* cartoonist

dibujar to draw

dibujo *m.* drawing, sketch

diccionario *m.* dictionary

diciembre *m.* December

dictablanda *f.(neologism)* mild distatorship *(play on* **dictadura)**

dictador *m.* dictator

dictadura *f.* dictatorship

dicho said, afore-mentioned; *m.* saying; *(ptp. of* **decir)** said; **lo dicho** what has been said

dichoso fortunate; blessed

diente *m.* tooth

diferencia *f.* difference

diferenciar to differentiate

diferir (ie,i) to be different, differ

difícil difficult

dificilísimo *sup. of* **difícil**

dificultad *f.* difficulty

difunto *m.* deceased person

dignidad *f.* dignity

digno worth; appropriate

diligencia *f.* stagecoach

dinámico dynamic

dinastía *f.* dynasty

Dios *m.* God; god

diputado *m.* congressman

dirección *f.* direction

dirigente *m. & f.* leader

dirigir to direct, steer; **dirigirse a** to address oneself to, face toward

discretamente discreetly, tactfully

disculpar to forgive, excuse

discurso *m.* speech

discusión *f.* discussion; argument

discutir to discuss; to argue

diseño *m.* design; drawing, sketch

disfrazarse (c) to disguise oneself

disfrutar to enjoy

disimular to pretend; to conceal

disipar to dissipate

disponible available

disposición *f.* disposal, disposition; **a su disposición** at your (or his, her) service

dispuesto ready; disposed; **estar dispuesto a** + *inf.* to be prepared to + *inf.*

distancia *f.* distance

distinción *f.* distinction

distinguido distinguished; elegant, refined

distinto distinct, different; several, various

distorsionar to distort

diversión *f.* pastime; amusement

diverso diverse, different; (*pl.*) various

divertido funny, amusing; amused

divertir (ie, i) to amuse, entertain; **divertirse** to have a good time, enjoy oneself

dividir to divide; **dividirse** to be divided

divisar to make out

divorcio *m.* divorce

doblar to double; to fold; to bend; to turn, turn around

doble *m.* double

docencia *f.* education (*teaching*)

doctorado *m.* doctorate

dólar *m.* dollar

dolencia *f.* illness

doler (ue) to ache; to hurt, feel pain

dolor *m.* pain

domar to tame

doméstico domestic; **quehaceres domésticos, trabajos domésticos** household jobs

dominante dominant, predominant; **clase dominante** ruling class; **personalidad dominante** domineering, masterful personality

dominar to dominate; to overpower, to master

domingo *m.* Sunday

don *m.* courtesy title similar to *Mr.*, used before the Christian name of a man

dona *f.* gift; **donas** *f. pl.* gifts given to a bride by the groom

donde where; in which; **¿dónde?** where?

doña *f.* title of respect used before the Christian name of a woman

doquier all around

dorado golden; gilded; gold-plated

dorar to gild

dormir (ue, u) to sleep; **dormirse** to fall asleep

dote *f.* dowry, marriage portion

dramático dramatic; **pieza dramática** serious play

drogadicto *m.* drug addict

duda *f.* doubt; **no cabe duda (de)** there is no doubt

dudar to doubt

dudoso doubtful

dueño *m.* owner

dulce sweet

dulcísimo *sup. of* **dulce**

duplicar (qu) to duplicate; to double (quantity or number)

durante during, for (*period of time*)

durar to last, go on (for)

durmiente sleeping

duro hard, difficult, harsh; **a duras penas** with great difficulties; **durísimo** *sup. of* **duro**

E

e and (*used instead of* **y** *before a word beginning with* **i**)

eco *m.* echo

económico economic(al)

echado lying down

echar to pour, throw out, back out; to deal (*with cards*): **echar de menos** to miss (*someone*); **echarse a** + *inf.* to start to + *inf.*

edad *f.* age; **avanzada edad** advanced age; **de edad madura** mature

edificio *m.* building

educación *f.* education; manners, politeness; **buena (mala) educación** good (bad) manners

educado educated; polite; well-mannered; **mal educado** ill-mannered

educar (qu) to train; to bring up

educativo educational

EEUU *m.pl. (abbr. of* **Estados Unidos**) United States

efectivamente really, actually

efectivo effective; **en efectivo** in cash

efecto *m.* effect; **en efecto** in fact, really

efectuar to carry out; **efectuarse** to be carried out; to take place

eficaz effective

efusión *f.* effusion, shedding

egoísmo *m.* selfishness

egoísta selfish; *m.&f.* selfish person

eje *m.* axis, axle; crux, main point

ejemplar exemplary

ejemplificar (qu) to exemplify

ejemplo *m.* example

ejercicio *m.* exercise, drill

ejército *m.* army

elección *f.* election; choice

elector *m.* voter

elefante *m.* elephant; **elefanta** *f.* elephant

elegir (i) (j) to elect; to choose; to select

elevado high, lofty; sublime

elogiar to laud; to praise

elogio *m.* compliment, praise

ello it

embarazada pregnant

embarcarse (qu) to embark, to go on board

embargo: sin embargo however, nevertheless

embobado fascinated; held in suspense

emborracharse to get drunk

embotelladora *f.* bottling plant

embudo *m.* funnel

emergencia *f.* emergency

emergente *m.* emergence; manifestation

emigrar to emigrate; to migrate

emocionado moved, excited

emocionante moving, exciting; thrilling

empeñarse (en) to insist (on)

empeoramiento *m.* worsening

empezar (ie)(c) to begin, start

empleado *m.* clerk, employee; servant; **empleada** *f.* maid

emplear to employ, use

empleo *m.* use; job

empresa *f.* enterprise, company, firm

empresario *m.* businessman

empujar to push, shove

empuje *m.* push; thrust

en in; at; on; into

enajenación *f.* alienation

enamorado in love; lovesick; *m.* sweetheart

enamorar to inspire love in, win the love of; **enamorarse de** to fall in love with

enardecido excited; inflamed

encantado satisfied, delighted, enchanted
encantar to enchant, to delight
encender (ie) to light; to turn on
encendido alight, on fire
encerrar (ie) to shut in; to lock up; to confine
encierro m. driving of bulls to the bull pen *(before a bullfight)*
encima above, over, overhead; encima de on, upon; por encima de above, over
encogerse (j) to shrink, contract; encogerse de hombros to shrug one's shoulders
encontrar (ue) to find; encontrarse to find oneself
encuentro m. meeting, encounter
enchufe m. connections, influence
enderezarse (zc) to straighten up; to stand up
endulzado sweetened
enemigo enemy, hostile; m. enemy, foe
enérgico energetic
enfadarse to get angry, get annoyed
enfatizar (c) to emphasize
enfermarse to become ill, become sick
enfermedad f. sickness, disease
enfermizo sickly
enfermo sick, ill; m. sick person
enfrentar to confront
enfrente, de enfrente opposite; in front
engañado cheated; deceived
engañar to fool; to deceive; to cheat
engañoso deceitful, deceptive
enloquecido driven crazy; mad
enojado angry
enojar to anger
enorme enormous
enredado involved, intricate
enrolarse to be enrolled; to be included
ensalada f. salad
ensayar to try out; to rehearse; to practice
ensayista m.&f. essayist; writer of essays
ensayo m. essay; rehearsal
enseñanza f. instruction, teaching
enseñar to teach; to train; enseñar a to teach to

ensueño m. dream, daydream
entender (ie) to understand
enterarse to find out
enterito *dim of* entero
entero complete, whole, entire
entidad f. entity
entintar to ink
entonces then; and so; de entonces of those times; por entonces in those days
entornar to half-close; to turn
entrada f. entrance, admission; pedir la entrada to request permission to enter
entrañar to contain; to involve
entrar to go in; to come in, enter
entre between, among
entreabierto half-open; ajar
entregar (gu) to deliver; to betray
entrelazar (c) to interlace; to interweave
entrenamiento m. training
entrenar to train
entretanto meanwhile; meantime
entretener *(irreg.)* to amuse, to entertain; entretenerse to amuse oneself
entrevista f. interview
entumecido numb
entusiasmar to enthuse
entusiasmo m. enthusiasm
enviar to send
envidia f. envy
envilecido vilified, debased
envolverse (ue) to surround oneself
epígrafe m. epigraph; inscription at the beginning of a literary work
epigrama m. epigram; short poem with a witty or satirical point
episodio m. episode
época f. age, period of time
equipaje m. luggage
equipo m. team; trabajar en equipo to work as a team member
equivocarse (qu) to make a mistake
erizarse (c) to bristle; to stand on end *(hair)*
errante wandering, nomadic
escala f. scale; a escala menor on a lower scale
escandalizar (c) to shock, scandalize
escándalo m. scandal

escape: a escape at full speed
escarcha f. frost
escena f. scene
escenario m. stage
esclavitud f. slavery
esclavo m. slave
escoger (j) to choose, select
escolar scholastic
escoltar to accompany; to escort
esconder(se) to hide, conceal (oneself)
escondida: a escondidas on the sly, secretly
escopeta f. gun, shotgun
escribir to write
escrito *(ptp. of escribir)* written
escritor m. writer, author
escritorio m. writing desk; office, study
escritura f. writing
escuchar to listen (to); to hear
escuela f. school
escueto unadorned, brief
escultura f. sculpture
escurridizo slippery
escurrirse to slip away
esencial essential
esfuerzo m. effort
eso that, all that; a eso de around or about; por eso for that reason
espacial space *(adj.)*
espacio m. space
espacioso spacious; slow; deliberate
espalda f. back; a nuestras espaldas in back of us; de espaldas a with one's back to; por la espalda in the back
espantoso frightful, hideous
especial special
especialidad f. specialty
especialización f. specialization
especializado specialized; no especializado unskilled
especializarse (c) to specialize
especie f. kind, sort; species
específico specific
espectáculo m. show; sight; spectacle
espectador m. spectator
especulación f. speculation
espejo m. mirror; looking glass
espeluznante hair-raising; horrifying
espera f. wait; sala de espera waiting room
esperanza f. hope, expectation

esperar to hope; to expect, to wait for

esperpento *m.* grotesque satire

espeso dense

espíritu *m.* spirit

espléndido splendid

espontaneidad *f.* spontaneity

espontáneo spontaneous

esposo *m.* husband, spouse; **esposa** *f.* wife, spouse; **esposos** *m.pl.* husband & wife, spouses

esquela *f.* note

esquí *m.* skiing

esquina *f.* corner, angle

estabilidad *f.* stability

establecer (zc) to establish

estación *f.* station; season

estadía *f.* stay, sojourn

estadio *m.* stadium

estadista *m.&f.* (*Puerto Rico*) person favoring the idea of Puerto Rico becoming a state of the USA

estadística *f.* statistic

estado *m.* state; condition

Estados Unidos *m.pl.* the United States

estadounidense American; *m.&f.* American, person from the USA

estallar to explode

estampa *f.* appearance

estampilla *f.* postage stamp

estancamiento *m.* stagnancy

estancia *f.* cattle ranch; stay, sojourn

estanque *m.* pond

estaño *m.* tin

estar (*irreg.*) to be

estereotípico stereotypical

estereotipo *m.* stereotype

estéril barren, sterile

estilo *m.* style

estimar to esteem; to estimate; to believe

estímulo *m.* stimulus

estirar to stretch out

esto this, all this

estornudar to sneeze

estrafalario outlandish, extravagant

estrategia *f.* strategy

estratificación *f.* stratification

estrechar: estrechar la mano to shake hands

estrechez *f.* tightness, narrowness

estrecho close

estrella *f.* star

estremecer (zc) to shake, make tremble

estricto severe, strict

estructura *f.* structure

estudiante *m.&f.* student

estudiantil pertaining to a student, college

estudiar to study

estudio *m.* study

estupendo stupendous, super, great

estúpido stupid

eterno eternal

etíope Ethiopian; *m.&f.* Ethiopian

étnico ethnic

eufemismo *m.* euphemism

Europa *f.* Europe

europeo European; *m.* European

evasión *f.* escape, evasion

evitar to avoid; to prevent

evocar (qu) to evoke; to call forth; to describe

exactitud *f.* exactness, accuracy

examen *m.* examination

excepción *f.* exception; **excepción hecha de** with the exception of

excesivo excessive

exceso *m.* excess, abuse

exclamar to exclaim

excluido excluding

excluir (y) to exclude

exhausto exhausted

exigencia *f.* demand, requirement

exigir (j) to demand, require

exiliado *m.* exile, expatriate, refugee

exiliar to exile; **exiliarse** to exile oneself, live outside one's native country

exilio *m.* exile

existir to exist; to be

éxito *m.* success; **tener éxito** to be successful

expediente *m.* dossier, records, file

explicación *f.* explanation

explicar (qu) to explain

explotar to explode

exponerse (*irreg.*) to expose oneself

expresar to express

expresividad *f.* expressiveness

expuesto risky

extender (ie) to extend; to spread out

extensible stretchy; extensible

extenso extensive

exterior external; foreign; **en el exterior** abroad, outside the country

extranjero foreign; *m.* foreigner

extrañar to miss (*someone*)

extraño strange; *m.* outsider

F

fábrica *f.* factory

fabricar (qu) to process; to manufacture

fácil easy

facilidad *f.* ease; facility; *f.pl.* conveniences, means

facultad *f.* ability; faculty; school of a university

faja *f.* girdle

falda *f.* skirt

falsedad *f.* falsity; falsehood, lie

falso false; untrue

falta *f.* lack, absence; **hacer falta** to be necessary; to need

faltar to be lacking

fallar to fail, miss

familiar familiar; of or belonging to a family or families

famoso famous

fantasma *m.* ghost

farmacia *f.* pharmacy

fascista fascist

fase *f.* phase

fastidiarse to become annoyed

fatalidad *f.* fatality

fatiga *f.* fatigue; hard breathing

favela *f.* slum (*Brazilian*)

favor *m.* favor; **a favor de** in favor of; **por favor** please

favorecer (zc) to favor

faz *f.* face; surface

fecha *f.* date

felicidad *f.* happiness

feliz happy, fortunate

fenómeno *m.* phenomenon

feo ugly

feria *f.* market; fair

feroz cruel, savage, wild

ferrocarril *m.* railroad

festejar to feast; to celebrate

festejo *m.* feast; entertainment

fiarse (de) to confide (in), trust

ficticio fictitious

ficha *f.* filing card; entry

fidelidad *f.* faithfulness

fiebre *f.* fever

fiel faithful

fiera *f.* wild beast

fiesta *f.*   party; social gathering; celebration

figurarse   to imagine

fijamente   fixedly

fijarse (en)   to notice

fijo   fixed; sure; agreed upon

fila *f.*   row; **en la fila** in the line

filiación *f.*   filiation; **por filiación masculina** through the paternal side

filólogo *m.*   philologist

filosofía *f.*   philosophy

filosófico   philosophic

filósofo *m.*   philosopher

fin *m.*   end; purpose; **a fin de que** in order that; **a fines de** at the end of; **al fin** at last; **en fin** in short; **fin de semana** weekend; **por fin** finally

financiero   financial

finca *f.*   property, piece of property; farm

fino   fine, excellent; polite, refined; good quality

firma *f.*   firm, business

firmar   to sign

firme   firm; **de tierra firme** on the mainland

físico   physical

flaco   thin; skinny

flagelo *m.*   scourge

flamenco   Andalusian gypsy (*music, dance, etc.*); *m.* Andalusian gypsy; Flemish

flan *m.*   custard

flecha *f.*   arrow

flojear   to be weak

florecimiento *m.*   flowering; bloom

floresta *f.*   forest, grove

flotar   to float

fluctuar   to fluctuate

fogata *f.*   bonfire

folleto *m.*   pamphlet, booklet

fonda *f.*   inn; restaurant

fondo *m.*   bottom; back, rear; backstage; background; **fondos** *m.pl.* funds

footing *m.*   (*angl.*) jogging

foráneo   foreign

forastero   alien, strange; *m.&f.* stranger

forcejear   to struggle

forjar   to forge; to build

formalidad *f.*   formality

formar   to form

formulario *m.*   form, application

fortalecer (zc)   to fortify

fortaleza *f.*   fortitude

foto *f.*   snapshot; photo

fotografía *f.*   photograph

frac *m.*   tails, swallow-tail coat

fracasar   to fail

fracaso *m.*   failure, downfall, ruin

francés   French; **francés** *m.* Frenchman; **francesa** *f.* Frenchwoman

Francia *f.*   France

frasco *m.*   flask; jar

frecuentar   to frequent

frenar   to restrain; to brake, slow down

frente *f.*   forehead; **frente a** in front of

fresco   fresh, cool

frescura *f.*   freshness, coolness

frialdad *f.*   indifference, coolness

frijol *m.*   bean

frío   cold; *m.* cold; **a sangre fría** in cold blood; **hacer frío** to be cold

frito   fried

frondoso   leafy

frontera *f.*   border; limit

fruta *f.*   fruit (*edible*)

fruto *m.*   fruit (*part of a plant*)

fuego *m.*   fire; **fuegos de artificio** fireworks

fuente *f.*   source; spring (*of water*); fountain

fuera   outside

fueres *second person s. fut. subj. of* **ir** (*archaic*)

fuerte   strong, vigorous; strongly

fuerza *f.*   strength; power; **a fuerza de** by dint of; **a fuerza viva** by brute force; **hacer fuerza** to force

fuga *f.*   flight, escape

fugarse (gu)   to escape, flee; to run away

fugaz   fleeting

fulano *m.*   chap, bloke, fellow; **fulana** *f.* woman, girl, gal

fulgor *m.*   glow

fumar   to smoke

funcionar   to work, function

funcionario *m.*   official; civil servant

fundación *f.*   foundation; founding

fundador *m.*   founder

fundar   to found; to establish

fundo *m.*   estate

furia *f.*   rage, fury

furor *m.*   frenzy

fútbol *m.*   soccer; **fútbol americano** football

futbolista *m.&f.*   soccer player

G

galán *m.*   young gentleman; suitor

galancete *m.*   frivolous young man, dandy

galeón *m.*   galleon; sailing ship

gallina *f.*   hen

gallito *m. dim. of* **gallo**

gallo *m.*   rooster

gana *f.*   desire; wish; appetite; **tener ganas de** + *inf.* to feel like + *ger.*

ganancia *f.*   profit, gain

ganar   to earn; to gain; to win

garantía *f.*   guarantee, pledge

garantizar (c)   to guarantee

gasa *f.*   chiffon

gastar   to spend

gasto *m.*   expense; cost

gato *m.*   cat

gemido *m.*   groan, moan, wail

generar   to generate, produce

género *m.*   gender; kind; genre; cloth, fabric

generosidad *f.*   generosity

genial   brilliant

gente *f.*   people; crowd

gerente *m.&f.*   manager

gerundio *m.*   gerund

gesto *m.*   gesture; facial expression

gira *f.*   tour; excursion

giratorio   revolving

gitano   gypsy; *m.* gypsy

glorificar (qu)   to glorify

glorioso   glorious

gobernador *m.*   governor

gobernar (ie)   to govern; to regulate; to direct

gobierno *m.*   government

gol *m.*   (*angl.*) goal (in soccer)

golosina *f.*   sweet, tidbit

golpe *m.*   blow, stroke, hit; **golpe militar** coup d'état

golpear   to beat; to knock; to tap

golpista *m.&f.*   person in favor of a coup d'état

goma *f.*   rubber; glue

gongo *m.*   gong

gordo   fat, plump

gorguera *f.*   ruff; gorget, neck guard (*of armor*)

gorrión *m.*   sparrow

gozar (c) to enjoy; to take pleasure

gozo *m.* joy, pleasure, delight

gracia *f.* grace; favor; point of a joke; **hacer gracia** to amuse; **tener gracia** to be amusing, funny

gracias *f.pl.* thanks; **dar las gracias** to thank

gracioso funny, pleasing, graceful

grado *m.* degree; **a tal grado** to such a degree

gran *contr. of* **grande**

grandama *f.* **gran dama** great lady

grande great; large; big

granito *m.* (*dim of* **grano**) little grain

grasa *f.* grease; fat

gratis gratis, free, for nothing

gratuito free; gratuitous

grave serious, important; grave

grávido (*poetic*) gravid, heavy, full

gremio *m.* trade union; corporation

griego *m.* Greek

gris gray

gritar to shout, scream

grito *m.* scream, shout

grosería *f.* coarseness; ill-breeding

grotesco grotesque

grueso bulky; thick; heavy

grupal of a group

grupo *m.* group

guacamaya *f.* macaw

guardar to keep

guarida *f.* den or lair of a wild beast

guatemalteco Guatemalan; *m.* Guatemalan

guayaba *f.* guava apple

guerra *f.* war

guerrero martial, warlike

guerrillero *m.* guerrilla fighter

guía *f.* guidebook; *m.&f.* guide

guineo *m.* a kind of banana

gustar to taste; to try; to please, be pleasing

gusto *m.* taste; pleasure; **tanto (mucho) gusto** glad to meet you

H

haber (*irreg.*) to have (*aux.*); to be (**hay**); **haber de** + *inf.* to be (have) to; **haber que** + *inf.* it is necessary to

habilidad *f.* ability; skill; cleverness

habitación *f.* room

habitante *m.* dweller; inhabitant

hábito *m.* habit, custom

hablar to speak, talk

hacer (*irreg.*) to make; to do; **hacer compras** to go shopping; **hacer falta** to be necessary; **hacer gracia** to seem funny, amusing; **hacer mutis** to leave the scene (*in a play*); **hacer** + *time expression* ago (*hace 100 años* 100 years ago); **hacer un alto** to come to a halt; **hacer un viaje** to take a trip; **hacerse** to become

hacia toward; **hacia atrás** backward

hacienda *f.* farm, ranch; property, estate

hada *f.* fairy

halagar (gu) to flatter, praise

hálito *m.* breath

hallar to find; to meet with; to discover

hallazgo *m.* discovery

hambre *f.* hunger; famine; eagerness

hambriento hungry

hasta till, until; even; up to, as far as; **hasta ahora** until now; **hasta luego** see you later; **hasta que** until

hechizo *m.* enchantment, spell

hecho *m.* fact; incident; (*ptp of* **hacer**) made, done

hechura *f.* form, shape; fashion

helada *f.* frost

heredar to inherit

herencia *f.* inheritance, heritage

herida *f.* wound

herido *m.* wounded person

hermano *m.* sibling; brother; **hermana** *f.* sister

hermético hermetic; impenetrable

hermoso beautiful, handsome

hermosura *f.* beauty

herrar (ie) to shoe (*horses*)

herrero *m.* blacksmith

hervir (ie,i) to boil

híbrido hybrid

hierro *m.* iron; **caballo de hierro** iron horse, *i.e.* railroad

hijito *dim. of* **hijo**

hijo *m.* child; son; **hija** *f.* daughter; **hijos** *m.pl.* children

hilera *f.* row

hilo *m.* wire; thread (*of a plot*)

hipersensible hypersensitive

hipódromo race track

hiriente wounding, cutting

hisopo *m.* paint brush

hispano Hispanic; *m.* person of Hispanic origin

hispano-parlante Spanish-speaking

historia *f.* history; story

historiador *m.* historian

historieta *f.* comic strip

hogar *m.* home; residence

hoguera *f.* bonfire

hoja *f.* leaf; sheet of paper

hojear to page through (*a book*)

hola hello

hombre *m.* man; human being; **hombre de negocios** businessman

hombro *m.* shoulder

honrar to honor

hora *f.* hour; time; **hora de acostarse** bedtime; **hora de desayuno** breakfast time

horda *f.* horde

horizonte *m.* horizon

hormiga *f.* ant

hostil hostile

hoy today, this day; **de hoy en adelante** henceforth, from now on; **hoy día** nowadays

hueco *m.* hole

huelga *f.* workmen's strike

huerta *f.* vegetable garden

hueso *m.* bone

huésped *m.* guest, lodger

huevo *m.* egg

huir (y) to flee, escape

humeante smoking, steaming

humedecerse (zc) to become wet

húmedo humid; damp, moist, wet

humilde humble, meek

humillación *f.* humiliation

humo *m.* smoke

hurón *m.* ferret, European polecat

hurtar to steal, rob

I

ibérico Iberian

ibero *m.* Iberian

identidad *f.* identity

identificar (qu) to identify; to recognize

idioma *m.* language

idiota *m.&f.* idiot

idiotex *f.* idiocy

ido *(ptp. of* **ir**) gone; **ido de la cabeza** to be wild, be crazy

iglesia *f.* church

ignorar not to know, be ignorant of

igual equal; the same; **cuentan por igual** are equally important; **de igual modo** in the same way; **igual que** the same as

igualdad *f.* equality

igualmente equally; also

ilegal illegal, unlawful

ilegítimo illegitimate

imagen *f.* image; picture

imaginar(se) to imagine

imaginario imaginary

impedir (i) to prevent; **impedir +** *inf.*, **impedir que** + *subj.* to prevent from + *ger.*

imperfecto *m.* imperfect tense *(of verbs)*

imperio *m.* empire

imperioso imperious; imperative

implicar (qu) to imply

imponer *(irreg.)* to impose

importancia *f.* importance; significance; magnitude

importar to be important; to matter; to import

imposibilidad *f.* impossibility

impresionante impressive

impresionar to impress

impuesto *m.* tax; *ptp. of verb* **imponer**

impulsar to impel, drive

impune unpunished

inagotable inexhaustible

inalcanzable unobtainable, unattainable

incentivación *f.* the creation of incentives

incertidumbre *f.* uncertainty

incierto uncertain

inclinado inclined; **estar (muy) inclinado a** + *inf.* to be (very) inclined to + *inf.*

incluir (y) to include

inclusive even, inclusive

incluso even; including

incógnita *f.* mystery

incómodo uncomfortable; inconvenient; embarrassing

incomprensión *f.* lack of understanding

inconfundible unmistakeable

incontable countless

inconveniente inconvenient; *m.* difficulty; disadvantage

incorporar to take in; to incorporate; **incorporarse** to get up *(from a reclining or sitting position)*

increíble incredible

incremento *m.* increase

indecisión *f.* indecision, indecisiveness

indeciso indecisive, hesitating

independista *m.&f.* advocate of independence

independizare to become independent

indescifrable indecipherable

indicación *f.* indication; suggestion; **indicaciones** *f.pl.* directions

indicar (qu) to indicate, show; to point out

indígena indigenous; *m.&f.* native person

indignado indignant

indignarse to become indignant, angry

indio Indian; *m.* Indian *(of India, of West Indies, of America)*

indiscutible indisputable, unquestionable

individuo *m.* individual

indolente indolent, lazy

inercia *f.* inertia

inesperado unexpected

inestable unstable

inexactitud *f.* mistake, inexactitude

infancia *f.* childhood, infancy

infeliz unhappy; unfortunate

infierno *m.* hell

inflación inflacion

influenciar to influence

influir (y) to influence

informar to inform; **informarse (de)** to become informed (about)

informe shapeless; *m.* report

infortunado unfortunate

ingeniería *f.* engineering

ingenio *m.* wit, cleverness; sugar mill

ingenuo naive

inglés English; *m.* English language; Englishman; **inglesa** *f.* Englishwoman

ingreso *m.* income; admission

iniciar to begin, initiate

injuriar to insult

inmovilidad *f.* immobility; lack of movement; stillness

inquietarse to get upset, worry

inquilino *m.* tenant, renter

inseguridad *f.* insecurity

insinuar to insinuate; to suggest; **insinuarse** to wheedle or work one's way, insinuate oneself

insolación *f.* sunstroke

insolentarse to become insolent

insólito unusual

insomne *m.&f.* insomniac

insomnio *m.* insomnia; sleeplessness

insoportable unbearable

inspectivamente *(neol.)* in the manner of one who inspects

instalaciones *f.pl.* installations; plant

instalarse to install oneself

instintivamente instinctively

instrucción *f.* education; instruction; **instrucciones** *f.pl.* instructions, orders, directions

instruido well-educated

insuperable incapable of being overcome, insuperable, invincible

intensidad *f.* intensity

intentar to attempt, try

intento *m.* attempt, purpose

intercalar to insert

intercambiar to exchange, interchange

intercambio *m.* exchange, interchange

interés *m.* interest

interior interior, inner; *m.* interior, inside; mind, soul

intermedio intermediate, halfway

internar to commit *(to an institution)*

intervenir *(irreg.)* to intervene; to take part

interrumpir to interrupt

intimidad *f.* privacy, intimacy

íntimo intimate; **amigo íntimo** close friend; **en lo más íntimo** in one's innermost thoughts

intoxicado (de) poisoned (by)

intriga *f.* intrigue; entanglement; plot of a play

intrincado intricate

intromisión *f.* insertion; interference, meddling

intruso *m.* intruder

intuitivo intuitive

inútil useless; vain

inválido *m.* invalid

inventar   to invent, make up
invento *m.*   invention
inversión *f.*   investment; inversion; reversal
invertir (ie, i)   to invert, turn upside down; to invest
investigación *f.*   investigation; research
investigador *m.*   investigator; researcher
investigar (gu)   to investigate; to inquire into
invierno *m.*   winter
invitado *m.*   guest
inyección *f.*   injection, shot
ir   *(irreg.)* to go; **hora de ir** time to go; **ir de compras** to go shopping; **irse** to go away, leave
irlandés *m.*   Irishman
ironía *f.*   irony; **con ironía** ironically
irritante   irritating
isla *f.*   island
italiano *m.*   Italian
izquierda   left; *f.* left wing *(politically)*
izquierdista   leftist, left-wing; *m.&f.* leftist, left-winger

J

¡ja!   ha! *(imitation of laughter)*
jactarse (de)   to brag (about)
jadear   to pant, puff and blow
jai: jai alai *m.*   Jai alai, pelota, a Basque ball game
jamás   never, ever
Japón *m.*   *(generally* **el Japón***)* Japan
jardín *m.*   garden, flower garden
jardinero *m.*   gardener
jefe *m.*   chief, boss, leader; **jefe de familia** head of the family
jerarquía *f.*   hierarchy
jerga *f.*   jargon
jornal *m.*   daily wage
joven   young; *m.&f.* young person; **jóvenes** *m.pl.* young people
jovencito *m.*   *(dim of* **joven***)* young person
joyas *f.pl.*   jewelry
judío   Jewish; *m.* Jew, Jewish person
juego *m.*   game
juerga *f.*   *(coll.)* spree
jugador *m.*   player
jugar (ue, u)   to play; to gamble

juguete *m.*   toy
juguetear   to play, romp, sport
juguetería *f.*   toy shop
juicio *m.*   judgement
julio *m.*   July
junto   joined; **junto a** next to; **junto con** along with
juntos   together
juro: a juro   *(Colombia or Venezuela)* certainly; by force
justamente   exactly, right
justicia *f.*   justice
justo   just, fair, right
juvenil   youthful, juvenile
juventud *f.*   youth
juzgar (gu)   to judge

K

kilómetro *m.*   kilometer

L

laberinto *m.*   labyrinth; maze
labio *m.*   lip
labor *f.*   labor, work
lacio   straight *(hair)*
lacito   *(dim. of* **lazo***)*
lado *m.*   side, direction; **al lado** near, next; **al lado de** on the side of, beside; **ir de un lado al (para) otro** to go to and fro; **por (de) un lado** on the one hand; **por otro lado** on the other hand; **por todos lados** on all sides
ladrido *m.*   bark *(of a dog)*
ladrón *m.*   thief
lago *m.*   lake
lágrima *f.*   tear
laminar   to laminate
lámpara *f.*   lamp
lance *m.*   incident; affair
langosta *f.*   locust
lanza *f.*   spear, lance
lanzar (c)   to throw, hurl; **lanzarse** to throw oneself, fling oneself
largavista *m.*   binoculars
largo   long; **a lo largo de** along, throughout
lástima *f.*   pity
lata *f.*   tin can; **dar la lata** *(coll.)* to annoy, irritate
latifundio *m.*   large estate
látigo *m.*   whip, lash
lavadero *m.*   laundry, washing place
lavar(se)   to wash *(oneself)*

lazo *m.*   bow
leal   loyal
lealtad *f.*   loyalty
lección *f.*   lesson; *(fig.)* warning, example
lector *m.*   reader
lectura *f.*   reading
leche *f.*   milk
lecho *m.*   bed
leer (y)   to read; **leer la mano** to read palms
legar (gu)   to bequeath, leave
legítimo   legitimate
lejos   far away
lema *m.*   slogan
lengua *f.*   tongue; language
lenguaje *m.*   language
lentamente   slowly
lentitud *f.*   slowness
lento   slow
letal   lethal
letra *f.*   letter; **al pie de la letra** exactly, to the letter
letrero *m.*   sign; inscription
levantar   to raise, lift; **levantarse** to get up
leve   light, slight
ley *f.*   law
leyenda *f.*   legend
liberar   to liberate, free
libertad *f.*   liberty
libertino   loose-living, rakish, profligate
libre   free; **al aire libre** in the open air; **dejar libre (a)** to give freedom (to); **tiempo libre** free time, spare time
librería *f.*   bookstore
libreta *f.*   notebook
libro *m.*   book
licencia *f.*   licentiousness; permissiveness, liberty
liceo *m.*   high school
lícito   licit, legal; just, rightful
líder *m.&f.* *(angl.)*   leader; *pl.* **líderes**
lidiar   to fight; to face up
ligero   light; quick, rapid
limitarse (a)   to limit or confine oneself (to)
límite: fecha límite   deadline
limón *m.*   lemon
limpia *f.*   cleansing
límpido   *(poetic)* limpid, pure, clear
limpio   clean; neat, tidy; **en limpio** in final form

linaje *m.* lineage

lindo pretty, nice, lovely; **ser de lindo** (*excl. fam.*) to be so pretty

línea *f.* line

lino *m.* linen

linterna *f.* lantern; **linterna eléctrica** flashlight

lío *m.* bundle; (*coll.*) mess, problem

lista *f.* list

listo ready, prepared; clever, smart, sharp

liturgia *f.* liturgy

lo him, it, you (*relating to* **usted**); **dar lo mismo** to be the same; **lo + *adj.*** the . . . or the . . . thing *or* the area of the . . . (*e.g.:* **lo misterioso** the mysterious; **lo triste** the sad thing; **lo político** the area of the political); **lo cual** that which; **lo demás** the rest; **lo mismo** the same thing **lo mismo que** the same as; **lo que** what, that which; **por lo común** generally; **por lo demás** as to the rest; **por lo menos** at least; **por lo tanto** so, therefore; **por lo uno o por lo otro** for this or that

loco mad, crazy; *m.* mad person; **volverse loco** to become crazy, go mad

lodo *m.* mud

lograr to achieve; to manage (to)

lomo *m.* back (*of an animal*)

lona *f.* canvas

lonche *m.* (*angl.*) lunch

Londres *m.* London

lote *m.* parcel, lot

lucecita *f.* dim. of **luz**

lucidez *f.* lucidity, clarity

luciente shining

lucir (zc) to display, show off (*something*)

lucrativo lucrative, profitable

lucha *f.* fight, struggle

luchador quarrelsome

luchar to fight, struggle

luego then; later; soon; **desde luego** naturally, of course; **luego de** immediately after

lugar *m.* place; **en lugar de** instead of; **en primer lugar** in the first place; **tener lugar** to take place

lugarejo *m.* (*pej.*) place, spot

lujo *m.* luxury; lavishness

lujoso luxurious

luminoso luminous

luna *f.* moon; **luna de miel** honeymoon

lunes *m.* Monday

lustro *m.* lustrum, period of five years

luz *f.* light

LL

llamar to call; to name; **llamarse** to be called, named; to call oneself

llanto *m.* crying, flood of tears

llave *f.* key

llegada *f.* arrival

llegar (gu) to arrive, come; to reach; **llegar a ser** to become

llenar to fill

lleno full, filled

llevar to carry; to take; to convey; to wear (*clothes*); **llevar puesto** to wear; **llevarse bien** to get along well

llorar to weep, to cry

llover (ue) to rain

lluvia *f.* rain

M

machista *m.&f.* male chauvinist

madera *f.* wood, timber

madre *f.* mother

madrileño from Madrid, *m.* person from Madrid

madrugada *f.* dawn; early morning

madurez *f.* maturity

maduro mature; ripe; **de edad madura** middle-aged

maestro *m.* school teacher

magia *f.* magic

magistratura *f.* magistracy, judgeship

magnífico magnificent

mago *m.* magician

maguey *m.* maguey, American agave

maíz *m.* corn

majaderías *f.pl.* nonsense

mal badly, poorly, wrongly; *m.* evil; illness

malanga *f.* taro, an edible tropical root

malentendido (*gall.*) misunderstanding

maleta *f.* suitcase

maletín *m.* (*dim. of* **maleta**) small valise or case

malinterpretar to misinterpret

malo bad, ill; wicked; **a la mala** by force

malograr to ruin, spoil

malvado wicked, very perverse

manada *f.* herd

manceba *f.* concubine, mistress

mancha *f.* stain

mandar to command; to order; to send

mandato *m.* command

mando: **altos mandos** high command

manejar to manage; to handle

manera *f.* manner; fashion; way; **de manera . . .** in a . . . way; **de ninguna manera** not at all

manifestación *f.* manifestation; show; demonstration; mass meeting

manifestar (ie) to show

manifiesto *m.* statement; manifesto

maniobra *f.* operation

manivela *f.* crank

mano *f.* hand; **a mano** by hand; at hand; **leer la mano** to read palms; **mano de obra** labor force

manosear to handle

manta *f.* blanket

mantener (*irreg.*) to maintain; to keep; to hold; to support

manuscrito *m.* manuscript

mañana *f.* morning; *m.* tomorrow

mañanero (*of the*) morning

máquina *f.* machine

mar *m.&f.* sea, ocean

maravilloso wonderful

marcar (qu) to mark; to indicate

marco *m.* (*fig.*) setting, background

marcha *f.* march; **marcha del tiempo** passing of time

marcharse to leave

marchito faded, withered

margen *m.* margin

marginado left out

marido *m.* husband

mariposa *f.* butterfly

marisco *m.* shellfish

marmita *f.* kettle, pot

mármol *m.* marble

martes *m.* Tuesday

martirio *m.* martyrdom, torture

marzo *m.* March

más more, most; **más bien** rather
mas but
masa *f.* mass; bulk
masacrado slaughtered
máscara *f.* mask
masivo massive
matar to kill; to murder
materia *f.* matter, material
matrícula: derechos de matrícula registration fees
matricular (qu) to register, enroll
matrimonio *m.* marriage, matrimony; couple
máximo maximum
mayo *m.* May
mayor greater, main; major; larger; older; oldest; **la mayor parte** the majority; **mayores** *m.pl.* adults, old people
mayorcito *dim. of* **mayor**
mecedor *m.* rocker
media *f.* stocking
mediados: a mediados half-way through
mediano average; medium; middle
medianoche *f.* midnight
mediante by means; through; by
medias: a medias half, halfway
medicamento *m.* medicine
médico *m.* physician, doctor
medida *f.* measure; **a la medida** tailor-made, made-to-measure; **hasta cierta medida** to a certain extent
medio middle; half; *m.* means, middle; **clase media** middle class; **medios de comunicación** mass media; **por medio de** by means of; **el término medio** the average
mediocridad *f.* mediocrity
mediodía *m.* noon, midday
medirse (i) to be measured
mejilla *f.* cheek
mejor better, best; **lo mejor** the best
mejorar to improve
memoria *f.* memory; **hacer memoria** to try to recall
mencionar to mention
mendigo *m.* beggar
menor younger; less, least; youngest; minor
menos less, least; **por lo menos** at least
mensaje *m.* message

mensurable mensurable, measureable
mentalidad *f.* mentality
mente *f.* mind, understanding
mentir (ie, i) to lie
mentira *f.* lie, falsehood; **parecer mentira** to seem impossible
mentiroso lying, deceitful; *m.* liar
menudo: a menudo often
mercado *m.* market; **mercado interno de consumo** home consumer market
merendar (ie) to snack; **a la merienda** at snack time
mes *m.* month
mesa *f.* table
mesita *dim. of* **mesa**
meter to put; to place; **meter la pata** to put one's foot in it, make a faux pas; **meterse** to go in, enter
método *m.* method
metro *m.* meter
mezcla *f.* mixture, blend
mezclar to mix; **mezclarse** to mingle
microclima *m.* microclimate
microcosmo *m.* microcosm
miedo *m.* fear, dread; **tener miedo** to be afraid
miembro *m.* member
mientras while; meantime; **mientras que** whereas, while; **mientras tanto** meanwhile
mil *m.* thousand
milenario millenary; millenarian
mili *f.* (*slang*) military service
militar military; *m.* army officer, soldier
millar *m.* thousand
millón *m.* million
millonario *m.* millionaire
mimado spoiled
mina *f.* mine
minar to undermine
mínimo *m.* minimum
ministro *m.* minister
minuto *m.* minute
mirada *f.* look; gaze; glance
mirar to watch; to look at
miseria *f.* poverty; **villa miseria** slum
mismo same; **al mismo tiempo** at the same time; **lo mismo** the same
misterio *m.* mystery

misterioso mysterious
mistificación *f.* hoax, trick, fraud
mitad *f.* half; middle
mito *m.* myth
mitología *f.* mythology
mocos: sorberse los mocos to sniffle
moda *f.* fashion; **a la moda** in style; **última moda** latest fashion
modelo *m.* pattern; model
modificar (qu) to modify
modismo *m.* idiom
modo *m.* manner, way; **de modo que** so that; **de todos modos** anyway; at any rate; **modo de vivir** life style
mojar to wet; to moisten; **mojarse** to get wet
molestar to bother, annoy
molesto upset
momentáneamente momentarily
monarquía *f.* monarchy
mono cute, pretty; *m.* monkey
monótono monotonous
montaña *f.* mountain
montar to ride (*horseback*); to lift
monte *m.* forest; woodland
moñito (*dim. of* **moño**) bun, chignon (*of hair*)
moral *f.* ethics; morality
moralidad *f.* morality
mordaz scathing, sarcastic
mordedura *f.* bite
morder (ue) to bite
moreno dark, dark-haired
morir (ue, u) to die
moro Moorish; *m.* Moor
moroso slow to pay
mosca *f.* fly
mosquetero *m.* musketeer
mostrar (ue) to show; to point out
motivo *m.* motive; reason; motif
motor *m.* (*slang*) car
mover(se) (ue) to move
móvil *m.* motive
movimiento *m.* movement
mozo: buen mozo, buena moza good-looking
mucamo *m.* servant
muchachito *m. dim. of* **muchacho**
muchacho *m.* boy; **muchacha** *f.* girl; maid
muchísimo *sup. of* **mucho**
mucho much, a lot, a great deal of
muchos many

mudarse   to move (*residence*)
mudo   silent
mueble *m.*   piece of furniture
muerte *f.*   death; **pena de muerte** death penalty
muerto *ptp. of* **morir; muerto de frío** freezing; **muerto de hambre** *m.* very poor person
muestra *f.*   example; token
mujer *f.*   woman; wife
mula *f.*   female mule
mulato *m.*   mulatto
multitud *f.*   multitude, crowd
mundano   worldly
mundial   world-wide; of the whole world
mundo *m.*   world; **todo el mundo** everybody
municipio *m.*   township
muñequita *f.*   (*dim of* **muñeca**) little doll
Musa *f.*   Muse
músculo *m.*   muscle
museo *m.*   museum
músico *m.*   player; musician
mutis *m.*   exit (*of actors in a play*)
muy   very; greatly; highly

N

nacer (zc)   to be born
nacimiento *m.*   birth
nación *f.*   nation
nacional   national
nacionalidad *f.*   nationality
nada   nothing; (not) at all; **nada de** no; none of
nadar   to swim
nadie   no one, nobody, not anybody
nadita   (*dim. of* **nada**) almost nothing
naftalina *f.*   naphthalene (a preservative), moth ball
naipe *m.*   card
naranja *f.*   orange
naranjo *m.*   orange tree
narcómano *m.*   drug addict
nariz *f.*   nose
narrador *m.*   narrator
narrar   to narrate
natación *f.*   swimming
natal   native
natalidad *f.*   birth rate; **control de la natalidad** birth control
naturaleza *f.*   nature

Navarra *f.*   Navarre, region of NE Spain and SW France
navegar (gu)   to navigate
necesitar   to need
necio   foolish
nefasto   ominous, fateful, unlucky
negar (ie)   to deny; to disown; to negate
negociar   to negotiate, dicker for
negocio *m.*   business; transaction; **hombre de negocios** businessman
negro   black; *m.* Black man
nena *f.*   (*alt. form of* **niña**) little girl, baby
neoyorquino   of or from New York; *m.* New Yorker
nervio *m.*   nerve
nerviosidad *f.*   nervousness
nevar (ie)   to snow
ni   nor, neither, not ever; **ni . . . ni . . .** neither . . . nor; **ni siquiera** not even; **ni uno** not even one
nicaragüense *m.&f.*   Nicaraguan
nicho *m.*   niche, tomb
niebla *f.*   fog
nieto *m.*   grandson; **nieta** *f.* granddaughter
nieve *f.*   snow; **Blanca Nieves** Snow White
ninguno   no, (not) any; nobody, no one
ningún *apocopated form of* **ninguno** *used before masculine singular nouns*
niñez *f.*   childhood
niñito *dim. of.* **niño**
niño *m.*   boy; **niña** *f.* girl
nivel *m.*   level
noción *f.*   notion
noche *f.*   night; nighttime; **de noche** at night; **de la noche** p.m., of the night; **esta noche** tonight; **por la noche** at night, in the evening
nombre *n.*   name
nominal   nominal, by name
noramala   (*coll. alt. of* **enhoramala**): **mandar noramala** to send a person to the devil
norma *f.*   norm; standard; rule
norte *m.*   north
nota *f.*   note; score
notar   to notice
noticia *f.*   news
notita *dim. of* **nota**

novedad *f.*   novelty
novedoso   novel, new
novela *f.*   novel
novelón *m.*   long, poorly written novel
noveno   ninth
novio *m.*   fiancé; groom; boyfriend; **novia** *f.* fiancée; bride; girlfriend; **novios** *m.pl.* engaged couple, bride and groom
nube *f.*   cloud
nuera *f.*   daughter-in-law
nuevamente   again, anew
nuevo   new; **de nuevo** again, anew
número *m.*   number
nunca   never, ever
nutrir   to nourish

O

o   or; **o . . . o . . .** either . . . or . . .
objeto *m.*   object
obligar (gu)   to oblige; to force
obra *f.*   work; **mano de obra** labor, labor force
obrero *m.*   worker
obsequio *m.*   gift; courtesy gift
observador *m.*   observer
obsesionado   obsessed
obstáculo *m.*   obstacle
obstante: no obstante   however, nevertheless
obtener   (*irreg.*) to obtain
obtuso   obtuse, dull
obvio   obvious
ocasión *f.*   occasion, opportunity, chance
occidente *m.*   occident, west
octavo   eighth
octubre   October
ocultar   to hide
oculto   hidden
ocupadísimo *sup. of* **ocupado**
ocupado   busy
ocurrente   witty
oda *f.*   ode
odiar   to hate
odio *m.*   hatred
oeste *m.*   west
oferta *f.*   offer
oficial   official; *m.&f.* officer
oficina *f.*   office
oficio *m.*   trade, craft
ofrecer (zc)   to offer
ofuscar (qu)   to obscure
oído *m.*   ear

oír (*irreg.*) to hear
ojalá would to God that; I hope that
ojeras *f.pl.* circles under the eyes
ojito *m. dim. of* **ojo**
ojo *f.* eye
ola *f.* wave (*of the sea*)
oler (ue) (h) to smell
olor *m.* smell
olvidar to forget; **olvidarse de** to forget
olvido *m.* forgetfulness; oblivion; loss of memory
ondular to undulate, wave
onomatopeya *f.* onomatopoeia
opción *f.* option; choice
operar to operate
opinar to pass judgment; to express an opinion
oponerse (*irreg.*) (a) to oppose; to be opposed to
oportunidad *f.* opportunity
optar (a) (por) to opt for; to decide in favor of
opuesto opposite, contrary; (*ptp. of* **oponer**) opposed
oración *f.* prayer
orden *m.* sequence, order; *f.* order, command; **a sus órdenes** at your service
ordenamiento *m.* arranging, ordering
ordenanza *f.* ordinance, rule; **de ordenanza** usual
ordenar to order
ordeñar to milk (*a cow, goat, etc.*)
oreja *f.* ear
orgullo *m.* pride
orgulloso proud
oriente *m.* east
originar(se) to originate
orilla *f.* bank; shore
oro *m.* gold; **de oro** golden
orquesta *f.* orchestra
ortografía *f.* spelling
oscuridad *f.* darkness
oscuro dark
oso *m.* bear; **oso hormiguero** anteater, "ant bear"
ostentosamente ostentatiously
otoño *m.* autumn, fall
otro other; another; another one; **otra vez** again; **por otra parte** on the other hand
ovillo *m.* ball of yarn; **hecho un ovillo** curled up

oxigenado bleached (*hair*)
oxígeno *m.* oxygen

P

p'a *contr. of* **para**
pacífico peaceful
paco *m.* policeman (*coll. Chile*)
pacto *m.* pact; commitment
padre *m.* father; *m.pl.* parents
paella *f.* Valencian rice dish
paga *f.* payment
pagar (gu) to pay (for)
página *f.* page
país *m.* country
pájaro *m.* bird
palabra *f.* word
pálido pale
paliza *f.* beating
palma *f.* palm tree
palmear to pat
palmera *f.* palm tree
palmotear to pat
palo *m.* stick
paloma *f.* dove
palomita *dim. of* **paloma**
palpitante burning (*question*)
palpitar *m.* palpitation, beating, throbbing
pan *m.* bread, loaf
pandilla *f.* gang
panecillo *m. dim. of* **pan**
panfleto *m.* pamphlet
pantalones *m.pl.* pants, trousers
pañoleta *f.* bandana; scarf
Papa *m.* Pope; **papa** *f.* potato
papel *m.* paper; role
papi *m.* Daddy
par *m.* pair
para for; to, towards; **estar para** to be in the mood for; **para que** so that, in order that
paracaídas *m.s.* parachute
parada *f.* stop, halt
parador *m.* inn
paraguas *m.* umbrella
paralítico *m.* paralytic
parámetro *m.* parameter
parar to stop, halt, cease
parcial partial
parecer (zc) to seem, to appear; **al parecer** apparently; **parecerse (a)** to resemble
parecido similar; *m.* resemblance
pared *f.* wall
parentesco *m.* relationship; kinship

paréntesis *m.s.* parenthesis
pariente *m.* relative
parir to give birth to
Parnaso *m.* Parnassus
paro *m.* unemployment
parodia *f.* parody
parque *m.* park
parte *f.* part; side; **cualquier parte** anywhere; **en parte** partially; **en** *or* **por todas partes** everywhere; **gran parte** a large part, a great many; **la mayor parte** the majority; **por otra parte** on the other hand; **por parte de** on the side of, on behalf of
partida *f.* departure
partidario *m.* supporter
partido *m.* match; party (*political*)
partir to part; to start off; **a partir de** beginning with
párrafo *m.* paragraph
párroco *m.* parson; parish priest
pasado *m.* past (*referring to time*), gone by; **el año pasado** last year
pasaje *m.* number of passengers on an airplane
pasajero *m.* traveler, passenger
pasar to pass; to spend (*time*); to happen; **pasarlo bien** to have a good time; **¿Qué pasa?** What's happening?
pasatiempo *m.* pastime
pasear to take a walk, walk about
paseo *m.* walk, stroll, ride, **dar un paseo** to take a walk
pasillo *m.* hall; corridor; aisle
pasividad *f.* passiveness, passivity
pasmado stunned
paso *m.* step
pastizal *m.* pasture ground for horses
pata *f.* foot or leg (*of an animal*); paw; **meter la pata** to make a mistake
patada *f.* kick
patatús *m.* fit, convulsion
paternidad *f.* paternity
patio *m.* court; yard
patita *f. dim. of* **pata**
patria *f.* native country, homeland
patriarca *m.* patriarch
patriarcado *m.* patriarchy; rule as patriarch

patrimonio *m.* patrimony

patrón *m.* boss; patron saint; employer

pausa *f.* pause

pavo *m.* turkey

payo *m.* non-gypsy

paz *f.* peace

peatón *m.* pedestrian

peces (*m.pl. of* pez) fishes

pedazo *m.* piece, bit

pedir (i, i) to ask (for); to ask (*a favor*); to beg; **pedir prestado** to borrow

pegar (gu) to beat; to glue

pelado bald, hairless

pelea *f.* battle, fight, quarrel

peleador quarrelsome

película *f.* film

peligro *m.* danger, risk, peril

peligroso dangerous

pelo *m.* hair; **tomar el pelo** to tease

pelota *f.* ball

peluca *f.* wig

peludo hairy

pena *f.* pain; **pena de muerte** death penalty; **valer la pena** to be worthwhile

penal: **penales financieros** financial woes

pendiente *m.* earring; **estar pendiente de** to be absorbed by; to be eagerly awaiting

penetrante penetrating; clearsighted

penosamente painfully

pensamiento *m.* thought

pensar (ie) to think, intend

pensión *f.* boarding house

peor worse, worst

pequeño little, small

percal *m.* calico, muslin

percatarse (de) to notice; to become aware (of)

percibir to perceive

percha *f.* hat or clothes rack; clothes hanger

perder (ie) to lose

pérdida *f.* loss

perdón *m.* pardon

perdonar to forgive

pereza *f.* laziness

perezoso lazy, idle

periódico *m.* newspaper

periodista *m.&f.* reporter

permanecer (zc) to stay, remain

permiso *m.* permission

permitir to allow

pero but, yet

perplejo perplexed

perseguir (i, i) to pursue; to persecute

personaje *m.* character (*in a play or story*)

pertenecer (zc) to belong to

perturbar to disturb

perrito *m. dim. of* perro

perro *m.* dog

pesado heavy; tiresome

pesar: **a pesar de** in spite of

peseta *f.* monetary unit of Spain

peso *m.* weight; importance; monetary unit of Mexico, Uruguay, and Argentina

pestaña *f.* eyelash

peste *f.* disease

petardista *m.&f.* deceiver, cheat

petróleo *m.* petroleum

picadura *f.* bite (*of an insect or snake*)

picante hot, highly seasoned; biting; sarcastic

picapedrero *m.* stonecutter

picar (qu) to sting; to burn (*the mouth*)

pie *m.* foot; **al pie de la letra** literally; **ponerse de pie** to stand up

piedra *f.* stone

piel *f.* skin

pierna *f.* leg

pieza *f.* piece; literary work; **pieza dramática** play, drama

pila *f.* battery

píldora *f.* pill

pináculo *m.* pinnacle, summit

pinchazo *m.* puncture; bite

pino *m.* pine tree

pinta *f.* appearance

pintoresco picturesque

piso *m.* floor, story

pitar to whistle

pizarra *f.* blackboard

placentero pleasant

placer pleasure, delight

plaga *f.* plague

planificación *f.* planning; **planificación familiar** family planning

plano *m.* plane; **plano secundario** secondary place (*of importance*); **primer plano** foreground

plantado: **dejar plantado** to leave in the lurch, jilt

planteamiento *m.* exposition; way of stating

plantear to outline, set forth

plata *f.* silver; money

plataforma *f.* platform

plátano *m.* banana; plantain

plateado silvery

platería *f.* silversmithing

platillo *m. dim. of* plato

plato *m.* dish; plate

playa *f.* beach

plaza *f.* square, place

plazo *m.* period, term, space (*of time*)

plebeyo *m.* plebeian

pleno full

pluma *f.* pen; feather

población *f.* population; town

poblado *m.* town, village

poblar (ue) to populate

pobre poor

pobreza *f.* poverty

pocilga *f.* pigpen; hovel

poco little, scanty; **hace poco** a short while ago; **poco a poco** little by little; **un poco** a little (of)

pocho *m.* mixture of Spanish and English

poder (ue, u) to be able, to be possible; *m.* power, authority, ability; **en poder de** in the hands of

poderoso powerful, eminent

poema *m.* poem

poeta *m.* poet

poetisa *f.* poetess

polémica *f.* controversy; polemic

policía *f.* police force; *m.&f.* police officer

política *f.* politics, policy

politicastro *m.* bad politician

político political; *m.* politician

pololo *m.* boyfriend (Chile)

polvo *m.* dust

pólvora *f.* gunpowder

pollo *m.* chicken (*young*)

pomposo pompous

poner (*irreg.*) to put; to place; to give; **poner fin a** to put an end to; **ponerse** to wear, put on (*clothing*)

pontificar (qu) to pontificate, talk with authority

poquísimo *sup. of* poco

por by, for, about, by means of; through; **por ciento** percent; **por ejemplo** for example; **por eso** for this reason, because of this; **por favor** please; **por igual** equally; **por lo menos** at least; **por lo**

tanto therefore; **por medio de** by means of; **por otra parte** on the other hand; **¿por qué?** why?; **por todas partes** everywhere
porcelana *f.*   china *(dishware)*
porcentaje *m.*   percentage
porque because; so that
portátil portable
portero *m.*   concierge; doorman
portugués *m.*   Portuguese *(language)*
poseer (y) to possess, own
posguerra *f.*   postwar period
posibilidad *f.*   possibility; chance
posta *f.*   emergency aid station
postre *m.*   dessert
postular to postulate
postura *f.*   posture, position
práctica *f.*   practice
prácticamente practically
practicante *m.*   practitioner
practicar (qu) to practice, exercise
práctico practical
pradera *f.*   meadowland; prairie
precaución *f.*   precaution
precio *m.*   price
precioso precious
precipitación *f.*   haste
precipitarse *(irreg.)* to rush headlong
preciso necessary; definite, precise, clear
precolombino pre-Columbian
preconcebido preconceived
predecir *(irreg.)* to foretell, predict
predicción *f.*   prediction
predominio *m.*   predominance
preferible preferable
preferir (ie, i) to prefer
pregunta *f.*   question; **hacer una pregunta** to ask a question
preguntar to ask, question; **preguntarse** to wonder
prejuicio *m.*   prejudice
premio *m.*   reward; prize; recompense
prendedor *m.*   pin
prenderse: prenderse de *(coll.)* to hang or hold onto
prensa *f.*   press, the newspapers
preocupación *f.*   worry
preocuparse (de) to worry, be worried (about)
preparativo *m.*   preparation
prescindir (de) to do without
presente: tener presente to keep in mind

presión *f.*   *(air)* pressure
preso imprisoned; *m.* prisoner; **meter (mandar) preso** to have imprisoned; **presa de pánico** victim (prey) of panic
prestar to lend, loan; **pedir prestado** to borrow; **prestarse (a)** to lend oneself (to)
prestigio *m.*   prestige
pretencioso vain, pretentious
pretender to attempt to; to try to
pretérito *m.*   preterite
prevalecer (zc) to prevail
previo former; previous
primario primary
primavera *f.*   spring, springtime
primer *apocopated form of* **primero** *used before masculine singular nouns*
primero first
primo *m.*   cousin
príncipe *m.*   prince
principiar to commence, begin
principio beginning, principle; **al principio** at the beginning
prioridad *f.*   priority
prioritario having priority
prisa *f.*   hurry; **a (con) prisa** hurriedly; **tener prisa** to be in a hurry
prisión *f.*   prison
prisionero *m.*   prisoner
privación *f.*   deprivation
privilegiado *m.*   privileged person
probabilidad *f.*   probability
probar (ue) to try; to prove
problemática *f.*   problematical matter
proceso *m.*   trial; process
procurar to strive
producción *f.*   production
producir (j) (zc) to produce
productor *m.*   producer
profético prophetic
profundo profound, deep
programación *f.*   planning, programming
programar to plan
progreso *m.*   progress, advancement
prohibido forbidden
prohibir to prohibit, forbid, hinder
prójimo *m.*   fellow, creature, neighbor
promedio *m.*   average
promesa *f.*   promise

prometer to promise
promiscuidad *f.*   promiscuity
promiscuo promiscuous
promover (ue) to promote, further
promulgar (gu) to proclaim; to promulgate
pronombre *m.*   pronoun
pronto soon; promptly; **de pronto** all of a sudden; **tan pronto como** as soon as
pronunciamiento *m.*   pronouncement
pronunciar to pronounce
propagar (gu) to propagate, spread
propenso prone, inclined
propicio favorable
propiedad *f.*   property
propina *f.*   tip, gratuity
propio own
proponer *(irreg.)* to propose; to suggest
proporcionar to provide, furnish
propósito *m.*   purpose
propugnar to advocate
prosperidad *f.*   prosperity
próspero prosperous
protección *f.*   protection
prototipo *m.*   prototype
protuberante protruding
proveedor *m.*   provider; supplier
proveer (y) to provide
provenir *(irreg.)* to issue; to originate
providencia *f.*   providence, foresight
provisto *ptp. of* **proveer**
provocar (qu) to provoke
próximo next, nearest
proyecto *m.*   plan
prueba *f.*   proof; test
psicólogo *m.*   psychologist
psiquiatra *m. & f.*   psychiatrist
PSOE *(acronym for* **Partido Socialista Obrero Español***)* Spanish Socialist Workers' Party
publicar (qu) to publish
publicitario advertising
público *m.*   audience; crowd; public
pudiente rich, opulent
pudrirse to rot, become rotten
pueblecito *dim. of* **pueblo**
pueblo *m.*   town, village; people *(of a nation)*; common people, populace
puerco *m.*   pig, hog

puerta *f.* door, doorway, gateway
puerto *m.* port; harbor
puertorriqueño Puerto Rican; *m.* Puerto Rican
pues as, then, therefore, since
puesta (del sol) *f.* sunset
puesto *m.* job; place; **puesto que** since
pulmón *m.* lung
pulque *m.* pulque *(Mexican liquor)*
punta *f.* point, tip
punto *m.* period; dot; point, end
puntualidad *f.* punctuality, certainty
purificado purified
purísimo *sup. of* **puro**
puro pure; sheer

Q

que which, that, who, whom; **el que** he who; **para que** so that
quedar(se) to stay; to remain; to be left; to become; **quedarle bien (a alguien)** to fit (someone) well
quemado burnt; burnt out
quemar to burn; to wither *(plants)*; **quemarse** to get burnt, burn oneself
querendón *m.* favorite
querer *(irreg.)* to wish, desire; to love, want
querido *m.* beloved, dear
queso *m.* cheese
quien who; whom; he who; she who
quieto still, quiet
químico chemical; *m.* chemist
quinta *f.* country estate
quinto fifth
quitar to take away; to leave; **quitarse** to take off *(clothes)*
quizá (quizás) perhaps, maybe
quo: (status quo) *(Latin)* state of things as they are

R

racismo *m.* racism
raíz *f.* root; *(pl.* **raíces)**
ramo *m.* bunch of flowers; branch
rápidamente rapidly, fast, quickly
rápido fast, quick
raptar to kidnap

raro uncommon, scarce; odd, strange
ras: a ras de level with
rasgo *m.* feature, characteristic, trait
rata *f.* rat
rato *m.* spell, while, period; **rato libre** free time, spare time
ratón *m.* mouse
raya *f.* line; boundary
rayo *m.* beam, ray; lightning
raza *f.* race
razón *f.* reason; **tener razón** to be right
reacción *f.* reaction; response
reaccionar to react
real real; royal; **Calle Real** Royal Street; **la Real Academia** the Royal Academy
realismo *m.* realism
realista realistic
realizar (c) to carry out; to achieve; to put into effect
realmente really; in fact; actually
reaparición *f.* reappearance, return
rebelarse (contra) to rebel, revolt (against)
recapacitar to think over, reflect on
recato *m.* modesty; circumspection
recepción *f.* reception; social gathering, party
receta *f.* recipe; prescription
recibir to receive; to greet, welcome
recién newly, recently
reciente recent
recientemente recently
recitar to recite
reclamación *f.* claim
reclamar to claim, demand
recobrar to recover, get back, retrieve
recoger (j) to pick up; to gather
recomendación *f.* recommendation, suggestion
recomendar (ie) to recommend; to suggest; to advise
reconfortante comforting; *m.* tonic
reconocer (zc) to recognize; to identify
reconocimiento *m.* recognition; acknowledgment
reconstruir (y) to reconstruct

recordar (ue) to remember, recall
recorrer to go through or over; to traverse
recreo *m.* recreation; recess
rectificar (qu) to rectify
recuerdo *m.* memory, reminiscence
recuperar to recuperate; to make up
recurso *m.* recourse, resort, means
recurrir to turn to, appeal to
rechazar (c) to reject, refuse, turn down
rechazo *m.* rejection; repulse
redondo round
reducido reduced; limited; small *(in number)*
reducir (j) (zc) to reduce; to subdue
reemplazar to replace
referencia *f.* reference; allusion
referir(se) (ie,i) to refer; to allude
reflejar to reflect
reflexionar to reflect on, think about
reflexivo reflexive
reformar to reform; to change, improve; to alter
reforzar (ue) to strengthen, reinforce
refrán *m.* saying, proverb
refrescante refreshing
refugiado *m.* refugee
refugiarse to take refuge, shelter
refugio *m.* refuge, shelter
regalar to give as a gift
regalo *m.* gift, present; comfort, luxury
regar (ie) to water
regatear to haggle over, bargain
regidor *m.* councilman
régimen *m.* regime; diet
regir (j, i) to rule, guide, govern
regla *f.* rule; ruler
reglamento *m.* rule, regulation; by-law
regresar to return, come back, go back
regreso *m.* return; homeward journey
reguero *m.* trail
regular to regulate
regularidad *f.* regularity
rehacerse *(irreg.)* to recover; to pull oneself together
reinar to reign, rule

reino *m.* kingdom; **el Reino Unido** the United Kingdom
reír (i, i) to laugh
reiterar to reiterate, repeat
reja *f.* grill, bar; grids
rejuvenecer (zc) to rejuvenate
relación *f.* relation; relationship; ratio
relacionar to relate; to connect
relajar to relax
relamido affected
relatar to relate; to tell; to report
relativamente relatively
relativo relative
religioso religious
reloj *m.* watch; clock
reluciente shining, brilliant
relucir: salir a relucir to come to light, appear
remedio *m.* remedy; **sin remedio** inevitable, irremediable
remendar (ie) to mend
remiendo *m.* patch
reminiscente reminiscent
remoto remote
rendija *f.* crack, crevice
rendir (i, i) to produce, yield; to surrender; to pay (tribute)
renunciar to renounce; to give up
reparar to repair, mend
reparo *m.* scruple, doubt
repartir to distribute; to divide up, share
repasar to revise; to check
repaso *m.* review
repente: de repente suddenly; all at once
repetir (i, i) to repeat; to say (do) again
repiqueteo *m.* pealing of bells
reposo *m.* rest, repose
representante *m. & f.* representative
representar to represent; to stand for; to mean
represión *f.* repression
represivo repressive
reprimir to repress, hold back
reprobatorio reproving, disapproving
reproducir (j) (zc) to reproduce
reptil reptilian; *m.* reptile
república *f.* republic
republicano republican
repudiar to repudiate
repugnar to revolt, nauseate; to hate, loathe

repujado embossed
requisito *m.* requirement, requisite
reserva *f.* reservation
reservado reserved, kept in reserve; discreet
reservar to reserve; to keep in reserve, set aside
residencia *f.* residence, stay
resistir to resist; to bear, withstand; to stand up to
resolución *f.* resolution
resolver (ue) to solve, resolve
resonancia *f.* resonance; importance, renown
respaldo *m.* back of a seat
respecto: al respecto in the matter, with regard to the subject; **con respecto a** with regard to
respetable respectable
respetar to respect
respeto *m.* respect; consideration
respiración *f.* breathing; **aguantar la respiración** to hold one's breath
respirar to breathe
respiro *m.* respite, breathing space; rest
resplandor *m.* gleam, glow
responder to answer, respond, answer back
responsabilidad *f.* responsibility
responsable responsible; *m. & f.* responsible person
repuesta *f.* answer
restablecer (zc) to reestablish, restore; **restablecerse** to recover
resto *m.* rest, remainder
resuelto resolved; determined
resultado *m.* result; outcome, sequel, effect
resultar to be, to turn out (to be); **resulta que** it happens that
resumen *m.* summary; **en resumen** in short
resumir to sum up; to summarize
retener *(irreg.)* to retain; to keep back
retirar to retreat; to withdraw; to move back
retiro *m.* quiet place; seclusion; retreat
retoque *m.* retouching, finishing touch
retozar (c) to romp, frolic
reunión *f.* meeting, gathering; social gathering, party

reunir to reunite; to get together; to assemble
revelar to disclose, reveal
reventar (ie) to do serious harm; to burst, explode
reverencia *f.* reverence, curtsy
revista *f.* magazine; variety show, vaudeville
revolución *f.* revolution
revolucionario *m.* revolutionary
revuelta *f.* commotion; disturbance; riot
rey *m.* king
rezar (c) to pray
ribera *f.* bank; beach; coast
rico rich; tasty; wealthy
ridiculizar (c) to ridicule; to mock
ridículo ridiculous, ludicrous; **poner en ridículo** to expose to ridicule
rienda: dar rienda suelta a to give free rein to
riesgo *m.* risk, danger
rifle *m.* rifle, hunting gun
rigurosamente severely, harshly, strictly
rincón *m.* corner, nook; retreat
riña *f.* quarrel, argument; fight
río *m.* river
riqueza *f.* wealth, richness
risa *f.* laugh; **risas** *f. pl.* laughter; **morirse de risa** to die laughing
rítmico rhythmic
ritmo *m.* rhythm
rito *m.* rite, ceremony
rizado curly
robaniños *m. & f. (fig.)* kidnapper
robar to steal, rob
robo *m.* robbery
roca *f.* rock, stone
roce *m.* light touch
rodar to roll, drag; to move about
rodear to surround, encircle, enclose
rogar (ue) to beg, ask
rojo red
romano Roman
romanticismo *m.* romanticism
romántico romantic
romanticón *pej. of* **romántico**
romper to break, tear up, rip out
rompimiento *m.* breaking
roncar to snore
ropa *f.* clothes, clothing; dress
rosa *f.* rose

rosado pink
rosquilla *f.* sweet bread, ring-shaped biscuits
rostro *m.* face
rotación *f.* rotation, turn; revolution
roto *m.* (*Chile*) very poor person
rozar (c) to rub, touch lightly
rubio fair-haired, blond
ruborizarse (c) to blush, flush
ruboroso blushing
rudo rude; simple; hard, tough
rugir (j) to roar; to rumble
ruido *m.* noise, sound
ruina *f.* ruin
rumbo *m.* route, direction
rumor *m.* murmur, mutter, confused noise
Rusia *f.* Russia
ruso Russian

S

saber (*irreg.*) to know
sabiduría *f.* wisdom, knowledge
sabio wise; *m.* expert, learned person
sabor *m.* flavor, taste
sabroso delicious, tasty
sacar (qu) to take out, get out, pull out
sacerdote *m.* priest
sacrificio *m.* sacrifice
sacristán *m.* verger, sacristan, sexton
sádico sadistic
sagrado sacred, holy
sajón Saxon; *m.* Saxon
sala *f.* large room; drawing room; **sala de espera** waiting room
salario *m.* salary, wages, pay
salida *f.* exit; **callejón sin salida** dead-end street
salir (*irreg.*) to get out, go out, come out; to emerge, appear; to turn out, take after
salmo *m.* psalm
salsa *f.* sauce, gravy
saltar to jump, leap over; to bounce
salud *f.* health
saludar to greet, bow, say hello
saludo *m.* greeting, bow
salvaje wild, untamed; *m. & f.* savage
salvar to save, rescue
salvo except (for)

San *apocopated form of* **Santo**
sandalia *f.* sandal
sanfermines *m. pl.* festival of **San Fermín**
sangre *f.* blood; **a sangre fría** in cold blood
sano healthy, sound; **sano y salvo** safe and sound
santo *m.* saint
saquear to ransack, loot
sastre *m.* tailor
sátira *f.* satire
satírico satiric(al); *m.* person who writes satires
satirizar (c) to satirize
satisfacción *f.* satisfaction
satisfactoriamente satisfactorily
satisfecho satisfied
sección *f.* section
seco dry, dried; (*fig.*) broke, penniless
secreto secret, hidden; *m.* secret
sector *m.* sector, section
secuestrar to kidnap, abduct
secundario secondary; minor, of lesser importance
sed *f.* thirst, thirstiness
sedante *m.* sedative
sedentario sedentary
seducción *f.* seduction
seguido followed; **en seguida (enseguida)** immediately
seguir (i, i) to follow, come after, come next; to pursue; to continue
según according to, in accordance with
segundo second; *m.* second
seguramente for sure; with certainty
seguridad *f.* safety, security; certainty
seguro sure, certain; for sure
selección *f.* selection
selva *f.* forest, woods, jungle
sello *m.* stamp, seal; postage stamp
semana *f.* week
semejanza *f.* resemblance
semejar to seem like, resemble
semestre *m.* semester
semicerrado half-closed
semisalvaje half-wild
senador *m.* senator
sencillo simple, plain
sensación *f.* sensation, feeling
sensibilidad *f.* sensitivity

sensibilización *f.* therapy aimed at sensitizing people
sensualidad *f.* sensuality; sensuousness
sentar (ie) seat; **sentarse** to sit
sentido *m.* sense, meaning; direction, way
sentimiento *m.* feeling, emotion, sentiment
sentir(se) (ie, i) to feel, perceive, sense
señal *f.* sign, indication
señalar to point out; to mark
señor *m.* man, gentleman; Mr.; landlord; **el Señor** the Lord
señora *f.* lady, mistress; Mrs., madame
señorita *f.* young lady; Miss, Ms.
separación *f.* separation; division
separar to separate, move away
septiembre *m.* September
séptimo seventh
sepulcro *m.* tomb, grave
ser (*irreg.*) to be; *m.* being
sereno calm, peaceful; *m.* night watch-man
seriedad *f.* seriousness, gravity
serio serious, grave
sermón *m.* sermon
serpiente *f.* snake, serpent
servicio *m.* service
servil servile, slavish
servir (i) to serve
severamente severely, harshly
severo severe
sexo *m.* sex
sexto sixth
si if, whether
sí yes; **sí mismo** himself; **sí misma** herself
sido *ptp. of* **ser**
siempre always; all the time; ever; **como siempre** as usual; **para siempre** forever; **casi siempre** most of the time
siesta *f.* siesta, nap
sigilosamente discreetly, secretly
siglo *m.* century
significado *m.* meaning
significar (qu) to mean, signify
silencio *m.* silence
sílfide *f.* sylph
silla *f.* chair
simbolizar (c) to symbolize
símbolo *m.* symbol
simple simple, bare
simplemente simply, merely

sin without; **sin embargo** but, nevertheless
sinceridad f. sincerity
síncope f. syncope
singular singular, exceptional, odd
siniestro sinister, evil, wicked
sinónimo m. synonymous
sintético synthetic
síntoma m. symptom
siquiera not even; at least; just once
sirena f. siren (warning)
sirviente m. servant; **sirvienta** f. maid
sistema m. system, method
sitiado besieged, surrounded
sitio m. place; spot; site
situación f. situation, position
situado situated, placed
smoking m. dinner jacket, tuxedo
soberbio superb; proud
sobrar to be left over, exceed; **de sobra** superfluous; more than enough
sobre about; on; upon; over; on top; m. envelope
sobrecogedor overpowering
sobrevivir to survive
sociabilidad f. sociability
socialismo m. socialism
socialista socialist
sociedad f. society
sociólogo m. sociologist
sofocar (qu) to suffocate
sol m. sun, sunlight, sunshine
solamente only; solely, just
soladillo dim. of **soldado**
soldadito dim. of **soldado**
soldado m. soldier
soledad f. solitude, loneliness
solemne solemn
soler (ue) to be accustomed to
solicitar to request, ask for
sólido solid, hard
solitario lonely, solitary
solo single, sole; only one, unique; by oneself; alone
sólo only
soltar (ue) to let go, release
soltero single, unmarried
solución f. solution
solucionar to solve; to resolve
solventar to settle; to solve
sombra f. shadow, shade
sombrerero m. hatter, hatmaker

sombrero m. hat
someter to submit, put forward
sonar (ue) to ring (a bell); to sound, make a noise; to blow (a trumpet)
sonido m. sound, noise
sonoro sonorous; loud
sonreído (Puerto Rico) smiling, with a smile
sonreír (i, i) to smile
sonriente smiling
sonrisa f. smile
soñador m. dreamer
soñar (ue) to dream
sopetón m. punch; **de sopetón** suddenly
soplo m. blow, puff, gust
soportar to bear, stand, endure
sorberse: sorberse los mocos to sniffle
sórdido dirty, squalid, mean, sordid
sordo deaf; muffled
sorprendente surprising; amazing; startling
sorprender to surprise, amaze, startle
sorprendido surprised, amazed
sorpresa f. surprise
sorpresivo surprising, sudden, unexpected
sos (Argentina) localism for **eres** (you are)
sosera f. insipidity, dullness, inanity
sospechar to suspect
sostener (irreg.) to support
status status quo (see **quo**)
suave gentle, sweet
subdesarrollado underdeveloped
subempleo m. underemployment
subida f. promotion; ascent, climbing; way up
subir to climb, mount, ascent
súbitamente suddenly, unexpectedly
súbito sudden, unexpected
subjuntivo m. subjunctive
subproletariado m. subproletariat
subrayar to underline
subversión f. subversion
subyugar (gu) to subjugate; to subdue
suceder to happen
sucesivamente successively
suceso m. event; incident; (gall. for **éxito** success)

sucio dirty, filthy, soiled
sucumbir to succumb
sudamericano South American
sudar to sweat
sudor m. sweat
Suecia f. Sweden
suegro m. father-in-law; **suegra** f. mother-in-law
sueldo m. salary, wages, pay
suelo m. soil, ground, land
suelto loose, undone
sueño m. dream; sleep
suerte f. destiny, chance, luck, fate; sort, kind; **buena suerte** good luck
suficiente sufficient, enough
suficientemente sufficiently, adequately
sufrimiento m. suffering, misery
sufrir to suffer
sugerencia f. suggestion
sujetar to hold down, keep down; to hold tight
sujeto ptp. of **sujetar**
suma f. adding, addition
sumar to add; **sumarse (a)** to join
suntuosidad f. lavishness, sumptuousness
superar to surpass; to overcome; to exceed
superficie f. surface
superioridad f. superiority
supervivencia f. survival
súplica f. supplication, request, plea
suponer (irreg.) to suppose, assume
supuesto ptp. of **suponer; por supuesto** of course
sur m. south
surgimiento m. arising, appearance
surgir (j) to arise, emerge, spring up
suroeste m. southwest
suspender to suspend, interrupt
suspendido suspended, interrupted; hanging
suspirar to sigh
suspiro m. sigh
sustancia f. matter
sustantivo m. noun
sustituir (y) to substitute
susurro m. whisper

T

tabaco *m.*   tobacco

tabla *f.*   plank, board; **Tablas de la Ley**   Tablets of the Law

tacto *m.*   tact; touch; feeling

taita *m.* *(fam.)*   dad, daddy, uncle, grandfather

tal   such; **con tal de que**   provided that; **el tal hombre**   this man; **tal como**   such as; **tal vez**   perhaps, maybe; **un tal Amado**   a man called Amado

talento *m.*   talent, ability, gift

tamaño *m.*   size

tambaleante   staggering, reeling

también   also, as well, too

tambor *m.*   drum

tampoco   not . . . either

tan   so, **tan sólo**   only, just

tanque *m.*   tank *(armored car)*

tanto   so much, as much; **A tanto como B**   A as well as B; **mientras tanto**   meanwhile; **por lo tanto**   therefore; **tanto gusto**   it is a pleasure

tardanza *f.*   delay, tardiness, slowness

tardar   to take a long time, be long; to be late

tarde *f.*   afternoon, early evening; **más tarde**   later on

tarea *f.*   job, task

tarjeta *f.*   card

tasa *f.*   rate

teatro *m.*   theater

técnica *f.*   technique

técnico   technical; *m.* expert

tecnología *f.*   technology

techo *m.*   roof

tejer   to knit, weave

tejido *m.*   textile, fabric; woven material

tela *f.*   cloth fabric

telaraña *f.*   spider's web, cobweb

teléfono *m.*   telephone

telenovela *f.*   soap opera

televisor *m.*   television set

telón *m.*   curtain of a theatre

tema *m.*   theme, subject, topic

temario *m.*   program, agenda

temblar (ie)   to tremble, shake

temer   to fear, be afraid of

temible   fearsome, dread, frightful

temor *m.*   fear

temporada *f.*   season; period, spell

temporal   temporary

temprano   early; **por la mañana temprano**   early in the morning

tendencia *f.*   tendency; trend, inclination

tender(se) (ie)   to lie down, stretch out

tendido   laying down, flat

tener *(irreg.)*   to have, possess; **no tiene ni pies ni cabeza**   it does not make any sense; **tener . . . años**   to be . . . years old; **tener calor**   to be hot; **tener celos**   to be jealous; **tener cuidado**   to be careful; **tener envidia**   to envy; **tener ganas de** + *inf.*   to feel like + *ger.*; **tener hambre**   to be hungry; **tener interés**   to be interested; **tener la culpa**   to be to blame, be guilty; **tener miedo**   to be afraid; **tener puesto**   *(with clothes)* to be wearing; **tener que** + *inf.*   to have to, must; **tener prisa**   to be in a hurry; **tener razón**   to be right; **tener reparos**   to hesitate; to have misgivings about; **tener vergüenza**   to be ashamed

tenida *f.* *(Arg. and Chile)*   suit, dress, uniform

tenis *m.*   tennis

tensión *f.*   tension; strain, stress

terapia *f.*   therapy

tercer   third

terminación *f.*   ending, termination

terminar   to end; to conclude; to finish, complete

término *m.*   term

ternura *f.*   tenderness, affection

tertulia *f.*   social gathering

terraza *f.*   terrace, balcony

terreno *m.*   field; ground

terrestre   terrestrial

territorio *m.*   territory

terrorista *m. & f.*   terrorist

tesorito *m.* *(fam.)* *(dim. of* **tesoro***)*   sweetheart, honey, etc.

tesoro *m.*   treasure, hoard

testigo *m.*   witness

textil   textile

tez *f.*   skin

tibio   lukewarm, mild

tiempo *m.*   time, period; weather; **a tiempo**   in (on) time; **al mismo tiempo**   at the same time; **al tiempo que**   while, meanwhile; **aquellos tiempos**   those days; **¿cuánto tiempo hace?**   how long ago?; **durante un tiempo**   for a while; **en tiempo de**   in the time of; **hace buen tiempo**   it is good weather; **hace mucho (poco) tiempo**   a long (short) time ago; **la marcha del tiempo**   the passing of time

tienda *f.*   store, shop

tierno   tender, soft

tierra *f.*   earth, world; ground, soil; *f. pl.* lands, estates; **la Tierra**   the Earth; **nuestra tierra**   our country (land)

tigre *m.*   tiger

tímidamente   timidly, shyly

tímido   shy, nervous

tinto: vino tinto   red wine

tío *m.*   uncle; **tía** *f.*   aunt

típicamente   typically

típico   typical, characteristic

tipo   type, sort, kind

tira: tira cómica *f.*   cartoon

tirar   to throw, fling; to shoot

tiritar   to shiver

tiro *m.*   shot

titileo *m.*   fluttering, tremor

titulado *m.*   holder of an academic degree

título *m.*   title

toalla *f.*   towel; terrycloth

tocar   to touch; to play music; **en lo tocante a**   in reference to; **por lo que toca**   regarding, concerning; **tocarle a uno**   to fall to someone; to be one's turn; **tocarse**   to touch one another

todavía   still yet; **todavía no**   not yet

todo   all; whole; entire; every; entirely, completely; everything; **a toda costa**   in spite of all inconveniences; **a toda prisa**   in all haste; **a todas horas**   at any time; **ante todo**   first of all, above all; **de todos modos**   anyway, in any case; **del todo**   wholly, completely; **después de todo**   after all; **en toda Europa**   throughout Europe; **en todo caso**   in any case; **en todo momento**   at all times; **sobre todo**   especially, most of all; **toda clase**   any kind; **todas las semanas**   every week; **todas partes**   everywhere; **todo el mundo**   everybody; **todo tipo**   all kinds

tolerante tolerant

tomar to take; to accept; to get; to drink

tomate *m.* tomato

tomo *m.* volume, tone

tono *m.* tone

tontería *f.* silliness, foolishness

tonto silly, foolish, stupid; *m.* fool, idiot

torcido twisted, bent

tormenta *f.* storm

tormento *m.* torment; torture

tornasol *m.* changeable color

toro *m.* bull

torpe awkward, clumsy

tórtola *f.* turtledove

tortura *f.* torture

torturado tortured

tos *f.* cough

tosco coarse, crude, unpolished

tostado suntanned

totalidad *f.* totality

totalitario totalitarian

totalmente totally, wholely, completely

traba *f.* bond, tie; obstacle

trabajador hard-working, industrious; *m.* worker, laborer

trabajar to work

trabajo *m.* work; job, task

tradición *f.* tradition

tradicional traditional

traducción *f.* translation

traducir (j) (zc) to translate

traer (*irreg.*) to bring, get, fetch; to carry, take

tráfico *m.* traffic

tragedia *f.* tragedy

trágico tragic

traicionar to betray

traje *m.* costume, dress, suit; **traje de baile** evening gown; **traje de baño** bathing suit

trama *f.* plot

trampolín *m.* springboard, diving board

tranquilidad *f.* calmness, tranquility

tranquilizador soothing, calming; reassuring

tranquilizar (c) to calm, quiet down

tranquilo still, calm, tranquil

transformar to transform; to change, convert (into)

transición *f.* transition

transmitir to transmit; to pass on

transparencia *f.* transparency; clarity

transportar to transport, carry

transporte *m.* transport, transportation

tranvía *m.* tram, streetcar

trapo *m.* rag

traquetear to shake; to rattle, jolt

tras behind; after

trasladar to move; to remove; to transfer

traste *m.* bottom, backside

trastornado afflicted; unbalanced, mad

tratado *m.* treaty, pact

tratamiento *m.* treatment

tratar to treat, handle; to deal with, be about; **tratar de** + *inf.* to try to + *inf.*

través: a través de through, by means of

trayecto *m.* distance, stretch (*traveled*)

trazar to design; to lay down; to outline

tregua *f.* truce, respite; **sin tregua** without respite

tremedal *m.* bog

tremendo terrible, tremendous, dreadful

tren *m.* train

tribu *f.* tribe

trigueño (*hair*) corn-colored, dark blond; (*skin*) olive, darkish

trimestre *m.* trimester

tripulación *f.* crew

triste sad; gloomy; sorrowful

tristeza *f.* sadness, gloom

triunfador *m.* winner

triunfar to triumph; to win

trofeo *m.* trophy

trópico *m.* tropic

trozo *m.* piece; fragment

truco *m.* trick

tumba *f.* tomb, grave

túnel *m.* tunnel

turbulento turbulent

turismo *m.* tourism

turista *m. & f.* tourist

turístico touristic

Turquía *f.* Turkey

tutear to address someone as **tú**

U

u used instead of **o** before **o** or **ho**

último last; latest, most recent; **a la última moda** in the latest style; **en último caso** as a last resort; **por último** lastly, finally

unido united; **Estados Unidos** United States; **Naciones Unidas** United Nations; **Reino Unido** United Kingdom

unir(se) to unite, join

universalidad *f.* universality

universidad *f.* university

universitario (*pertaining to the*) university

urbanidad *f.* politeness, urbanity, courtesy

urbanización *f.* urbanization; urban development

urbanizar (c) to develop, urbanize

urbano urban

urbe *f.* large city, metropolis

urgente urgent, pressing; imperative

Uruguay *m.* Uruguay

uruguayo Uruguayan; *m.* Uruguayan

usado used

usar to use, make use of; to wear (clothing)

uso *m.* use

útil useful; usable, serviceable

utilidad *f.* usefulness

utilizar (c) to use, make use of; to utilize

V

vaca *f.* cow

vacaciones *f. pl.* holiday(s)

vacilante unsteady; wobbly; hesitant; flickering

vacío empty; vacant, unoccupied; *m.* emptiness, void

vagón *m.* coach, car; **vagón-tranvía** *m.* railroad car

valer to be worth; to cost, be priced at; **no vale gran cosa** it is worthless; **no vale la pena** it is not worthwhile; **valerse de** to make use of; to take advantage of

válido valid

valiente brave, valiant

valor *m.* value, worth; courage

valorar to value; to price; to appraise

vals *m.* waltz

vaporoso   vaporous; airy, light
vaquero *m.*   cowboy
vaquita *f. dim. of* **vaca**
variado   varied; mixed; assorted
variar   to vary
variedad *f.*   variety, diversity
varios   some, several, various, a number of
varón   male (*human being*); *m.* male; man, boy
varonil   manly
vasito *m.* (*dim. of* **vaso**)   little glass
vasto   vast, huge
Vd. *variant of* **Ud.**
vecindad *f.*   neighborhood
vecino   neighboring, near; *m.* neighbor
vegetal *m.*   vegetable
vejez *f.*   old age
vela *f.*   sail
velocidad *f.*   speed
velorio *m.*   wake, vigil (*preceding burial*)
veloz   swift, fast
vena *f.*   vein, blood vessel
vencedor   victorious
vencer (z)   to conquer, vanquish, beat
vendedor *m.*   salesperson
vender   to sell
venezolano   Venezuelan; *m.* Venezuelan
venir (*irreg.*)   to come; to arrive
venta *f.*   sale
ventaja *f.*   advantage
ventana *f.*   window
ventanilla *f.*   small window
ventrudo   bulky, bulging
ver (*irreg.*)   to see, look, watch (*television*); **a ver**   let's see; **tener que ver (con)**   to have to do with
veranear   to pass the summer season; to vacation; to pass a holiday
verano *m.*   summer
veras: de veras   truly, really
verdad *f.*   truth; **verdad o mentira**   true or false
verdadero   true
verde   green
verdugo *m.*   hangman; executioner
verdura *f.*   vegetable
vergüenza *f.*   shame; **tener vergüenza**   to be ashamed

verídico   true
verificar (qu)   to verify
verso *m.*   verse; line of poetry
vestido *m.*   dress, suit of clothes
vestir (i, i)   to dress; **vestirse**   to get dressed
vestuario *m.*   apparel, clothes
veta *f.*   vein
vez *f.*   time; **a la vez**   at the same time; **a veces**   sometimes; **cada vez**   each time; **de vez en cuando (de vez en vez)**   once in a while; **en vez de**   instead of; **muchas veces**   many times; **otra vez**   again; **raras veces**   seldom; **tal vez**   perhaps; **una vez**   once, one time
viajar   to travel
viaje *m.*   journey; trip; **hacer un viaje**   to take a trip
viajero *m.*   traveler
víbora *f.*   viper, snake
vicio *m.*   vice
vicioso   vicious, bad
vida *f.*   life; **llevar una vida . . .**   to lead a . . . life; **modo de vida**   lifestyle; **nivel de vida**   standard of living
vidrio *m.*   glass
viejo   old; ancient; *m.* elderly man, old man
viento *m.*   wind
vieres *second person s. fut. subj. of* **ver** (*archaic*)
vigilar   to keep guard over; to watch over
vigilia *f.*   vigil; wakefulness
villa: villa miseria   slum
vinchuca *f.*   a species of bedbug
vinillo *m.*   light or weak wine
vino *m.*   wine
violar   to violate
virtud *f.*   virtue
visigodo   Visigoth
visitante *m.*   visitor
vislumbrar   to see vaguely, catch a glimpse of; to conjecture, imagine
víspera *f.*   evening before; day before
vista *f.*   view; sight; glance; **a primera vista**   at first glance; **bien visto**   on second thought; **punto de vista**   point of view
visto *ptp. of* **ver**
viudo *m.*   widower; **viuda** *f.* widow

¡viva!   hurrah! hail!
vivienda *f.*   housing
vivir   to live
vivo   living; alive; lively, bright; **hacer el vivo**   to play the con artist
vocabulario *m.*   vocabulary; dictionary
volar (ue)   to fly
volátil   volatile
volcán *m.*   volcano
volibol *m.*   volleyball
volumen *m.*   volume
voluntario *m.*   volunteer
volver (ue)   to return; **volver a** + *inf.*   to . . . again; **volverse**   to become
vos   you (*fam.*) (*used in Argentina and certain other regions in place of* **tú**)
votación *f.*   voting
votar   to vote
voto *m.*   vote
voz *f.*   voice
vuelo *m.*   flight
vuelta *f.*   turn; return
vuelto *ptp. of* **volver**

Y

y   and
ya   already, presently; **ya no (no ya)**   no longer; **ya que**   since
yacer   to lie, be stretched out
yatagán *m.*   yataghan (*Turkish saber*)
yuca *f.*   yucca, cassava
yugoslavo *m.*   Yugoslav (*language*)
yunque *m.*   anvil

Z

zafio *m.*   crude, coarse
zanahoria *f.*   carrot
zapatero *m.*   shoemaker
zapatilla *f.*   slipper
zapato *m.*   shoe
zarzuela *f.*   Spanish musical comedy or operetta
zenofobia (*alt. of* **xenofobia**)   xenophobia, hatred of strangers or foreigners
zona *f.*   zone
zonzo *m.*   simpleton
zorro *m.*   fox
zumbido *m.*   humming, buzzing
zumo *m.*   juice

Acknowledgments

"España: La fiebre del fútbol," from *Cambio 16*, No. 550, Aug. 14, 1982.

Delia A. Fayó, "Receta para una telenovela," from "Aprenda a hablar mal viendo TV," *Bohemia*, Sept. 26, 1977.

Carlos Cenicero, "San Fermín y los toros," from *Cambio 16*, No. 501, June 7, 1981.

Noel Clarasó, "Consejos a los hijos de familia," from *Enciclopedia del humor y de la risa*, by permission of the author.

Gonzalo Castellanos, "Una entrevista con Don Ernesto, un colombiano de 107 años, de edad," from *Cromos*, Aug. 10, 1977, Editorial Mercurio.

Jacobo Morales, "M-111," by permission of the author.

Carlos Rafael Rivera, "El ghetto puertorriqueño," from *Cuadernos del ruedo ibérico*, No. 41/42.

Luis Fernández Caubí, "Ay, papi, no seas coca-colero," from *Diario de las Américas*, by permission of the author.

"España votó por el socialismo," from *Visión*, Vol. 59, No., 10, Nov. 29, 1982.

Ernesto Cardenal, "Epigramas XIX y XXXV, and "Salmo 5," by permission of the author.

Teresa Méndez-Faith, "Los estudiantes opinan," by permission of the author.

Babel Ayala Sender, "Un poco de imaginación," from, *Universidad*, University of Zaragoza.

Naldo Lombardi, "—Adios: 'Goodbye, goodbye, goodbye,'" by permission of the author.

Mario Halley Mora, "Los dos diarios," by permission of the author.

Álvaro de Laiglesia, "Decálogo del perfecto aeromozo," from *La gallina de los huevos de plomo*, Editorial Planeta, S.A.

José Mariano de Larra, "Vuelva usted mañana."

Elisa Robledo. "Las raíces en el camino," from *Áctiva*, Jan. 18, 1978, Publicaciones Continentales de México. S.A.

Nicolás Guillén, "Balada de los dos abuelos," and "¿Qué color?" from *Obra Política*.

El Jefe Seattle, "La tierra no pertence al hombre," edited by Juan Aguilar Derpich, from *Bohemia*, June 20, 1977.

Horacio Quiroga, "La cacería del hombre por las hormigas," from *Obras inéditas y desconocidas*, ARCA Editorial.

Teresa Méndez-Faith, "Nuestra entrevista con Epifanio Méndez," by permission of Epifanio Méndez.

Sergio Vodanovic, *El delantal blanco*, by permission of the author. José Milla, "El indeciso."

Octavio Paz, "La fiesta mexicana," from El laberinto de la soledad, by permission of Fondo de Cultura Económica.

Pablo Neruda, "Nome lo pidan, y "Oda a la vida," from *Odas elementales*, by permission of heirs of Pablo Neruda.

Carmen Laforet, "Rosamunda," from *Mis páginas mejores, Antología* hispánica. Editorial Gredos, by permission of the author.

Gabriel García Márquez, from *Cien años de soledad*, by permission of the author, 1967.

Quino, from *10 años de Mafalda, 8th ed., Editorial Lomen, p. 107*.

Semana, XLIII, No. 2.228, Oct. 30, 1982, p. 106.

Semana, XLII, No. 2.169, Sept. 12, 1981, p. 70.

Antonio Mingote, *Los inevitables políticos*, Colección Mingote 3, MYR Ediciones, p. 6, © 1976 Antonio Mingote.

Semana, XLIII, No. 2.160, July 11, 1981, p. 31.

Antonio Mingote, *25 años de Madrid*, Colección Mingote 6, MYR Ediciones, p. 61, © 1978, Antonio Mingote.

Antonio Mingote, *25 años de Madrid*, Colección Mingote 6, MYR Ediciones, p. 60, ©
1978, Antonio Mingote.

Vanidades Continental, XXIII, No. 1, Jan. 6, 1983, p. 114.

El Mercurio, Aug. 5–11, 1982, p. 3.

Antonio Mingote, *Desarrollándonos*, Colección Mingote 4, MYR Ediciones, p. 7., ©
1974, Antonio Mingote.